# Jesus von Nazareth

Annette Großbongardt
Dietmar Pieper (Hrsg.)

# Jesus
# von Nazareth
## und die Anfänge des
## Christentums

Stefan Berg, Sabine Bieberstein, Sebastian Borger,
Angelika Franz, Angela Gatterburg, Jürgen Gottschlich,
Claudia Keller, Uwe Klußmann, Joachim Mohr,
Renate Nimtz-Köster, Johannes Saltzwedel,
Mathias Schreiber, Christian Schüle, Christoph Seidler,
Michael Sontheimer, Frank Thadeusz, Rainer Traub,
Christoph Türcke, Gil Yaron

## Bassermann

ISBN 978-3-8094-4315-5

1. Auflage
Genehmigte Sonderausgabe
© 2021 by Bassermann Verlag, einem Unternehmen der Penguin Random
House Verlagsgruppe GmbH, Neumarkter Straße 28, 81673 München

© der Originalausgabe 2012 by Deutsche Verlags-Anstalt,
einem Unternehmen der Penguin Random House Verlagsgruppe GmbH,
Neumarkter Straße 28, 81673 München und SPIEGEL-Verlag, Hamburg,
Ericusspitze 1, 20457 Hamburg
Alle Rechte vorbehalten

Die Texte dieses Buches sind erstmals im Heft »Jesus von Nazareth und die
Entstehung einer Weltreligion« aus der Reihe SPIEGEL GESCHICHTE
(Nr.6/2011) erschienen.

Projektleitung dieser Ausgabe: Martha Sprenger
Umschlaggestaltung: Atelier Versen, Bad Aibling
Herstellung: Timo Wenda

Druck und Bindung: GGP Media GmbH, Pößneck
Printed in Germany

MIX
Papier aus verantwor-
tungsvollen Quellen
FSC
www.fsc.org  FSC® C014496

Penguin Random House Verlagsgruppe FSC® N001967

414045990313

# Inhalt

TEIL III

ALLTAG IN PALÄSTINA

TEIL IV

## EIN NEUER GLAUBE

# Vorwort

Hat eine Stoffbahn, gut einen Meter breit und fast viereinhalb Meter lang, für alle Zeiten festgehalten, wie Jesus einmal aussah? Ein von Qualen gezeichnetes Gesicht, die Nase scharf geschnitten, auf dem mageren Körper sind Spuren von Verletzungen erkennbar, vielleicht von einer Kreuzigung: Das ist die Gestalt, die wie ein Schatten aus dem Leinengewebe hervortritt.

Seit mehr als 400 Jahren wird das »heilige Grabtuch« im Turiner Dom aufbewahrt. Als es dort im Frühjahr 2010 öffentlich ausgestellt wurde, erst zum zehnten Mal in all der Zeit, war der Andrang gewaltig. Über zwei Millionen Menschen wollten sehen und spüren, was es mit diesem Stück Stoff auf sich hat. Sie kamen als gläubige Pilger, als Zweifelnde, als Neugierige, um zu erleben, welche Gefühle das geheimnisvolle Abbild in ihnen auslöst. Dass es sich beim Turiner Grabtuch wahrscheinlich um eine Fälschung handelt, schmälerte nicht seine ungeheure Anziehungskraft.

Denn auch wenn in Turin nur ein mittelalterliches Artefakt zu sehen war, bleibt eine faszinierende Wahrheit, die für Christen genauso gilt wie für Andersgläubige oder Atheisten: Es gab ihn wirklich, den historischen Jesus aus dem Dorf Nazareth, einen Handwerkersohn, der die Welt veränderte.

Man muss also kein frommer Mensch sein, um das, was vor 2000 Jahren passiert ist, außerordentlich interessant zu finden. Das damalige Geschehen lässt sich in wenigen Worten zusammenfassen: In Galiläa und Judäa lebte ein Mann, der als Wanderprediger einen Kreis von Anhängern um sich scharte und einiges Aufsehen erregte. Mit Anfang 30 starb er in Jerusalem am Kreuz. Die vielen Geschichten, die man von ihm kannte, wurden wieder und wieder erzählt und in unterschiedlichen Versionen aufgeschrieben. Aus einer kleinen Glaubensgemeinschaft entstand eine mächtige Weltreligion.

Wie es dazu kommen konnte, auch davon handelt dieses Buch, in dessen Mittelpunkt Jesus von Nazareth steht. Warum spalteten sich seine Anhänger schon früh vom Judentum ab? Wie konnte sich der neue Glaube im Römischen Reich über große Entfernungen weiterverbreiten? Wer waren die Männer und Frauen, die mit ihrer Begeisterung und ihrem Bekennermut zu den ersten Botschaftern dieser Religion wurden?

Die schriftliche Überlieferung, wie sie zum Beispiel im Neuen Testament, aber auch in einigen nichtchristlichen Quellen vorliegt, bietet den größten Fundus bei der Suche nach der historischen Wirklichkeit. Die kritische Lektüre der alten Texte ermöglicht erstaunlich tiefe Einblicke in die damalige Welt – auch wenn manches in diesem Bild unscharf oder dunkel bleibt.

Erhellend sind außerdem die archäologischen Funde. In Jerusalem, am See Genezareth oder in den alten Städten am Mittelmeer sind zahlreiche Überreste aus biblischer Zeit ausgegraben worden, und die Wissenschaftler arbeiten weiter, suchen und prüfen. Ihre Zwischenbilanz nach jahrzehntelanger, gründlicher Forschung fällt allerdings gemischt aus: Ja, die Archäologen haben eine recht gute Vorstellung vom Leben in Palästina zu Beginn unserer Zeitrechnung. Aber handfeste Zeugnisse, die sich eindeutig Jesus oder seinen frühen Gefolgsleuten zuordnen lassen, gibt es nicht.

Mag sein, dass sie eines Tages entdeckt werden. Alle sensationell klingenden Meldungen über authentische Fundstücke haben sich aber bisher als Übertreibungen herausgestellt. Schlagzeilen hat zuletzt etwa die Behauptung gemacht, unter einem Haus in Jerusalem sei die Grabstelle einiger Jesusjünger, vielleicht sogar die letzte Ruhestätte von Jesus selbst aufgespürt worden – von »revolutionären Folgen« für das Verständnis des frühen Christentums war sogleich die Rede. Für Aufsehen sorgte jüngst auch ein neu aufgetauchter Papyrusschnipsel aus dem 4. Jahrhundert. Die koptischen Worte darauf beflügelten die alte Spekulation, Jesus sei mit seiner Jüngerin Maria Magdalena liiert gewesen. An ähnlichen Meldungen dürfte es auch in Zukunft nicht fehlen. Wer aber eine Vorstellung davon hat, was historisch-kritische Forschung bedeutet, wird zu einem eigenen Urteil gelangen. Die Analysen, Essays und Reportagen in diesem Band können dabei helfen.

Zu den renommierten Experten, die ausführlich zu Wort kommen, zählt etwa die Theologin Sabine Bieberstein, die an der Katholischen Universität Eichstätt-Ingolstadt unterrichtet. In ihrem Beitrag über die Jüngerinnen des Nazareners zeichnet sie nach, welche bedeutsame – und lange Zeit unterschätzte – Rolle die Frauen um Jesus in der frühchristlichen Gemeinde spielten. Sie hatten Leitungsämter inne und traten als Prophetinnen auf.

Christoph Türcke, evangelischer Theologe und Philosophieprofessor in Leipzig, beleuchtet das besondere Verhältnis Jesu zu Johannes dem Täufer. Zwischen dem populären Prediger, der möglicherweise in Verbindung zur Gemeinde von Qumran stand, und seinem Täufling sei es zu einem Bruch gekommen, hebt Türcke hervor. Der Schatten des Johannes habe Jesus bis an sein Lebensende verfolgt.

Wie sich Jesus selbst sah und was er für seine Zeitgenossen bedeutete, das analysiert Christoph Markschies, der an der Berliner Humboldt-Universität Ältere Kirchengeschichte lehrt. In einem ausführlichen Gespräch beschreibt er den Mann aus Nazareth als frommen Juden, der als charismatischer und äußerst selbstbewusster Reformer auftrat. Damit habe er den Nerv seiner Zeit getroffen, in der viele Menschen für einen neuen Glauben offen waren. Den Erfolg der Jesus-Bewegung nach dem Tod ihres

Meisters erklärt Markschies auch dadurch, dass die frühen Christen engagierte Sozialarbeit betrieben.

Die Frage bleibt, ob der charismatische Prediger ganz bewusst einen neuen Glauben begründen, eine Religion stiften wollte. Aus den Quellen lässt sich das nicht herauslesen, auch wenn viele Christen das gern anders sehen möchten. Nach allem, was über ihn bekannt ist, war Jesus ein Revolutionär wider Willen, vielleicht der wirkungsmächtigste der Weltgeschichte.

Annette Großbongardt, Dietmar Pieper im September 2012

# TEIL I

# DAS LEBEN
# JESU

# Anfang einer neuen Zeit

*Das Leben und Sterben des jüdischen*
*Wanderpredigers Jesus von Nazareth markiert eines*
*der wichtigsten Daten der Weltgeschichte.*

Von Dietmar Pieper

Merkwürdig, dass der Name dieses Mannes so sehr in Vergessenheit geraten ist. Denn die Idee, die Dionysius Exiguus hatte, ist seit mehr als einem Jahrtausend in aller Munde. Bis heute. Jeden Tag. Auf der ganzen Welt. Dionysius lebte Anfang des 6. Jahrhunderts als Mönch in Rom, er übertrug Kirchenschriften aus dem Griechischen ins Lateinische. Sein Zusatzname Exiguus bedeutet »der Kleine« oder »der Geringe«. Groß aber war er im Berechnen von Kalenderdaten.

Als knifflig hatte sich von jeher der Ostertermin erwiesen, die Feier der Auferstehung und deshalb das höchste christliche Fest. Schon in den ersten Jahrhunderten nach dem Tod des Heilands hatten sogenannte Computisten (»Berechner«) es zu einiger Kunstfertigkeit bei der Ermittlung der Ostertermine gebracht. Dabei kommt es vor allem auf den ersten Vollmond im Frühjahr an, denn auf den nachfolgenden Sonntag fällt Ostern.

Zu Lebzeiten des Dionysius zählten viele Römer die Jahre seit der Inthronisierung des Kaisers Diokletian. Anno 241 nach Diokletian stand der Mönch vor einem Problem: Für das Osterfest des nächsten Jahres ergaben die gebräuchlichen Berechnungsarten unterschiedliche Termine. Der leidenschaftliche Computist fand eine Lösung, mit der er den Kalender revolutionierte: Als neuen Fixpunkt der Jahreszählung setzte er die Geburt Jesu

ein. Das passte mathematisch und gefiel den Frommen. Dionysius Exiguus war der Erste, der seine Ostertafeln mit der Angabe
»anni ab incarnatione Domini« veröffentlichte, »Jahre nach
der Fleischwerdung des Herrn«. Nach der von ihm erfundenen
Datierung zählte man das Jahr 525.

Noch mehrere Jahrhunderte vergingen, bis die Einteilung der
Weltgeschichte in eine Zeit vor und eine Zeit nach Christus
allgemein in Westeuropa üblich wurde. Andere Weltgegen-
den schlossen sich später an. Sicher, es war ein Zufall, dass der
Mönch Dionysius durch ein Rechenproblem auf die Idee kam,
die Menschwerdung Christi als Beginn einer neuen Zeitrechnung zu sehen. Aber der Zufall wirft ein Licht darauf, wie lange
es gedauert hat, bis die Geburt Jesu diese Bedeutung bekam.
Der Abstand vieler Jahrhunderte war nötig, um das wundersame
Geschehen in Palästina als Wasserscheide im Fluss der Zeit zu
begreifen. Ein Abstand, der so groß war, als würden wir heute
beschließen, den Kalender nach Christoph Kolumbus, Johannes
Gutenberg oder Martin Luther auszurichten.

Der Vergleich zeigt auch: Keine dieser Jahrtausendgestalten
reicht an Jesus heran. Man muss nicht gläubiger Christ sein, um
die epochale Wirkung dieses Mannes zu würdigen, der sich Menschensohn nannte, wie ein Messias auftrat und als Gottessohn
angebetet wird. Wenige haben die Welt so verändert wie er, der
Revolutionär wider Willen. Jesus war Jude, der seinen Glauben
reformieren wollte. Eine neue Religion stiften wollte er nicht.
Warum löste sich die Jesusbewegung dennoch vom Judentum
ab? Warum wurde das Christentum aus prekären Anfängen in
Jerusalem zur führenden Weltreligion, der heute mehr als zwei
Milliarden Menschen angehören? Sogar in der zweitgrößten
Religion, dem Islam mit seinen rund 1,5 Milliarden Gläubigen,
gilt Jesus – arabisch Issa – als bedeutender Prophet, der im Koran
häufiger erwähnt wird als Mohammed.

Auch wenn es kaum eindeutige Antworten auf diese Fragen gibt, sind Erklärungen möglich. Der historische Jesus war
ein Mensch seiner Zeit. Das sehen auch die Christen so, über
ihre konfessionellen Grenzen hinweg: Jesus Christus sei »wahrer Mensch« gewesen und zugleich »wahrer Gott«, lautet die
Kernaussage der auf dem Konzil von Chalkedon im Jahr 451

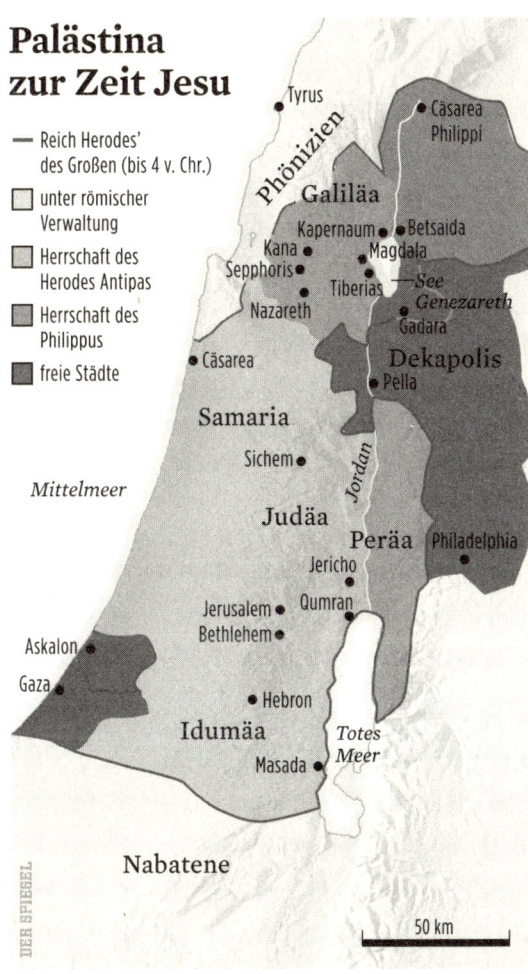

**Palästina
zur Zeit Jesu**

— Reich Herodes'
  des Großen (bis 4 v. Chr.)

☐ unter römischer
  Verwaltung

☐ Herrschaft des
  Herodes Antipas

☐ Herrschaft des
  Philippus

☐ freie Städte

Tyrus

Phönizien

Galiläa

Cäsarea
Philippi

Kapernaum ● ●Betsaida
Kana ● Magdala
Sepphoris ●
  ● Tiberias ─See
Nazareth  Genezareth
  Gadara

● Cäsarea  **Dekapolis**
  ● Pella

**Samaria**

Sichem ●

Mittelmeer

Jordan

**Judäa**

**Peräa** Philadelphia

Jericho ●
Jerusalem ● Qumran ●
Bethlehem ●

Askalon ●

Gaza ●

● Hebron

**Idumäa** Totes
  Meer
Masada ●

DER SPIEGEL

**Nabatene**

50 km

beschlossenen Zwei-Naturen-Lehre. Obwohl dieser ungeheuer charismatische Mann keine schriftlichen oder anderen Beweise seines Lebens hinterlassen hat, ist sein Wirken als Prediger, Heiler und Exorzist dokumentiert, in der Bibel und in einigen wenigen nichtchristlichen Quellen. Und von der Welt, in der er gelebt hat, können wir uns ein Bild machen.

Die Spurensuche führt zuerst dorthin, wo alles begann, nach Galiläa.

Jesus von Nazareth, nicht Jesus von Bethlehem. Wer sich dem historischen Jesus nähern möchte, muss sich von einer der schönsten christlichen Erzählungen verabschieden. Das Kindlein hat wohl nie neben Ochs und Esel in einer Krippe gelegen. Es kamen auch keine Weisen aus dem Morgenland mit Gold, Weihrauch und Myrrhe im Gepäck, um dem Neugeborenen zu huldigen. Der Nazarener, wie er in der Bibel genannt wird, hat wohl in Nazareth das Licht der Welt erblickt. Und mit großer Sicherheit war es einige Jahre vor dem Beginn der von Dionysius Exiguus erfundenen Zeitrechnung; der römische Mönch hat sich leider bei der Datierung vertan. Heute gilt 4 v. Chr. als wahrscheinlichstes Geburtsjahr.

Seine Eltern nannten den Jungen Jeschua, was so viel bedeutet wie »Gott hilft«. Jesus ist die griechische Form dieses aramäischen Namens. Aramäisch, eine alte semitische Sprache, war im östlichen Mittelmeerraum viele Jahrhunderte lang weitverbreitet. Als überregionale Verkehrssprache drang dann das Griechische vor, aber in weiten Teilen Palästinas blieb Aramäisch das Idiom des Volkes. Später am Kreuz schreit Jesus, ehe er stirbt, in seiner Muttersprache die Worte: »Eli, Eli lama asabtani?« (»Mein Gott, mein Gott, warum hast du mich verlassen?«)

Nazareth war in jener Zeit ein Dorf, in dem Schafe und Ziegen, Esel und Kamele zum alltäglichen Bild gehörten. Die Familien lebten von der Landwirtschaft, vor allem für den eigenen

Bedarf, betrieben vielleicht zusätzlich ein Handwerk und fluchten über die hohe Steuerlast durch die römischen Besatzer. In den Schriften des Alten Testaments wird Nazareth kein einziges Mal erwähnt, und auch zu Jesu Lebzeiten war der Ort wohl nicht mehr als eine unbedeutende Ansiedlung in einer Hügellandschaft. »Was kann aus Nazareth Gutes kommen!«, bemerkt ein Mann namens Nathanael abfällig in der Bibel, als er von Philippus, einem der Jünger, für die Jesusbewegung geworben werden soll. Aber der Aura des Meisters kann sich Nathanael nicht entziehen. Ergriffen sagt er: »Rabbi, du bist Gottes Sohn, du bist der König von Israel!«

Galiläa ist ein überschaubarer Landstrich zwischen dem nördlich gelegenen Litani-Fluss im heutigen Libanon und der Jesreel-Ebene im Süden. Mehrere Jahrhunderte lang waren hier Juden in der Minderheit. Daran erinnert der Name Galiläa, der auf die hebräische Bezeichnung »galil hagoijim« zurückgeht, »Region der Heiden«. Ab etwa 100 v. Chr. wurde das Land rejudaisiert, fromme Familien aus Judäa zogen nach Norden und ließen sich in Galiläa nieder. Um die Zeitenwende lebten dort ungefähr 150 000 bis 200 000 Menschen. Wer in der kargen, felsigen Gegend um Jerusalem groß wurde, der dürfte von der fruchtbaren Hügellandschaft beeindruckt gewesen sein, in der Datteln, Oliven und Wein reichlich gediehen. Im Herzen Galiläas speist das Wasser des Jordans den See Genezareth, der auch Galiläisches Meer genannt wird. Mit einer Ausdehnung von 21 Kilometern in der Länge und 12 Kilometern in der Breite hat er ungefähr ein Drittel der Fläche des Bodensees. An den Ufern des Sees Genezareth hat Jesus gepredigt, geheilt und Jünger geworben. Das Fischerdorf Kapernaum wurde zum ersten Zentrum der von ihm geführten Reformbewegung.

Ebenso interessant wie die biblischen Stätten sind manche Orte, die in den Evangelien nicht oder nur am Rande erwähnt werden. Allen voran ist das Sepphoris, die alte galiläische Hauptstadt. Der von Rom abhängige Herrscher Herodes Antipas ging dort seinen Regierungsgeschäften und seinem Vergnügen nach, bis er nach Tiberias umzog. Das neue politische Zentrum am Ufer des Sees Genezareth hatte er nach seinem Kaiser Tiberius benannt. Auffällig an Sepphoris ist die Nähe zu Nazareth: Nur eineinhalb Stunden mag es gedauert haben, vom Dorf in die Stadt zu wandern. Beide Orte sind gut sechs Kilometer Luftlinie voneinander entfernt, die Strecke führt aus 350 Metern Höhe überwiegend bergab. Ein im 1. und 2. Jahrhundert errichteter Aquädukt leitete Wasser aus Nazareth in die ungefähr 10000 Einwohner zählende Stadt, die bis dahin aus Zisternen und mit Hilfe von Eselstransporten versorgt worden war.

Nach christlicher Legende stammten Anna und Joachim, die Eltern von Jesu Mutter Maria, aus Sepphoris. Aber auch wenn das nur eine Ausschmückung der Geschichte aus späteren Zeiten ist, kann man annehmen, dass Jesus sich auf dem urbanen Pflaster auskannte: Ein junger Mann, der mit wachem Blick für die Welt in Nazareth aufwuchs, dürfte recht genau gewusst haben, was in der nahen Stadt alles passierte. Und sicher ist: In Sepphoris bewegte sich einiges. Denn nachdem König Herodes (»der Große«) 4 v. Chr. gestorben war, kam es vielerorts in Palästina zu Erhebungen gegen die römischen Machthaber. In der Hauptstadt Galiläas riss ein Rebell, der als Judas, Sohn des Ezechias, in die Geschichtsbücher einging, die Herrschaft an sich. Aus Sicht der Römer war die Gefahr so groß, dass der mächtige Statthalter von Syrien mit einer robusten Streitmacht von Norden her gegen die Aufständischen vorrückte. Das war Publius Quinctilius Varus, derselbe Varus, der einige Jahre später von den Germanen vernichtend geschlagen werden sollte. Unter seinem Oberkommando wurde Sepphoris in Schutt und Asche gelegt. Rund 2000 palästinensische Rädelsführer, heißt es in den Quellen, habe der Römer nach seinem Sieg ans Kreuz schlagen lassen.

Beim Wiederaufbau der galiläischen Metropole wurde dann anscheinend geklotzt, nicht gekleckert. Für Handwerker, wie vielleicht auch Jesus einer war, gab es viel zu tun. Archäologen haben herausgefunden: Die mit hellem Kalkstein gepflasterten Straßen bildeten ein rechteckiges Gitter, sie verbanden Häuser und Märkte, elegante Villen und Vergnügungsstätten. Der zeitgenössische Historiker Josephus nannte Sepphoris »die Zierde Galiläas«. Die Stadt war ein altes Handelszentrum, gelegen an einem Teilstück der Via Maris, einer der bedeutendsten Verkehrsadern der Antike. Die »Meeresstraße« verband schon seit der frühen Bronzezeit (3. Jahrtausend v. Chr.) die uralten Hochkulturen Ägypten und Mesopotamien. Von nah und fern marschierten Lastenträger und Karawanen nach Sepphoris, sie schleppten Töpfe und Pfannen, Feigen und Granatäpfel, Schmuck, feines Tuch und Parfum. Auch mit dem noch ferneren Osten wurden damals bereits Waren getauscht: Aus China kam Seide ins Römische Reich, aus Indien Pfeffer.

Wer durch die Straßen und Märkte von Sepphoris schlenderte, tauchte ein in einen Kosmos der Nachrichten und Geschichten, der Fakten und Gerüchte. Denn neben ihren Waren transportierten die Händler Informationen – unschätzbar wichtig in einer Zeit, die nur wenig Geschriebenes kannte. Für den, der Ohren hatte zu hören und Augen zu sehen, tat sich mitten im kleinen Galiläa die große weite Welt auf.

Es war eine jüdische, römische, phönizische, syrische, parthische, kurz eine multikulturelle Welt. Vor allem aber war es eine griechische Welt. Griechisch war die Verkehrssprache rund um das östliche Mittelmeer – nicht in ihrer klassischen Ausprägung, sondern in Form der Koine, einer Gemeinsprache, die sich seit dem 4. vorchristlichen Jahrhundert durch Vermischung verschiedener Dialekte im Heer Alexanders des Großen herausgebildet hatte.

Was für ein Leben, und welche Nachwirkungen! Mit Alexander dem Großen, der als Eroberer Siege feierte wie niemand vor ihm, begann die jahrhundertelange Vorherrschaft der griechischen Kultur in einem Gebiet, das von Sizilien bis Indien reichte. Im Zeitalter des Hellenismus war es auch für die militärisch-politischen Riesen im kaiserlichen Rom selbstverständlich, sich vor den griechischen Geistesgrößen zu verneigen. Man ahmte ihre Dichtkunst ebenso nach wie ihre meisterliche Bildhauerei, man schmückte Gärten und Paläste im Stil der unterworfenen Nachbarn. Das griechische Erbe hatte alle Lebensbereiche durchdrungen, hohe Kultur und Philosophie, aber auch den Alltag. In vielen Städten des östlichen Mittelmeers fanden Olympische Spiele statt, so wie seit Hunderten von Jahren im Zeus-Heiligtum von Olympia auf dem Peloponnes. Die Zeitrechnung im Vierjahreszyklus der Olympiaden war üblich. Wenn Jesu Geburt auf das Jahr 4 v. Chr. datiert wird, dann war es das 1. Jahr der 194. Olympiade.

Eine der berühmtesten Wettkampfstätten außerhalb Griechenlands lag unweit von Antiochia. Dort, am Ufer des Orontes, residierte auch der römische Statthalter von Syrien. Die Reihe der Olympischen Spiele von Antiochia endete erst 521 n. Chr. Es war die Zeit, als der Hellenismus in den Wirren der Spätantike unterging. Antiochia, das war aber auch die Stadt, in der die Apostel Paulus und Petrus zu einer der wichtigsten Gemeinden der frühen Christenheit predigten. Und sie gerieten dort heftig aneinander: Können auch Unbeschnittene, also Nichtjuden, gute Christen werden? Dass diese Streitfrage am Ende mit Ja beantwortet wurde, sollte sich als entscheidende Weichenstellung für das Christentum erweisen. Während Petrus, der als echter Galiläer mit Aramäisch groß geworden war, stärker am Judentum hing, dachte Paulus globaler. Paulus sprach fließend

Griechisch. Aufgewachsen unter römischer Herrschaft an der Küste Kleinasiens, war er ein hellenistischer Jude.

Es ist anzunehmen, dass in den jungen Gemeinden, die Paulus und andere Missionare in den Jahrzehnten nach Jesu Tod gründeten, überwiegend die Koine gesprochen wurde. Griechisch ist auch die Sprache des Neuen Testaments.

Und Jesus? Beherrschte er die Sprache, die nur ein paar Kilometer von seinem Heimatdorf entfernt den Alltag prägte, die so wichtig war für die gesamte Kultur seiner Zeit? Das bleibt Stoff für Spekulationen. Wichtiger ist aber etwas anderes: Weil die griechische Sprache und die mit ihr verbundene Weltsicht die Menschen jener Zeit über große Entfernungen hinweg einander nahebrachte, fand der neue Glaube Gehör. Sonst, wer weiß, wäre die Geschichte von Jesus aus Nazareth vielleicht nicht wieder und wieder erzählt worden.

# König der Wahrheit

*Was wissen wir über den historischen Jesus und seine Welt?*
*Eine Spurensuche im antiken Palästina.*

Von Christian Schüle

Dass er lange Haare, einen Bart und womöglich dunkle Augen hatte, kann man annehmen, aber es ist nirgends verbürgt. Er könnte ausgesehen haben wie ein typischer jüdischer Mann im Hügelland von Galiläa, weil nirgends in oder außerhalb der Bibel erwähnt wird, dass er anders oder auffällig ausgesehen hätte. Er muss galiläisches Aramäisch gesprochen haben, diesen ländlichen Dialekt, der in den urbanen Zirkeln Jerusalems belächelt wurde, weil er unsauber war und gern Silben verschluckte; die Galiläer scheinen die für semitische Sprachen wichtigen Gutturallaute nicht präzise unterschieden zu haben. Die allgemeine Verkehrs- und Handelssprache, die Sprache der Händler in den Städten zu jener Zeit war Griechisch. Jesu Aramäisch hingegen sprach man auf dem Land, es war die Sprache der jüdischen Tradition. Die Dörfer waren seine Bezugsgröße: Jesus stammte vom Land und ging ins Land. Städte mied er. In seinen Gleichnissen wird er später von Menschen erzählen, die Samen auf die Erde streuen und auf Ernte warten. Bilder, die in städtischen Kontexten spielen, wird es bei ihm nicht geben.

Um das Jahr 28 war er plötzlich da. Er tauchte quasi aus dem Nichts auf, so viel ist bekannt, denn bis zu diesem Zeitpunkt hatte offenbar niemand etwas von ihm gehört. Im Jahr 28 wird Jesus mindestens 32 Jahre alt gewesen sein, weil er nicht im Jahr 1 geboren wurde, sondern mindestens vier Jahre früher, noch zu Lebzeiten des Vasallenkönigs Herodes des Großen. Der starb, historisch verbürgt, im Jahr 4 v. Chr. in Jericho. Nach Herodes' Tod übernahmen dessen drei Söhne die Herrschaft über das antike Palästina, einer von ihnen, Herodes Antipas, bekam die römischen Klientelstaaten Galiläa und Peräa (dessen nördlicher Teil heute in Jordanien liegt).

Was diesem Wechsel folgte, war ein unerhörter Aufbruch, eine Zeit großer Prosperität, eine Art antike Marktwirtschaft. All das kann nicht ohne Einfluss auf den heranwachsenden Jesus gewesen sein. Wenn er ein Zuhause gehabt hat, dann war es Kapernaum, ein größeres Fischerdorf mit einer Fläche zwischen 10 und 30 Hektar direkt am Ufer des Sees Genezareth. Ein eigenes Haus besaß er dort wahrscheinlich nicht, auch keine Wohnung, kein eigenes Zimmer. Er schlüpfte unter, als Gast oder Dauergast. Ob er gern gesehen war, ist nicht bekannt, aber anzunehmen, da Gastfreundschaft in der semitischen Werteordnung des Vorderen Orients seit je eine wichtige Norm war und der Schutz eines Fremden als hohes Gut galt. Von Kapernaum ging er fort, nach Kapernaum kehrte er immer wieder zurück – ein Ort, dessen Einwohnerzahl die 5000 nicht überschritten haben dürfte. Auch in anderen Dörfern Galiläas, das belegen die Grabungen der Archäologen, lebten gewöhnlich nicht mehr Menschen.

Soziologisch betrachtet war dieses Galiläa deutlich anders strukturiert als das südlichere Judäa. In Judäa lebten die Gelehrten und Priester, in Galiläa die Arbeiter und Bauern. Galiläa war reiches, Judäa karges Land. Galiläa besaß fruchtbare Böden, vor allem um den See Genezareth herum, der so tief liegt, dass man sich dort noch heute weit unterhalb des Meeresspiegels befindet. In den galiläischen Breiten, berichtet der antike Geschichtsschreiber Josephus Flavius, wuchsen Palmen, Feigen-, Nuss- und Ölbäume, und zehn Monate des Jahres gab es Weintrauben. Das Land ist geprägt von Basaltsteinhügeln und auslaufenden Schluchten; Klima und Landschaft sind mediterran, die Temperaturen im November mild, und wo der obere Jordan in den See Genezareth mündet, ist es heute genauso unbesiedelt, naturbelassen und vogelverzwitschert, wie es um 28 gewesen sein könnte, weil sich hier seit zweitausend Jahren kaum etwas verändert haben dürfte. Einer der zahlreichen, leicht ansteigenden Hügel am nordwestlichen Ufer, der einen Panoramablick über Kapernaum und den See erlaubt, ist der legendäre »Berg der Seligpreisungen«, auf dem Jesus vor dem Volk aus dem jüdischen Land und von jenseits des Jordans, wie das Matthäusevangelium berichtet, mit dem großen Satz »Selig sind, die da geistlich arm sind, denn ihrer ist das Himmelreich« die Bergpredigt begonnen haben soll.

In Kapernaum stand eine große Synagoge und 30 Meter davon entfernt das Haus des Fischers Simon. Gesichert ist, dass es ein Gemeinschaftshaus war, in dem die Familie des Simon wohnte, mit zwei oder drei Innenhöfen und besteigbaren Lehmdächern, man könnte sagen: eine Art Wohngemeinschaft. Wenn Jesus in Kapernaum wohnte, dann in diesem Haus. Heute sind die freigelegten Ruinen der Synagoge und des Simonhauses Wallfahrtsziele von Pilgern aus der ganzen Welt. Dass die Fischer gerade hier, am nördlichen Rand des Sees Genezareth, siedelten und arbeiteten, ist wenig überraschend: Im See lebte der kälteempfindliche Buntbarsch, der sogenannte Petrus-Fisch, und in der Bucht zwischen Kapernaum und Tabgha flossen einige, teils 26 Grad warme Quellen in den See ein, weswegen dort vor allem im Herbst und Winter große Buntbarschmengen zu leichter Beute wurden. Arm waren Kapernaums Fischer also keineswegs, was auch an Herodes Antipas lag.

Ohne den Tetrarchen von Galiläa, der einen der vier (griechisch »tetra«) Bereiche des alten herodianischen Herrschaftsgebiets Palästina regierte, kann man die Geschichte Jesu nicht verstehen. Antipas' Politik prägte die sozioökonomischen Strukturen Galiläas; er sorgte für großen wirtschaftlichen Aufschwung und politische Stabilität, verursachte aber auch soziale Ungerechtigkeiten und Verelendung. Beide Entwicklungen hatten Einfluss auf Jesu Leben und jene Anhängerschaft, die sich um seine Person formierte und die man später »Jesusbewegung« nennen würde.

Dass um das Jahr 28 sozialer Frieden im Land herrschte und das gesellschaftliche Klima gut war, lag vornehmlich in der Klugheit und Cleverness des Herrschers von Galiläa begründet, der ein äußerst geschickter Konfliktvermeider gewesen sein soll. Anders als sein älterer Bruder Archelaos im ständig kriselnden Judäa verstand es Antipas, durch Ehrbezeugungen dem römischen Kaiserhaus gegenüber hohe Loyalität zum Ausdruck zu bringen. Etwa im Jahr 19 gründete er am Ufer des Sees Genezareth nach hellenistischem und römischem Vorbild eine neue Stadt mit Palast, Marktplatz und Theater, ließ Stadion und Hippodrom bauen, erkor die Stadt zu seinem Amtssitz und benannte sie nach dem neuen Kaiser, der fünf Jahre zuvor in Rom den Thron bestiegen hatte: Tiberias. Taktisches Antichambrieren war für jeden Klientelfürsten in fernab gelegenen Provinzen überlebenswichtig, um sich bei all den angezettelten Intrigen, der allseitigen Missgunst und den gestreuten Denunziationen im Amt halten zu können.

Andererseits, und das zeichnete Antipas offenbar gegenüber seinen Brüdern aus, respektierte er die jüdische Prägung Galiläas, achtete weitgehend die religiösen Rituale und Praktiken der ländlichen Bevölkerung. Damit schuf er eine wichtige Voraussetzung für die Entfaltung der Persönlichkeit Jesu. Das heißt: Er hielt am Monotheismus fest und verzichtete auf heidnische Tempel. Es gab keine Prozessionen, keine Opferrituale, und aufgrund des Bilderverbots im Judentum wurde das Konterfei des Kaisers nicht, wie sonst üblich, auf die Münzen geprägt.

Ohne Zweifel profitierte Jesus von der vergleichsweise ruhigen sozialen und politischen Situation und der religiösen Toleranz; unter Antipas behielt Galiläa seine starke jüdische Identität. Man muss sich immer wieder vor Augen führen, dass Jesus Jude war, dass er nichts anderes als Jude sein wollte und nur aus dem Judentum heraus verstanden werden kann. Er bewegte sich im Rahmen der jüdischen Traditionen und Sitten, von der Beschneidung über die Speisevorschriften zum Synagogenbesuch und der Sabbatheiligung, er war im Wesentlichen toratreu und setzte die göttliche Erwähltheit des Volkes Israel voraus. Alles, was er tat, dachte und sagte, bezog sich auf das Judentum und war an das Volk Israel gerichtet. Wäre Antipas ein brutaler, ignoranter, dummer Herrscher gewesen – heftige Spannungen und Konflikte wären programmiert, Verhaftungen, Verurteilungen, Hinrichtungen und ein Klima der Angst wahrscheinlich gewesen.

Einmal, kurz vor seinem Tod, könnte Jesus dem ungefähr 16 Jahre älteren Herrscher sogar direkt begegnet sein – nach der Verhaftung in Jerusalem, die wahrscheinlich im Jahr 30 stattgefunden hat. Das Lukasevangelium berichtet: Als Pilatus, Präfekt von Judäa, Jesus, den Galiläer, zu Antipas geschickt hatte, welcher gerade in Jerusalem weilte, habe dieser ihn erst sehr froh begrüßt, dann ein Zeichen von Jesus erhofft, den Schweigenden schließlich verspottet, ihm ein weißes Gewand angelegt und wieder zurück zu Pilatus gesandt. »An dem Tag wurden Herodes und Pilatus Freunde.«

Indirekt begegnete Jesus dem Herrscher ständig, weil er, wie jede männliche Person ab 14 Jahren, kopfsteuerpflichtig war – daher ist es wahrscheinlich, dass Jesus einen Beruf hatte. Entweder war er Fischer oder Landwirt oder Zimmermann, weil Obergaliläa durch Landwirtschaft, Fischerei und Bauhandwerk geprägt war. Wenn es stimmt, dass Jesu Vater Bauhandwerker war und womöglich auf der damaligen Großbaustelle beim Wiederaufbau der Stadt Sepphoris Hand angelegt hatte, ist anzunehmen, dass auch Jesus Bauhandwerker war, weil Söhne gewöhnlich den Beruf des Vaters ergriffen. Der Begriff »Zimmermann« – so übersetzt Martin Luther das griechische Wort »tekton« – setzt jedoch die Verarbeitung von Holz voraus, in Obergaliläa aber gab es kaum Holz. Also ist wahrscheinlich, dass beide, Josef wie Jesus, Steinhandwerker auf Montage waren. Die Bibel berichtet aus Jesu Jugend kaum etwas, es fehlt ein historisch greifbarer Kern. Die Geburtsgeschichte in der Krippe zu Bethlehem etwa, die zum Kanon der westlichen Kulturgeschichte gehört, ist nach Auffassung der großen Mehrheit der Neutestamentler reine Legende, eine erfundene Erzählung, mit der die Geburt von Jesus gedeutet werden soll – dass er der erwartete Nachfolger Davids sei. Und nach alttestamentlich-jüdischer Tradition und dem Buch des Propheten Micha würde der sogenannte Davidide, der künftige Herr Israels, aus der Stadt Davids kommen – aus Bethlehem in Judäa.

Jesus aber kam aus Nazareth in Galiläa, einem Dorf von maximal 400 Einwohnern. Daran besteht kaum Zweifel, wie an seiner Existenz überhaupt. Weil er jedoch weder bei den jüdischen Schreibern seiner Zeit erwähnt wird und es außerhalb christlicher Überlieferung nur sehr wenige kurze Notizen über Jesus gibt (so bei Tacitus, bei Josephus Flavius und Sueton), liegt es bei der historischen Jesus-Forschung, die Kontexte der damaligen Lebenswelt zu rekonstruieren. Dies begann mit dem »Third Quest«, dem dritten Ansatz der historischen Jesus-Forschung in den siebziger Jahren, der – und das war das Neue – den soziokulturellen Umständen Vorrang vor der theologischen Deutung einräumte. Dabei versuchte man, die Person Jesus vor dem Hintergrund der damaligen Gesellschaftsordnung verständlich zu machen.

Näher als durch diese sozialwissenschaftliche Rekonstruktion ist man der realen Person hinter dem theologisch-literarischen

Jesus nie gekommen: Das Einzige, auf das sich alle Richtungen des Third Quest, ohne glaubwürdigen materiellen Beweis dafür zu haben, letztlich einigen können, ist die Annahme, dass Jesus aller Wahrscheinlichkeit nach gelebt hat. »Es handelt sich um eine historische Figur und nicht um einen Mythos«, sagt Jens Schröter, Professor für Exegese und Theologie des Neuen Testaments an der Berliner Humboldt-Universität. Später allerdings haben zahllose urchristliche und christliche Quellen seine Figur mit bestimmten Vorstellungen überformt und retrospektiv gedeutet.

Um das Jahr 28 war nichts mehr so wie einst, denn im bäuerlichen Galiläa war eine Art antiker Kapitalismus eingezogen. Profitstreben und Gewinnmaximierung beherrschten den Alltag der Bauern, Fischer und Handwerker, deren wichtigste Werte Familie, Solidarität und Gemeinsinn waren. Konnte so etwas auf Dauer gutgehen? Der erzwungene Strukturwandel Galiläas lag in der römischen Herrschaftsstruktur und der Pyramide streng geordneter Hierarchie begründet, innerhalb derer ein Wettbewerb um Macht durch Loyalität gefördert und gefordert wurde. Rom lenkte aus der Ferne, indem es die lokalen Führer ernannte, die im Vasallenverhältnis standen und festgesetzte Tribute zu entrichten hatten – Geld, das sie als Steuern von ihren Untertanen eintrieben. Die Last der direkten und indirekten Abgaben muss erdrückend gewesen sein: Grunderagsteuer, Handel- und Gewerbesteuer, eine Kopfsteuer, die auch Vieh und Sklaven mitzählte, dazu Tempelsteuer, Wege- und Brückenzoll. Der Umfang des damaligen Steueraufkommens wird auf bis zu 50 Prozent des Sozialprodukts geschätzt. Damit nicht genug, die Abgaben wurden unerbittlich eingetrieben, Gnade der Administratoren und Zöllner gab es selten. Die meist vielköpfigen Familien waren gezwungen, immer mehr zu produzieren und zu arbeiten, um ihrer Steuerschuld nachkommen zu können. Ihr Einkommen war gering, sie lebten am Existenzminimum. Kamen Missernten hinzu, geriet man rasch in die Schuldenfalle, aus der es kein Entkommen gab. Wer dem Maximierungsprinzip nicht mehr gewachsen war, wurde Tagelöhner, zog von hier nach da, ohne jede soziale Sicherheit. »Der Teufelskreis der Verarmung war vorgezeichnet«, sagt Martin Ebner, Professor für das Neue Testament an der Universität Münster. Die Kluft zwischen Arm und Reich, zwischen Großgrundbesitzern und Kleinbauern wuchs, die Schere der Ungleichheit weitete sich, und die Verdrängung des traditionellen Tauschhandels durch die neue Geldwirtschaft produzierte zunehmend mehr Verlierer.

Die römischen Herrscher hatten ihre Politik der Landpacht durchgesetzt: Nicht das Land an sich war wertvoll, sondern der Gewinn, den es brachte. Das war ein klarer Bruch mit der Tradition. Wahrscheinlich mehr als 90 Prozent der Galiläer betrieben Landwirtschaft; sicher hingen sie an ihrem Land, vielleicht mehr als am Gewinn. Jedenfalls musste man, um zu überleben, das Wachstum jetzt stetig steigern und stets mehr Oliven, Getreide, Wein und Fisch exportieren. Zur Jesuszeit, das haben Bodenuntersuchungen nachgewiesen, waren 97 Prozent des bebaubaren Landes agrarische Nutzungsfläche, die Produktionssteigerung war also enorm. Fang, Weiterverarbeitung und Export des Buntbarschs aus dem See Genezareth wurden zu einem der wichtigsten Industriezweige Galiläas und spülten Geld in die Kassen des Landesherrn, der am Gewinn persönlich beteiligt war.

Die Folge des wirtschaftlichen Drucks war eine Dreischichtengesellschaft: oben die Besitzenden, in der Mitte die von ihnen abhängigen Dienstleister wie Handwerker, unten die Tagelöhner, Hirten und Bettler, die Armen, Deklassierten und Ausgeschlossenen. Wäre eine bessere Brutstätte für Gewalt, Protest und Aufstand vorstellbar? Um 28 aber war hier von einer Rebellion nichts in Sicht, sozialrevolutionäre Aufrührer gab es nicht. Auf den ersten Blick war Galiläa trotz der Verelendung immer größerer Bevölkerungsteile ein relativ spannungsarmes Land. Nicht einmal römische Soldaten waren in Galiläa stationiert. Und dann wurde im Jordan ein weitgehend unbekannter Mann aus Nazareth getauft, mit dem eine neue Zeit begann.

Jesu Taufe durch Johannes, die um das Jahr 28 stattfand, ist der erste historisch belastbare Auftritt des Nazareners in der Weltgeschichte. Der charismatische Asket und radikale Bußprediger Johannes, der in seinen Reden den Zorn Gottes verkündete, muss einen immensen Einfluss auf Jesus ausgeübt haben. Von Johannes übernimmt Jesus zum einen die Idee der Umkehr im Hier und Jetzt, zum anderen das apokalyptische Denken der entscheidenden Schlacht zwischen dem Guten und dem Bösen, zwischen Hell und Dunkel, Gott und Satan. Und dann muss Jesus entweder eine umstürzende Erkenntnis oder ein Initiationserlebnis gehabt haben. Was genau geschehen ist, ist nicht bekannt. Bei Lukas heißt es geheimnisvoll: »Er sprach aber zu ihnen: Ich sah den Satan vom Himmel fallen wie einen Blitz.« War das eine Vision? Eine Halluzination? Oder war der Satan, wie Martin Ebner vorschlägt, ein Meteor, den Jesus beobachtet hatte? Mancher Jesusforscher sieht in dieser Satans-Passage den inneren Glutkern der beginnenden Mission. Jens Schröter tut das nicht. »Ich würde eher sagen«, meint der Berliner Wissenschaftler, »dass Jesus zu der Überzeugung gelangt ist, nicht einfach nur ein Jünger von Johannes dem Täufer zu sein, sondern von Gott zu einer besonderen Aufgabe ausersehen zu sein.«

So sehr die geistige Welt der Judäer und Galiläer um 28 von Heilserwartungen und Heilsversprechen geprägt war, so desolat war seit langem die soziale, politische und gesellschaftliche Situation des Judentums im alten Palästina: das Volk in Parteien, Gruppen und Richtungen zerfallen; die Verheißung Gottes von einem Zusammenleben im Königreich Israel nicht erfüllt; der ersehnte Messias und die Wiederkehr des Goldenen Zeitalters nicht in Sicht. Woran oder an wem lag das? An Rom? An Gott? An ihnen, den Juden, selbst?

Als Einzelner hatte man zur Erklärung dieser Malaise zwei Möglichkeiten: Entweder man klagte Gott an, sein Versprechen nicht eingelöst zu haben, was für einen gottesfürchtigen Juden niemals in Frage gekommen wäre. Oder, und das war weitaus wahrscheinlicher, man beschuldigte sich selbst und das eigene unfromme, entfremdete, materialistisch dominierte Leben und war empfänglich für die Idee der Umkehr. Israels Gottesverhältnis war zu jener Zeit tief gestört, das Volk zweifelte daran, erwählt zu sein. Was tun? Von einer erneuten Zuwendung zu Gott erhoffte man sich dessen erneute Zuwendung zum Volk Israels. Die Hoffnung, Gott möge die Fremdherrschaft der Römer und die Zerstreuung der Juden beenden, hatte enorme Erwartungen geschaffen, die man, wie im Judentum seit jeher geübt, auf den Messias, den Gesalbten, den von Gott zur Errettung Geschickten projizierte – auf dass dieser, wie einst Mose und zuletzt, tausend Jahre zuvor, König David, Israel als das von Gott erwählte Reich führe. Welche spirituellen Sehnsüchte – und welch materialistischer Alltag zugleich.

Wenn ein derart metaphysisches Vakuum entsteht, sind Propheten selten weit entfernt. Also bestellten, mit je eigenen Ideologien und Programmen, die unterschiedlichsten Bewegungen, philosophischen Schulen und politischen Interessengruppen das Feld des Seelenheils und der Erlösung in den zwanziger Jahren dieses ersten Jahrhunderts. Zuhauf zogen Prediger und Apokalyptiker über die Hügel und durch die Wüsten Palästinas, traten als Wundertäter und Prediger auf und erhoben den Anspruch, der erwartete Messias zu sein und das Volk zu führen. Einer von ihnen verzichtete augenfällig auf Hass, Agitation und aggressive Untertöne. Er war versöhnungsbereit und begann sein öffentliches Wirken just in dem Moment, als Johannes der Täufer auf Befehl des Antipas wegen der politischen Provokation seiner Predigten verhaftet und getötet wurde. Die Bewegung, die in seinem Namen entstand, fand rasch Anhänger und immer mehr Berufene.

Der evangelische Neutestamentler Gerd Theißen hat das Sozialverhalten, die innere Struktur und die treibenden Kräfte dieser »Jesusbewegung« in Wechselwirkung mit der umgebenden jüdisch-palästinensischen Gesellschaft mustergültig herausgearbeitet. Primär habe Jesus nicht Ortsgemeinden gegründet, so Theißen, sondern eine Bewegung vagabundierender Charismatiker, wandernder Apostel, Propheten und Jünger, die von Ort zu Ort zogen und dabei auf materielle Unterstützung der jeweiligen Gemeinden durchaus angewiesen waren. Es war eine innerjüdische Erneuerungsbewegung, die der Menschensohn da, fern der großen Städte im Hinterland, ins Leben rief, und die anfangs mit vielen anderen innerjüdischen Reformbewegungen in Konkurrenz stand. Die Jünger der Jesusbewegung, die bewusst auf Recht, Schutz und Mittel zur Selbstverteidigung verzichteten, lebten von der Unterstützung durch Sympathisanten, denen sie als Gegenleistung Predigt und (manchmal) Heilung zu bieten hatten – eine Investition ins eigene Heil, die sich erst nach dem großen Gericht am Tag des Herrn auszahlen würde. Die Bedürfnisfreiheit der Jesusbewegung war gewollt. Wer berufen war, verließ Haus, Hof und Familie, entsagte allem Besitz und wanderte als Prophet oder Lehrer umher. Gezielt wurde die eigene soziale Entwurzelung betrieben, man band sich an keinen Ort mehr und heiratete nicht. Deshalb, weil er der Familie und der traditionellen Gemeinschaft den Rücken kehrte, wurde der Prophet in seiner eigenen Heimatstadt verachtet.

»Jesus und seine Zeitgenossen«, befindet Wolfgang Stegemann, »lebten in nichtindividualistischen Gesellschaften, in denen die Unterschiede zwischen den Geschlechtern ebenso wie die Zugehörigkeit zu bestimmten Familien, Clans und Ethnien von grundlegender Bedeutung für die Möglichkeit der Partizipation an den wirtschaftlichen, sozialen und kulturellen Gütern waren.« Stegemann, der als Professor für Neues Testament vor allem die Sozialgeschichte des Urchristentums erforscht hat, weist darauf hin, dass Jesus in eine Mittelmeerwelt hineingeboren wurde, deren soziale Beziehungen vom Wettstreit der Männer um Ehre gekennzeichnet waren. Obwohl Jesus dieser Kultur entstammte, hielt er sich nicht mehr an ihren Kodex, und obwohl Jesus auf der Basis der jüdischen Tradition stand, brach er mit ihr. Das war neu und traf in den Jahren vor 30 n. Chr. auf ein offenbar großes Bedürfnis: Profitstreben, Materialismus und mangelnde Frömmigkeit waren so gewachsen, dass die Fischer und Bauern von Obergaliläa sich nach der Erneuerung eines großen Versprechens sehnten: der Ankunft des Messias.

Was aber unterschied diesen einen von all den anderen Charismatikern seiner Zeit im mediterran geprägten Kulturraum Palästina? Warum sahen seine Anhänger in ihm den Offenbarer, den Anführer, den Leitstern? Was hatte er, was die anderen Wanderer nicht hatten? Wohl die Kraft der Anmaßung. Eine radikale Selbstgewissheit. Die Unerbittlichkeit eines Entweder-Oder. »Wer nicht mit mir ist, ist gegen mich«, zitiert ihn die nichtkanonische »Logienquelle Q«, die als Vorstufe der vier Evangelien gilt und die Reden und Aussprüche von Jesus dokumentieren soll. Unter all jenen, die sich ebenso im Einzugsbereich von Messiaserwartung, Heilshoffnung, Ehre, Schande und Scham tummelten, trat nun jemand in der kompromisslosesten Art und Weise auf, mit scheinbar unbeirrter Selbstsicherheit und unbeirrbarem Sendungsbewusstsein, und beanspruchte, die Vollmacht Gottes zu besitzen. So viel Hybris irritierte und verstörte – hier sprach ja doch ein Mensch!

Damit geschah in Galiläa, Samaria und Judäa etwas bis dahin ganz und gar Unerhörtes, Neues. Dass da einer aus dem Nichts kam und behauptete, das so lang ersehnte Königreich Gottes breche jetzt, durch ihn, mit ihm, an. »Von Jesus muss auf jeden Fall eine große Faszination ausgegangen sein, die die Menschen in seinen Bann zog«, meint Jens Schröter.

Was Jesus sagte, war keineswegs nur an eine Ortsgemeinde oder Region gerichtet, nein, es war an ganz Israel adressiert. Was er sagte, sagte er mit Blick auf die Apokalypse, das Jüngste Gericht, das aber nicht die Vernichtung der gegenwärtigen Welt im Sinn hatte, sondern auf das zukünftige Heil Israels zielte. Jesus tat etwas völlig Unerwartetes, Verblüffendes: Er bezog alle mit ein in dieses neue Israel, nicht nur die Juden, sondern eben auch und gerade die Heiden; nicht nur die Deklassierten, sondern eben und gerade auch die Sünder, die Dirnen und Zöllner, all jene also, die den orthodoxen Juden als unrein galten und nach Jesu neuer Lehre nicht durch rituelle Waschungen rein wurden, sondern nur durch den Glauben. Das war das Faszinierende: dass sich da einer in gleicher Weise allen Menschen zuwendet – im Bewusstsein, dass die entscheidende Wende zum Heil bereits begonnen hat, und zwar jetzt, hier, durch ihn, mit ihm. Wer mit ihm war, der war in der Umkehr, in der Wende, im Heil, der war im Königreich Gottes.

Eine Theorie, ein System hat Jesus nie entwickelt. Sein Wirken war eher ethisch als politisch, seine Wirkung eher subtil als plakativ. Er strebte eine Gesellschaft der Gleichen an, in der nicht alle gleich viel oder gleich wenig hatten, sondern in der alle zugleich die Gemeinschaft mit Gott eingingen. In dieser Königsherrschaft hatten hierarchische Machtverhältnisse und Abhängigkeiten keinen Platz. Doch weder war das ein soziales noch ein politisches Reformprogramm. Statt politische Agitation zu üben, gab er Verhaltensregeln aus und formulierte Prinzipien eines neuen Ethos: des Ethos der Gemeinschaft. Den Arbeitern im Weinberg, die am Abend murrten, dass diejenigen, die nur eine Stunde gearbeitet hätten, gleich viel Lohn bekämen wie diejenigen, die die Last eines zwölfstündigen Tages trügen, sagt er, wie es bei Matthäus heißt: »Mein Freund, ich tue dir nicht Unrecht… Nimm, was dein ist, und geh! Ich will aber diesem Letzten dasselbe geben wie dir.«

Jesus hielt sich für den Erneuerer, und genau den erkannten seine Anhänger in ihm. Er präsentierte sich als Überbringer der absoluten Wahrheit. Beweis dieser Wahrheit war er, Jesus, selbst. Weiterer Beweise bedurfte es nicht. Wer so auftritt, polarisiert. Die einen fühlten sich zu ihm hingezogen, die anderen sich von seiner Radikalität abgestoßen. Die einen setzten all ihre Erwartungen in ihn, die anderen unterstellten ihm Manie, Magie und Blasphemie. Vor allem den konservativen jüdischen Pharisäern, die eine genau vorgegebene Alltagsgestaltung nach dem mosaischen Gesetz kultivierten, war er trotz gewisser Nähe ein Dorn im Auge. Da erhob sich doch ein Jude über das heilige jüdische Gesetz! Da vergab einer den Schuldigen, was doch nur Gott tun konnte! Da erkor sich einer zum König der Wahrheit!

Was der Mann aus Galiläa für sich in Anspruch nahm, muss in den Ohren der jüdischen Autoritäten in Judäa, dem Land der Priester und Schriftgelehrten, so selbstherrlich wie ungeheuerlich geklungen haben. Ein Affront. Eine Provokation.

Kurz vor Jesu Kreuzigung, womöglich im April des Jahres 30, wird deshalb dem Johannesevangelium zufolge der amtierende Hohepriester Kaiphas in der Ratsversammlung sagen: »Es ist besser für euch, ein Mensch sterbe für das Volk, als dass das ganze Volk verderbe« (Joh 11,50). In kluger Voraussicht also lieferten die Tempelaristokraten ihren Mitjuden Jesus an die Römer aus, weil beide, Hoher Rat wie Römer, größte Furcht vor einem Massenaufruhr hatten. Die Römer, da sie hochempfindlich gegen jede

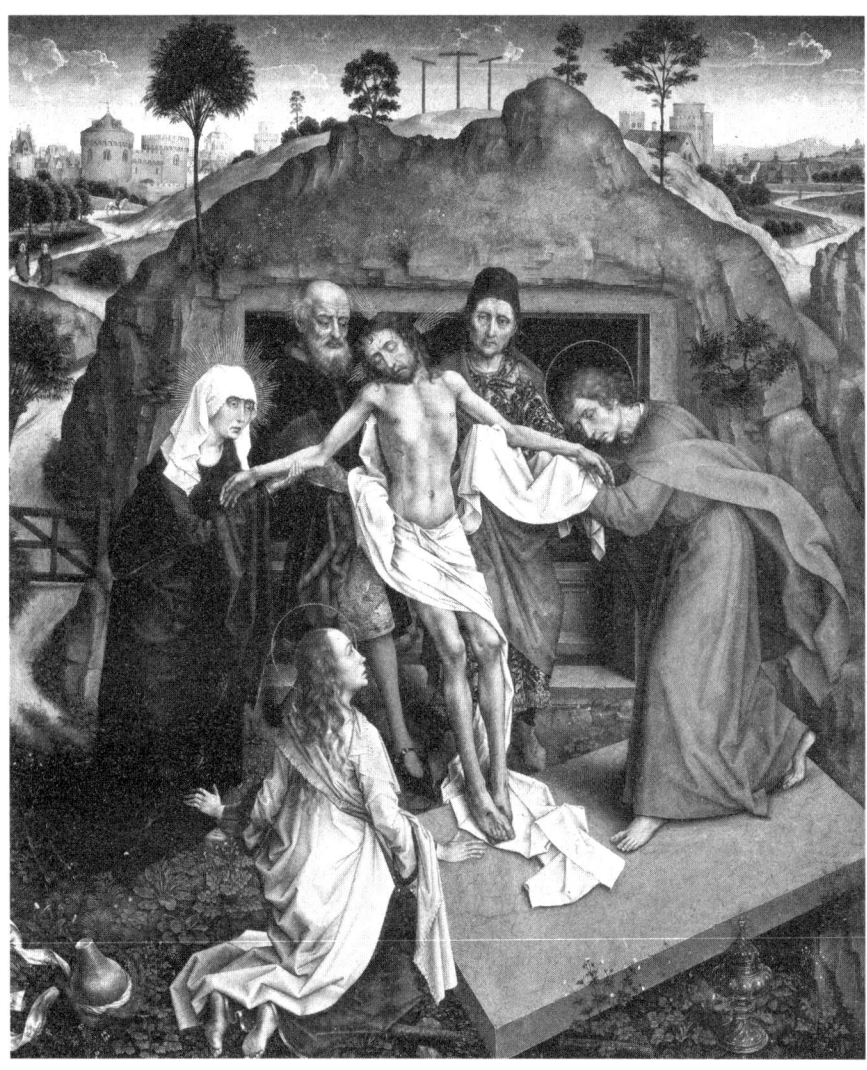

*Grablegung Christi*
*(Gemälde von Rogier van der Weyden, um 1450)*

Form von Unordnung waren; die jüdischen Autoritäten, weil sie genau wussten, dass die Angst der Römer vor Unruhen eine ständige Gefahr für das gesamte jüdische Volk bedeutete. Propheten und Aufrührer wurden gewöhnlich sofort ans Kreuz genagelt.

Bis zum fatalen Spruch des Kaiphas gegen ihn hatte Jesus also nur zwei kurze Jahre, in denen sich sein Wirken und seine Bewegung entfalten konnten. Da predigte er vor allem am Ufer des Sees Genezareth. Wanderte durch die Felder, überquerte den See, erklomm die Hügel, zog sich in Grotten zurück. Fuhr mit dem Holzboot von Ufer zu Ufer, stillte den Sturm auf dem See Genezareth, trieb Dämonen aus und heilte ohne Medizin. Ob man dem Menschensohn Jesus bereits während seines Lebens den Titel »Messias« (griechisch »christos«) beigestellt hat, ist umstritten; er selbst hat sich weder als Messias noch als Gottessohn bezeichnet. Die vier Evangelisten, die Jesu Wirken ähnlich beschrieben, aber unterschiedlich gedeutet haben – Matthäus stark theologisch, Markus nüchtern historisch, Lukas betont ethisch, Johannes streng apokalyptisch –, berichten von seinen Taten an den Armen und Kranken, die man als Wunder bezeichnen wird: In Kapernaum heilte er den Gelähmten und die Schwiegermutter des Simon, erweckte das tote Mädchen zum Leben und gab einem Stummen die Stimme zurück. In Tabgha soll er fünf Brote, zwei Fische vermehrt und damit fünftausend Mann gespeist haben. In Betsaida machte er Blinde sehend, und in Gadara trieb er zwei Besessenen den Satan aus, ließ denselben in eine Horde Schweine fahren und die Tiere im Wasser ersaufen.

All diese Orte sind im Umkreis von dreißig Kilometern zu finden, manche sogar nur ein paar hundert Meter voneinander entfernt – heute meist seltsam verkommene Ruinen oder verwaiste Gegenden um den See Genezareth, dem allmählich das Wasser ausgeht. Ebendort, am westlichen und nördlichen Saum des Sees, in den Dörfern Magdala, Kapernaum, Betsaida und Chorazin, hatte Jesus keine direkten Gegner, dort konnte er ungestört die Umkehr predigen, die Gottesherrschaft verkünden und seine Gefolgschaft rekrutieren. Die Pharisäer agierten vornehmlich in Judäa, die aristokratischen Priesterfamilien der Sadduzäer lebten um den Jerusalemer Tempel herum, und die puristischen Essener studierten in der Wüste des Südens.

Mindestens die ersten vier der zwölf berufenen Jünger waren, wie man heute sagen würde, Kleinunternehmer. Die Brüder Simon und Andreas verdienten ihr Brot als Fischer, die Brüder Jakobus und Johannes entstammten einer Unternehmerfamilie, deren Oberhaupt Zebedäus etliche Arbeiter beschäftigte. »Die Jesusbewegung hat nicht die Ärmsten der Armen gesammelt, um eine soziale Revolution anzuzetteln«, meint Jens Schröter. Man könnte sogar sagen: Wahrscheinlich war die Jesusbewegung in ihrem Ursprung eine Art Mittelschichtbewegung in Zeiten großer Orientierungslosigkeit. Acht weitere Jünger wurden den Evangelien zufolge berufen, bis der Zwölferbund komplett war. Im Judentum ist die Zwölf eine hochsymbolische Zahl: Die zwölf Söhne Jakobs waren die Gründungsväter der zwölf hebräischen Stämme, für die wiederum nun die zwölf Jünger standen und so Jesu Anspruch auf die Herrschaft über ganz Israel und die ganze israelische Geschichte ausdrückten.

War Jesu Wirken nun Ausdruck der spirituellen und sozialen Krise jener Zeit – oder eher die Antwort auf sie? Darüber sind sich die Forscher ebenso wenig einig wie über die Frage, ob seine friedliche Botschaft aus dem konfliktfreien Raum Galiläas zu erklären ist. Sicher ist nur, dass er um das Jahr 28 plötzlich aktiv wurde und eine ganz andere, eine von Solidarität und wechselseitiger Zuwendung geformte Gesellschaft forderte. Das war völlig verschieden von dem, was die römischen Herrscher im Sinn hatten und die jüdischen Autoritäten wollten, und das konnte auf Dauer nicht gutgehen.

Dass der bukolische Wandercharismatiker, der offenbar gern aß und trank, schließlich in die große Stadt Jerusalem zog, ist unbestritten. Aber warum tat er es? Er muss gewusst haben, in welche Gefahr er sich begab, als er vor Beginn des Pessachfestes, dem späteren Palmsonntag vor Ostern, von Betfage über Betanien unterhalb des Ölbergs auf einem Eselsfohlen von Osten her in die heilige Stadt ritt, um, wie es bei den Evangelisten heißt, den Tempel zu »reinigen«. Er muss gewusst haben, dass Judäa seit 20 Jahren latentes Unruhegebiet war. Er muss gewusst haben, dass eine Menge Propheten in Jerusalem ihr Ende gefunden hatten. Und er muss gewusst haben, dass sein Einzug eine Provokation für die jüdischen Autoritäten war. Warum kam er trotzdem?

Womöglich gerade deswegen: um in der ihm eigenen, kompromisslosen Weise die letzte Entscheidung zu suchen. Seine Anhänger verehrten ihn, aber seine Gegner, vor allem die konservative Laienbewegung der Pharisäer, waren zahlreicher und lautstarker geworden, und außerhalb Galiläas wurde seine Botschaft zunehmend abgelehnt. Wer in die heilige Stadt einzieht, den Tempel aufsucht, Verkäufer aus dem Vorhof vertreibt, Tische der Geldwechsler und Stände der Taubenkrämer umstößt – zeigt der nicht sein wahres, ein aggressives, zorniges Gesicht? Indizien für eine Hitzköpfigkeit Jesu gibt es sonst nirgends, und doch stellt sich die Frage: Was bezweckte er mit dem Eklat? Wollte er den zur »Räuberhöhle« verkommenen Tempel, wie er schimpfte, als Zentrum des Judentums in Frage stellen – oder wollte er, im Gegenteil, dessen ursprüngliche Bedeutung als Bethaus wiederherrichten? Oder war alles nur Protest gegen die wirtschaftliche Macht der Tempelaristokratie, die vom Handel in den Vorhöfen anteilig profitierte?

Der Tempel war das sensibelste Territorium der hochsensiblen Stadt Jerusalem. An der Ecke des Vorplatzes hatten die Römer eine Festung installiert und eine Garnison stationiert; die jüdischen Tempelpolizisten überwachten das gesamte Areal, um bei jedem Verdacht auf Unruhestiftung sofort einzugreifen. Jesus, resümiert der Schweizer Neutestamentler Ulrich Luz, habe sich um das offenkundige Risiko, das er einging, überhaupt nicht gekümmert. »Er hat in der Tat seinen möglichen Tod bewusst in Kauf genommen oder ihn sogar gewollt.« Aber warum? Welchen Sinn macht der Tod des Messias, da er doch gerade erst gekommen war? Aus jüdischer Sicht keinen: Wenn der Messias stirbt, stirbt die Hoffnung auf den Erretter und das durch ihn kommende Heil.

Als Messias war Jesus also gescheitert: Der neue Davidide hing, erniedrigt und gedemütigt, am Kreuz, die Römer blieben dominante Besatzer, und das Volk war nach wie vor zerstreut. Genau genommen steht am Anfang des Glaubenswunders von Jesus das totale Versagen: Jener, der die Vollmacht Gottes zu besitzen vorgab, hat eben diese Vollmacht doch nicht. Würde er sonst sterben? Ein Irrtum. Eine Katastrophe. Tatsächlich? Nicht aus christlicher Sicht. Wenig später hieß es auf einmal, Jesus, der Christus, sei für die Sünden der Menschen gestorben. Auch das war neu, und es war ein ganz anderes Verständnis von einem Messias, als man es aus den jüdischen Texten bisher kannte. Auf einmal war der Tod des Gottgesandten nicht die alles widerlegende Katastrophe, nein: Er war folgerichtiger Bestandteil des neuen Weges. Und dieser Weg, so ging die verblüffende neue Perspektive weiter, musste durch den Kreuzestod zu Auferstehung, Himmelfahrt und Erhöhung führen. Die Geschichte des galiläischen Wandercharismatikers endete nicht am Kreuz, denn der Tod des Gesalbten machte Sinn – das war die Lehre des Paulus. Hier übersetzte sich das Judentum ins Christentum. Hier begann die neue Zeitrechnung.

# Geheimnisvolle Geschichten

*Die Verfasser der Evangelien waren keine Historiker,*
*sondern Gläubige. Erst nach langwierigen Streitigkeiten*
*erhielt das Neue Testament seine heutige Form.*

Von Claudia Keller

Es ist ein Fetzen Papyrus, neun mal sechs Zentimeter groß, unten spitz, oben eingekerbt, griechische Buchstaben auf Vorder- und Rückseite. »Pilatus ging wieder in das Prätorium und rief Jesus und fragte ihn: Bist du der König der Juden?« So heißt der Satz auf dem Schnipsel, ergänzt und übersetzt. Der Archäologe und Ägyptologe Bernard P. Grenfell hat das Dokument 1920 auf einem Markt in Ägypten gekauft. Die seltsamen Männer aus dem fernen Europa zahlen viel für so etwas, das war den Bauern und Hirten der Gegend schon klar. Grenfell hat, ohne es damals zu wissen, ein Stück aus dem Johannesevangelium gekauft, aufgeschrieben vermutlich zwischen 120 und 150 in Ägypten. Dieser Schnipsel gilt als die älteste Überlieferung der Evangelien, der Geschichten vom Leben, Lehren und Sterben Jesu – und von seiner wunderbaren Auferstehung. Wie lautete die ursprüngliche Botschaft Jesu, welche wahre Geschichte steckt hinter dem wohl wirkungsvollsten Buch der Menschheit? Diese Spurensuche ist eine Geschichte der Fragmente und offenen Fragen, der seriösen Archäologen und zwielichtigen Papyrushändler. Und immer geht es um den Ursprung des christlichen Glaubens.

Für Christen ist diese Erkenntnis bis heute schwer erträglich: Keiner weiß genau, wie Jesus lebte. Wer dem Mann aus Galiläa begegnete, hat nichts über ihn aufgeschrieben. Wer über ihn schrieb, ist ihm nicht begegnet. Und wenn es Gott war, der die Evangelisten inspirierte, dann hat er ihnen eine ziemlich widerspruchsvolle Geschichte in die Feder diktiert. Lehrte Jesus ein oder zwei Jahre? Starb er nach heutiger Zeitrechnung an einem Donnerstag oder einem Freitag? Das eine wie das andere lässt sich aus den Schriften des Neuen Testaments herauslesen.

Jesus sprach Aramäisch, doch die Evangelisten schrieben ihre Geschichten auf Griechisch – konnten sie in der fremden Sprache erfassen, was er meinte? Und vieles, was den Christen einzigartig an den Jesusgeschichten erscheint, ist in Wahrheit übernommen aus den Kulturen und Religionen jener Zeit vor 2000 Jahren. Die Predigten Jesu? Viele Gedanken finden sich schon in der jüdischen Weisheitsliteratur. Die Jungfrauengeburt, gern auch durch göttliche Zeugung? In den Mythen der Babylonier, Ägypter, Perser, Griechen und Römer ist sie ein gängiges Motiv, um die Herkunft eines Gottes, Halbgottes oder Heroen zu beschreiben. Wundergeschichten? Waren im Hellenismus die übliche Form, einen außergewöhnlichen Menschen zu kennzeichnen.

Lange Zeit ist es riskant, das zu sagen. 1678 brennt in Paris ein Stapel Bücher: Richard Simon, ein frommer Mönch, hat die Texte des Neuen Testaments einer Untersuchung unterzogen, die er als Erster »historisch-kritisch« nennt. Mehr als 1300 Exemplare seines Buches sind gedruckt, doch der einflussreiche Bischof Jacques Bossuet sorgt dafür, dass die gesamte Auflage – bis auf wenige versteckte Exemplare – den Flammen übergeben wird. Aber die Neugier text- und sprachenkundiger Wissenschaftler ist geweckt: Sie bestimmen Entstehungszeiten und suchen Quellen, fragen nach der Absicht der Autoren. Der Boden christlicher Gewissheiten beginnt zu schwanken.

Die ältesten überlieferten christlichen Zeugnisse stammen vom Apostel Paulus. Erfüllt vom Eifer des Konvertiten gründet er Gemeinden, hält Kontakt zu ihnen, schlichtet Streit. Er schreibt

46

*Evangelist Markus*
*(koptische Malerei)*

Briefe nach Rom und Korinth, Galatien, Philippi, Thessalonich, an seinen Mitarbeiter Philemon; da ist die Kreuzigung vielleicht 30 Jahre her. Er bezeugt, dass Jesus von den Toten auferweckt wurde. Er sagt, dass der Gekreuzigte die Sünden der Welt auf sich genommen hat und dass diese Erlösungstat nicht nur den Juden, sondern allen Menschen gilt. Doch über das Leben des Erlösers berichtet Paulus fast nichts.

Die Erinnerung an den Mann aus Nazareth ist noch lebendig. Aber die Augenzeugen sterben. Das Ende der Welt, das die ersten Anhänger Jesu noch für ganz nahe halten, bleibt aus. Eine Generation nach dem Tod des Meisters wird die Botschaft zunehmend vielstimmig überliefert. Hier erzählt man dies über Jesus, anderswo das. Legenden, Gerüchte, Geschichten kursieren. Was gilt? Fromme Männer schreiben auf, was sie für wichtig und richtig halten. Sie sind keine Historiker, sie sind Gläubige. Sie wollen nicht rekonstruieren, wie es wirklich war, sie haben eine Botschaft. Sie formen und glätten die Geschichten; für sie ist das keine Fälschung, sondern Dienst an der Wahrheit. Jedes Evangelium steht nun auf seine Weise für eine Richtung der neuen Religion.

Markus nennt die Überlieferung einen dieser Männer. Er gilt als der Erste, der Jesu Leben, seinen Tod und seine Auferstehung in Form einer zusammenhängenden Erzählung aufgeschrieben hat. Das muss um das Jahr 70 gewesen sein. Denn Jesus weissagt nach Markus, dass der Tempel zerstört werden wird. Vielleicht ist er es zum Zeitpunkt der Niederschrift schon, vielleicht ist die Zerstörung absehbar, weil ein starkes römisches Heer auf Jerusalem vorrückt. Markus beginnt seine Erzählung mit Johannes, dem Täufer, dem »Rufer in der Wüste« – weshalb ihm der Kirchenvater Hieronymus später das »Wüstentier«, den Löwen, als Kennzeichen zuweist. Wer dieser Markus war, weiß man nicht. Wo hat er gesessen und mit seiner Feder über den Papyrus gekratzt? In Galiläa oder in Syrien, im heute libanesischen Tyrus oder in Rom?

Die meisten Forscher vermuten, dass Markus Heide war und zum Christentum übergetreten ist. Für die Heidenchristen schreibt er. Ihnen will er klarmachen, dass mit Jesus etwas Neues in die Welt gekommen ist. Dieser Jesus sagt: »Der Sabbat ist um des Menschen willen gemacht und nicht der Mensch um des Sabbat willen. So ist der Menschensohn ein Herr auch über den Sabbat.« Jesus steht also für Markus über den jüdischen Gesetzen. Markus betont die Bedeutung der Passionsgeschichte; Jesu Wanderung von Galiläa nach Jerusalem ist das Vorspiel des unerhörten Geschehens, jeder Schritt, den er tut, ist symbolbeladen; er bewirkt ein Wunder nach dem anderen. Doch der allmächtige Wundertäter stirbt schändlich am Kreuz, erniedrigt, ohnmächtig, tiefer kann keiner fallen – bis durch seine Auferstehung aller Welt offenbart wird: Er ist Gottes Sohn. Wo hat es das zuvor gegeben?

Zehn, zwanzig Jahre später schreibt – vermutlich in Syrien – ein anderer Mann seine Version der Geschichte auf. Dramatisches ist passiert. Der Tempel ist zerstört, die Juden haben ihr religiöses Zentrum verloren. Um ihren Glauben zu bewahren, beschwören die Juden ihre Einheit, zurren Schriftgut und Gesetze fest. Die Christen sind nicht mehr nur eine seltsame Sekte innerhalb des Judentums, sondern Konkurrenz. Man grenzt sich schärfer gegeneinander ab und polemisiert. Jesus sei der uneheliche Sohn eines römischen Soldaten gewesen, ein Besatzerkind, heißt es. Der Evangelist hält dagegen: Jesus stammt kraft seines Ziehvaters Josef aus dem Hause des Königs David und ist der Sohn einer Jungfrau. In ihm erfüllt sich, was in der Tora vorausgesagt wurde.

Um dem Text größere Autorität zu verleihen, wird er später dem Jünger Matthäus zugeschrieben. Stoff findet der Autor bei Markus, aber er hat noch eine andere Quelle, auf die später auch Lukas zurückgreift. Sie ist verschollen, keiner weiß, wie sie ausgesehen hat, die Forscher nennen sie Logienquelle Q. Wahrscheinlich handelte es sich um eine Sammlung von Sprüchen und Weisheiten, die vermutlich zwei Jahrzehnte älter als das Markusevangelium ist. In der Quelle Q fehlt die Passionsgeschichte – Jesus ist ein Wanderprediger, Lehrer und Prophet, nicht der Erlöser am Kreuz. Ein Zufall? Oder weil der Auferstehungsglaube in dieser Tradition keine Rolle spielt? Aus dieser Quelle jedenfalls übernimmt Matthäus das Material für die meisten Reden Jesu und komponiert so auch die Bergpredigt und das Vaterunser.

In Jesus erfüllt sich die Schrift der Juden, sagt Matthäus, und mahnt seine Gemeinde, der Tora die Treue zu halten. Deshalb gehen die Forscher davon aus, dass der Verfasser als jüdischer Schriftgelehrter ausgebildet wurde und für ein judenchristliches Publikum schreibt. Matthäus muss eindringlicher als Markus erklären, was Christen und Juden trennt und warum man unbeschnittene Heidenchristen in die Gemeinden aufnimmt. 50, 60 Jahre nach Jesu Tod ist es mit der Erinnerung an Wundertaten nicht mehr getan. Matthäus stellt die Reden und Gleichnisse des Gottessohnes in den Mittelpunkt seiner Erzählung. Sein Jesus fordert Gehorsam von den Jüngern. Er spricht vom großen Weltgericht, er tadelt die »Kleingläubigen«, die wie Petrus auf dem See Genezareth nicht unbedingt auf Gott vertrauen und deshalb untergehen.

Den Mahnungen stellt Matthäus den Gott der Liebe zur Seite. Er ist Anwalt der Kleinen und Gebrechlichen, er fordert Feindesliebe statt archaischer Rache. Nur in Bezug auf die Juden gilt das nicht. Matthäus lastet ihnen – noch mehr als es Markus tut – die Schuld an Jesu Tod an. Historisch wahrscheinlicher ist es jedoch, dass Jesus ohne Beteiligung jüdischer Instanzen von den Römern verurteilt wurde. Ausgerechnet Matthäus, der den

*Evangelist Matthäus*
*(Fresko, 15. Jahrhundert)*

Glauben an die Tora vertiefen und nicht verwerfen will, stellt die Juden als Gottesmörder dar. »Sein Blut komme über uns und unsere Kinder!«, lässt er die jüdische Volksmenge brüllen und so die Folgen von Pilatus' Urteil auf sich nehmen. Ein Satz, mit dem über Jahrhunderte hinweg Christen Gewalt gegen Juden begründet haben.

Das Lukasevangelium erzählt mit der Legende vom Kind in der Krippe eine sehr emotionale Variante der Jesus-Geschichte – in der Absicht, eine stimmige Biografie von der Geburt bis zu Tod, Auferstehung, Himmelfahrt zu liefern. Der Verfasser gibt sich im Prolog als gebildeter, historisch versierter Schreiber zu erkennen, er will es besser machen als seine Vorgänger und die Ereignisse auf »sicherem Grund« wiedergeben. Auch Lukas ist kein Historiker im modernen Sinne; er formt aus dem Markusevangelium, der Logienquelle und anderen, heute verschollenen Schriften und Erzählungen seine Sicht der Dinge. Lukas hat wahrscheinlich auch die Apostelgeschichte geschrieben; Wortschatz und Stil gleichen dem Lukasevangelium.

Früher dachte man, dass Lukas Arzt war und Paulus begleitet hat – eine höchst unwahrscheinliche Zuordnung. Der Autor schreibt quasi aus der Vogelperspektive: Er interpretiert das Leben Jesu als historisches Ereignis. Dieser Heilszeit folgt nun das Weiterleben des Glaubens in den christlichen Gemeinden. Die Auseinandersetzungen mit den Juden sind nicht mehr wichtig für ihn. Seine Perspektive ist die (römische) Weltgeschichte, in die er das Ereignis einordnet und allen Menschen zugänglich machen möchte. Die Römer kommen bei Lukas ziemlich gut weg. Wahrscheinlich hat er seine Erzählung zu einer Zeit geschrieben, als er hoffen konnte, dass die Römer es gut mit den Christen meinen, vermutlich zwischen 80 und 90. Danach, in der Endphase von Kaiser Domitians Herrschaft, sah das wieder anders aus. Vermutlich kam der gebildete Lukas aus dem hellenistischen

Raum und hat sein Werk in Griechenland oder Italien zu Papyrus gebracht.

Lukas macht gleich am Anfang klar, worum es ihm geht: um die soziale Botschaft. Die Herrlichkeit Gottes manifestiert sich in einem hilflosen Kind. Die Engel verkünden den Hirten die »große Freude« – nicht Herrschern und Königen. Der Gegensatz von Arm und Reich, von Außenseitern und Etablierten, von Sündern und scheinbar Rechtschaffenen durchzieht seinen Text wie kein anderes Evangelium – offenbar gibt es in den Christengemeinden seiner Umgebung große soziale Unterschiede. Lukas' Herz schlägt für die Zöllner und Prostituierten, für Ehebrecher, für Fremde wie den barmherzigen Samariter. Bei Lukas lassen die Jünger allen Besitz zurück, um Jesus zu folgen.

Die Repräsentanten der guten Gesellschaft stehen meistens schlecht da. Zum Beispiel Simon, der Pharisäer, in dessen Haus Jesus zum Essen eingeladen ist. Bei Markus und Matthäus ist dieser Simon ein Aussätziger. Lukas macht aus ihm einen wohlhabenden Mann. Die Herrschaften sitzen zu Tisch, da kommt eine stadtbekannte Prostituierte und salbt Jesus die Füße. Der Hausherr wundert sich, dass Jesus diese unerhört intime Begebenheit zulässt. Jesus verteidigt die Frau und kritisiert den Hausherrn: Als Gastgeber hätte doch er auf die Idee kommen können, ihn zu salben. Markus und Matthäus sehen in Jesus den Gottessohn. Lukas lässt unterm Kreuz den römischen Hauptmann sagen: »Wahrlich, dieser Mensch war ein Gerechter.«

Und dann das Johannesevangelium. »Im Anfang war das Wort, und das Wort war bei Gott, und Gott war das Wort.« Wer denkt sich einen solchen Satz aus? Der Verfasser beschreibt kein historisches Geschehen, kein der menschlichen Erfahrung zugängliches Ereignis, sondern einen mythischen Vorgang. Die Idee vom Wort, vom Logos, der sich in der Geschichte entfaltet, geht auf hellenistisches Denken zurück. Auch der Autor des

Johannesevangeliums bleibt als Person unbekannt. Die griechische Philosophie ist ihm vertraut, vermutlich stammt er aus einem griechisch sprechenden, judenchristlichen Milieu. Viel spricht dafür, dass er und seine Gemeinde von den Juden aus der Synagoge ausgeschlossen wurden, sie sich aber als das »wahre Israel« sehen.

Was und wie dieser Autor über Jesus berichtet, unterscheidet sich sehr von den anderen drei Evangelien. Wahrscheinlich kannte Johannes sie. Statt von einer Reise nach Jerusalem ist bei ihm von vier Reisen dorthin die Rede. Er präsentiert andere Wunder als Markus, Matthäus und Lukas – auf der Hochzeit von Kana verwandelt Jesus Wasser zu unglaublichen Mengen von Wein. Es scheint, als müssten die Wunder bei Johannes immer eine Nummer größer sein als bei den anderen Evangelisten. Die Kreuzigung ereignet sich bei Johannes am Donnerstag vor dem Pessachfest, nicht am Freitag, wie bei den anderen. Es wird kein letztes Abendmahl zelebriert – stattdessen wäscht Jesus den Jüngern die Füße.

Der Text wird im Nachhinein dem Johannes zugeschrieben, dem Lieblingsjünger Jesu. Immer wieder ist von diesem »Jünger, den Jesus liebhatte«, die Rede. Er weiß mehr als die anderen. Er steht unterm Kreuz, alle anderen Jünger sind geflohen. Ihm trägt der sterbende Jesus auf, für seine Mutter zu sorgen, er ist am Ostermorgen als erster Jünger am Grab, lässt dann aber Petrus den Vortritt beim Betreten der Gruft. Entstanden ist dieser sehr eigentümliche Text vermutlich erst um die Wende zum zweiten Jahrhundert. Später hat ihn ein Bearbeiter erweitert.

Es kommt Johannes nicht darauf an, Widersprüche zu vermeiden. Er will die Erlösungstat Jesu nicht mit der Historie verbinden wie Lukas, für nette Weihnachtsgeschichten ist hier kein Platz. Johannes schreibt einen Besinnungstext, ihm geht es um Transzendenz, um die Göttlichkeit dieses Jesus. Nur durch Jesus weiß

*Evangelist Lukas*
(Gemälde von El Greco, um 1605)

die Welt, wer Gott ist – andere Religionen und Bekenntnisse sind damit vom Heilsgeschehen ausgeschlossen. Johannes wirbt nicht mehr, Johannes entfaltet eine Christologie. Er schafft seine eigene Sprache, metaphorisch und rätselhaft. Bewusst konstruiert er Missverständnisse zwischen Jesus und seinen Gesprächspartnern. »Wer von dem Wasser trinken wird, das ich ihm gebe, den wird in Ewigkeit nicht dürsten«, sagt er der Samariterin am Jakobsbrunnen. Die Frau will nun von dem Wasser, damit sie sich künftig den Weg zum Brunnen sparen kann – der Leser aber versteht das Gleichnis, er wird zum Verbündeten des Evangelisten gegen die unverständige Welt. Das jüngste der Evangelien ist nicht für die Mission geschrieben, sondern für die Meditation, für die Glaubensvertiefung der bereits Bekehrten.

Markus und Matthäus, Lukas und Johannes – Evangelien werden diese vier Jesus-Erzählungen genannt, frohe Botschaften, wie die Nachricht von der Thronbesteigung eines römischen Kaisers oder der Geburt eines Kaisersohns. Sie bilden den Kern der neuen, christlichen heiligen Schrift, dazu kommen die Apostelgeschichte und die Apokalypse, die echten und unechten Paulusbriefe, die sogenannten katholischen Briefe, insgesamt 27 Schriften – und die hebräische Bibel, das jüdische Erbe. Ab dem 2. Jahrhundert setzt sich diese Auswahl nach und nach durch, doch das früheste überlieferte Bekenntnis zu diesem Kanon stammt von Athanasius von Alexandria aus dem Jahr 367: »Dies sind die Quellen des Heils … Niemand soll ihnen etwas hinzufügen oder etwas von ihnen entfernen.« Ein schlichter Satz nach jahrhundertelangem Ringen um die richtige Auswahl der Schriften; das Neue Testament, es hätte auch ganz anders aussehen können.

Denn in den jungen Gemeinden kursieren weitere Erzählungen. Das Thomasevangelium zum Beispiel, ägyptische Bauern fanden es zusammen mit anderen frühchristlichen und gnostischen Schriften 1945 in vergrabenen Tonkrügen in der Nähe des kleinen Ortes Nag Hammadi. Es enthält Sprüche und Aussagen, die Jesus getan haben soll, einige könnten authentisch sein; es übernimmt aber auch Ideen aus anderen zeitgenössischen Kulten. Oder das Judasevangelium, von dem Textfragmente erst vor einigen Jahren in der Öffentlichkeit auftauchten. Der Verräter Judas wird hier zum Lieblingsjünger Jesu, zeigt ihm »Geheimnisse, die noch kein Mensch gesehen hat«.

Im Nikodemusevangelium wird die Höllenfahrt Christi geschildert. Es gibt das Petrus-, das Ägypter-, das Ebioniten-evangelium, entstanden offenbar in jenen frühchristlichen Gemeinden, die nur Juden aufnahmen, gegen den Missions-anspruch des Paulus. In anderen Gemeinden war das Nazaräner-evangelium in Gebrauch, das wohl dem Matthäusevangelium sehr nahe war. Und dann gab es Dutzende von Schriften wie das Protevangelium des Jakobus, in denen die Kindheit Jesu und das Leben Mariens bunt ausgeschmückt wurde; erbau-liche Texte, die in der entstehenden Volksfrömmigkeit eine wichtige Rolle spielten und deren Legenden bis heute ein eigentümliches Nachleben führen. Ochs und Esel an der Weih-nachtskrippe entspringen einer solchen Erzählung. Zahlreiche katholische Marienfeste sowie das Dogma von der »unbefleck-ten Empfängnis Mariens« haben ihren Ursprung in diesen ver-borgenen, »apokryphen« Schriften.

Sie haben nicht den Weg ins Neue Testament gefunden, sie wurden verdrängt. Manche aus dem einfachen Grund, dass die Entwicklung der jungen Religion über sie hinwegging: Die Judenchristen wurden zunehmend zur Minderheit und ver-schwanden schließlich, andere Evangelien blieben eine Zeitlang in bestimmten Gemeinden populär, bis eine jüngere Genera-tion die kanonischen Schriften übernahm. In der Ablehnung des Thomasevangeliums zeigt sich, wie knallhart im entstehenden Christentum um die theologische Richtung gekämpft wird. Bedeutsam ist die Abgrenzung von gnostischen Lehren, die im Vorderen Orient weitverbreitet waren. Sie charakterisiert eine esoterische Spiritualität. Das Heilswissen teilt sich nur den Eingeweihten mit. Das wahrhaft Göttliche steht in vollkommenem Gegensatz zur Welt, die das Produkt eines bösen Schöpfergottes ist. Ziel ist die Seele aus ihren materiellen Verstrickungen zu lösen und zum göttlichen Lichtreich zurückzuführen.

Das in Nag Hammadi gefundene Schriftgut zirkuliert in gnostisch-christlichen Gemeinden; der Leib ist für sie nur das Gefängnis der Seele, sie verachten ihn, dort liest man aus dem Thomasevangelium. Der Autor des Judasevangeliums scheint dagegen eher einer jener Gruppen angehört zu haben, die dem verderbten Körper freien Lauf ließen, mit Schlemmerei und sexueller Libertinage. Die Gnostiker gewinnen Anhänger, die Mehrheitskirche reagiert nervös. Irenäus von Lyon wird Ende des 2. Jahrhunderts der erste große Ketzerbekämpfer, fünf Bücher schreibt er »Gegen die Häresien«. Die junge Kirche verwirft die Gnosis und damit alle Schriften, die gnostisch inspiriert sind – selbst das Johannesevangelium und die Apokalypse geraten in Gefahr, weil sie in gnostischen Gemeinden beliebt sind.

Die Geschichte der Kanonisierung ist also auch eine Geschichte der Ausgrenzung. Die entstehende Kirche verwirft, wahrscheinlich im Jahr 144, auch die radikale Forderung des reichen Reeders Markion, das ganze Alte Testament zu verwerfen und nur die Paulus-Briefe und das Lukasevangelium gelten zu lassen – und gibt ihm die 200 000 Sesterzen zurück, die er in die Kasse der römischen Gemeinde eingezahlt hatte. Sie trennt sich auch von den Anhängern des Montanus, der den Beginn eines tausendjährigen Reiches mit der Wiederkunft Christi prophezeit hatte.

*Evangelist Johannes*
*(Gemälde von Giovanni del Biondo, um 1365)*

Kein Konzil stimmt über die Auswahl ab, keine Kirchen-väterversammlung genehmigt sie. Der heutige Kanon setzt sich durch, weil er die Schriften integriert, die in den Gemeinden das höchste Ansehen genießen. Er setzt sich aber auch durch, weil diese Auswahl in hohem Maße anschlussfähig ist. Es gibt vier Evangelien, nicht eins, das macht die junge Religion flexibel. Die Texte sprechen die Juden an und die Heiden, sind in der Tradition der Tora zu Hause und in der hellenistisch-römischen Philosophie, sie verwenden die damalige Weltsprache Grie-chisch und verdrängen das Aramäische, das in der Urgemeinde in Jerusalem noch gesprochen wurde.

Sowohl das nahe Ende der Welt als auch der Abschied von dieser Vorstellung lassen sich im Neuen Testament finden. Jesus ist der Herr der Welt und der Freund der Armen, real in der Welt und doch nicht von der Welt, politisch und mystisch zugleich, ohne esoterisch zu werden. Das Vielfältige und Vieldeutige macht den Erfolg der jungen Religion aus.

An den Rand aber geraten die Frauen. Jesus hatte vermut-lich Jüngerinnen, Paulus Helferinnen, die sogar in manchen Gemeinden dem Gottesdienst vorstanden. Ende des 1. Jahr-hunderts werden Frauen aus solchen Positionen verdrängt – eine Anpassung an die hellenistisch-römische Welt, wo Frauen Menschen zweiter Klasse sind. In der Gemeinde sollen sie fortan schweigen.

Auf vieles haben die Schriften der neuen Religion keine Ant-wort. Hat Jesus überhaupt eine Kirche gewollt? Wahrscheinlich nicht, und mit Sicherheit haben die Jünger Jesu, die Petrus als den Ersten unter Gleichen respektierten, nie an ein Papstamt gedacht. Auch viele theologische Fragen bleiben offen: Ist Jesus Gott oder Mensch? Wie verhalten sich Gott, Jesus und Gottes Geist zueinander? Erst Jahrhunderte später legen Kirchenver-sammlungen fest, dass Jesus wahrer Mensch und wahrer Gott sei und Vater, Sohn und Geist die Heilige Dreifaltigkeit sind – und dass ein Irrlehrer ist, wer das anders sieht.

Sie haben die Welt verändert, die großen Erzählungen von Jesus. Die Erzählungen über einen Mann, der von seinem Vater im Himmel sprach, mal in unverständlichen Rätseln, mal in Bildern und Gleichnissen, die heute so eingängig sind wie vor 2000 Jahren, vom Senfkorn, dem Salz der Erde, dem Licht der Welt, vom verlorenen Sohn. Bernhard von Clairveaux hat mit den Worten des Evangeliums zum Kreuzzug aufgerufen und der heilige Franziskus die Liebe zu aller Kreatur besungen, Martin Luther fand Trost in seiner Höllenangst, Dietrich Bonhoeffer gaben sie Kraft zum Widerstand gegen die Nazis, Mutter Teresa sagte sie den Sterbenden in Kalkutta. Und Bert Brecht, der Zweifler, antwortete auf die Frage nach seinem Lieblingsbuch: »Sie werden lachen, die Bibel.«

# »Ein unglaublicher Machtanspruch«

*Der Kirchenhistoriker Christoph Markschies*
*über die Sehnsucht nach einem neuen Glauben*
*im antiken Palästina und die Suche*
*nach dem wahren Jesus*

Das Gespräch führten
Annette Großbongardt und Dietmar Pieper.

**SPIEGEL:** Herr Markschies, wenn Sie nur einen Satz hätten, was würden Sie auf die Frage antworten: Wer war Jesus von Nazareth?

**MARKSCHIES:** Ein antiker jüdischer Prophet, der mit Wort und Tat versuchte, Gesellschaft heil zu machen, und damit bis heute Gesellschaften gestaltet und Menschen hilft.

**SPIEGEL:** War er ein sozialer Neuerer, ein Rebell?

**MARKSCHIES:** Auch, ja – wie alle wirklich großen Gestalten kann man ihn nicht auf einzelne Felder einschränken. Er war einer, der im Vergleich zu vielen anderen mit einer ungeheuren Autorität auftrat. Er gehörte zu einer jüdischen Reformbewegung, die das Gewicht der strengen Rechtsverordnungen mildern wollte, etwa am Sabbat. Er sagte, der Sabbat ist für den Menschen da und nicht umgekehrt.

**SPIEGEL:** Also Jesus war noch gar kein Christ?

**MARKSCHIES:** Nein, er war ein waschechter Jude. Doch angesichts seines unglaublichen Machtanspruchs entschied sich ein Großteil des Judentums, ihn für einen Scharlatan oder einen überdrehten Neuerer zu halten.

**SPIEGEL:** Im Markusevangelium fragt Jesus einmal seine Jünger, für wen ihn die Menschen halten. Ihre Antwort lautet: »Einige für Johannes den Täufer, einige für Elia, wieder andere für sonst einen Propheten ... Da fragt er: Für wen haltet ihr mich? Da sagt Petrus: Du bist der Messias!« War das die überwiegende Wahrnehmung?

**MARKSCHIES:** Jesus selbst hat ja die Bezeichnung »Menschensohn« verwendet, und ich gehöre zu denen, die glauben, dass es so war, wie die Evangelien berichten. Da wählt er einen Titel, der nicht im Zentrum der üblichen Messias-Erwartungen steht, sondern verwendet einen Namen, den er mit seiner Person prägen kann. Damit sagt er, ich bin etwas ganz Besonderes.

**SPIEGEL:** Die Menschen erwarteten damals den Messias – wie muss man sich das vorstellen?

**MARKSCHIES:** Die Zeitgenossen Jesu hofften in ganz unterschiedlicher Weise auf Befreiung und Erlösung. Die meisten Messias-Vorstellungen haben auch eine politische Dimension: Hoffnung auf Wiederherstellung von staatlicher, gesellschaftlicher Einheit, mit der die religiösen Verhältnisse und das eigene Leben in Ordnung kommen und ein Leben nach Gottes Maßstäben möglich werden würde. Das speist sich aus dem Judentum, dem Alten Testament.

**SPIEGEL:** Also nicht die düstere Endzeit-Erwartung des Mittelalters?

### CHRISTOPH MARKSCHIES

Der mit etlichen Preisen ausgezeichnete evangelische Theologe und ordinierte Pfarrer, Jahrgang 1962, lehrt Ältere Kirchengeschichte an der Humboldt-Universität zu Berlin, deren Präsident er von 2006 bis 2010 war. Schwerpunkt seiner Forschung und Publikationen sind das antike Christentum und dessen Schriften.

**MARKSCHIES:** Nein, deutlich hoffnungsfroher. Erwartet wird nicht der Untergang der Welt, sondern dass der Messias die Dinge auf Erden richtet. Sichtbarer Ort dafür soll Jerusalem sein, in dem, so steht es in rabbinischen Texten, die Häuser alle so hoch sein werden »wie der Weg von Jerusalem bis ans Meer«.

**SPIEGEL:** Was bedeutet eigentlich Menschensohn? Das ist doch jeder.

**MARKSCHIES:** Der Prophet Daniel im Alten Testament sagte voraus: Der da einst die Herrschaft in Gottes Auftrag übernehmen werde, sehe aus »wie der Sohn eines Menschen«. Das heißt, es wird keine Gottesgestalt sein. Die Menschen damals hatten ja eine ganz andere Bibelkenntnis. Wenn man also Menschensohn sagte, wussten sie, das ist das Wort des Propheten Daniel. In der Zeit Jesu beginnt es, dass von einer Gestalt neben dem göttlichen Thron oder auf dem Thron die Rede ist.

**SPIEGEL:** Hat sich Jesus selbst als Messias gesehen?

**MARKSCHIES:** Die Wissenschaft würde nicht so furchtbar darüber streiten, wenn das eindeutig wäre. Anders als beim Menschensohn nimmt er das Wort nie selbst in den Mund, sagt nie affirmativ: Ja, ich bin der Messias. Es bleibt immer irgendwie vage, andeutend. Für mein Verständnis ist relativ deutlich, dass er sich bestimmten Teilen der messianischen Erwartung verweigert, und zwar offenkundig der radikal-politischen Auslegung. Das zeigt die berühmte Geschichte mit der Kaisermünze: Sollen wir Steuern zahlen oder verweigern? Er sagt: Wer ist denn drauf auf der Münze? Der Kaiser – also zahlt dem die Steuer.

**SPIEGEL:** Damals sind einige Propheten unterwegs, Wanderprediger, Wunderheiler, und nun ausgerechnet er – ein Mann aus einem Dorf, Sohn eines Bauhandwerkers, ohne theologische Ausbildung, aber er hat offenbar ein Talent zur Predigt. Was treibt ihn an?

**MARKSCHIES:** Er glaubte tatsächlich, er sei allein zum Volk Israel gesandt, von Völkermission kann da keine Rede sein. Obwohl er nicht studiert hat, hält er sich für berufen, die Schrift auszulegen. Und er tut das mit ungeheurer Souveränität. Er kann, und das ist im Nahen Osten gar nicht so selten, auch als einfacher Mensch starke Sätze formulieren. Nehmen Sie etwa: »Was siehst du aber den Splitter in deines Bruders Auge, und wirst nicht gewahr des Balkens in deinem Auge?« Da wird fern jeder Gelehrsamkeit Lebenswahrheit verdichtet. Und offenbar war er tatsächlich jemand, der Kranke gesund machen konnte.

**SPIEGEL:** Das könnte ja auch konstruiert sein, um seine Göttlichkeit zu belegen.

**MARKSCHIES:** Nein, dafür gibt es viel zu viele Überlieferungen davon. Ich glaube, man muss anerkennen, dass er bei bestimmten Krankheitsbildern eine signifikante Besserung erzielen konnte.

**SPIEGEL:** Durch Handauflegen?

**MARKSCHIES:** Ja, die Hände sind wichtig. »Wenn ich mit dem Finger Gottes die Dämonen austreibe, dann ist die Königsherrschaft Gottes da.« Dies halte ich auch für eines der authentischen Jesus-Worte. Er selbst hat die Krankenheilungen als Zeichen des anbrechenden Reiches gesehen.

**SPIEGEL:** Was sind die Belege, wenn Sie sagen, das sind für mich authentische Jesus-Worte?

**MARKSCHIES:** Ich mache das in einer Art Subtraktionsverfahren; wie bei einem Kuchen versuche ich, die oberen Schichten abzutragen bis zum Boden, auf dem ein Bild von Jesus sichtbar wird, das in den Evangelien bezeugt ist und das sich in langen Jahren der Forschung als wahrscheinlich herausgestellt hat. Wo ich den Eindruck habe, man kann es in die Sprache Jesu, das Aramäische, zurückübersetzen und es passt. Früher hätte man sich an dem orientiert, was nicht zum umgebenden Judentum passt. Ich sehe es genau umgekehrt: Was die Figur beheimatet im nordgaliläischen Raum, was sich dort hineinfügt, ist aussagekräftig.

SPIEGEL: Jesus mied die hellenisierten Städte am See, warum eigentlich?

MARKSCHIES: Ich glaube, er war sozusagen sturzfromm. Nach Tiberias ging man als frommer Jude schon gar nicht, weil die Stadt auf Gräbern gebaut und deshalb unrein war.

SPIEGEL: Warum aber geht er nach Jerusalem? Wollte er mehr Anhänger gewinnen? Die Tempelpriesterschaft aufmischen?

MARKSCHIES: Weil er als frommer Jude an den Wallfahrtsfesten teilnahm. Es ist die Zeit des jüdischen Pessachfestes. Dass er fromm war, kann man etwa in der Geschichte von der Heilung der blutflüssigen Frau ablesen, da heißt es, sie fasst an die Quasten seines Gewandes – das sind die Gebetsfäden eines frommen Juden. Er kleidet sich also wie ein frommer Jude, er sah gewiss nicht so aus, wie ihn etwa der dänische Bildhauer Bertel Thorvaldsen darstellt…

SPIEGEL: …der ihn Anfang des 19. Jahrhunderts als gut gebautes, eher nordisch aussehendes Idol mit langen Haaren und Mittelscheitel zeigt. Vermutlich hatte Jesus sogar Schläfenlocken wie die ultraorthodoxen Juden noch heute?

MARKSCHIES: Möglich, es gibt ja ein später übermaltes Bild von Max Liebermann, Jesus als jüdischer Junge im Tempel, das für viel Aufregung gesorgt hat. Es ist aber sicher richtiger, wenn auch provozierender, als all die blonden und arischen Jünglinge.

SPIEGEL: Beim Einzug in Jerusalem wird er bejubelt?

MARKSCHIES: Stärker noch, er bekommt einen messianischen Einzug.

SPIEGEL: Woher wissen die Menschen von ihm?

MARKSCHIES: In einer Gesellschaft, wo sehr viele Gerüchte unterwegs sind, spricht es sich herum, wenn in Galiläa – das ist ja nicht weit weg – ein Prophet auftritt, der eine Schar von

»Der zwölfjährige Jesus im Tempel«
(Ölgemälde von Max Liebermann, 1879, übermalte Version:
Jesus trägt nun ein gefälligeres Kleid, die Haare sind länger
und ohne Ansatz von Schläfenlocken)

Anhängern um sich gesammelt hat. Es gibt viele Kranke, und da wird gesagt, der kann Kranke heilen.

**SPIEGEL:** Aber hier interessiert sich Jesus nicht für das Volk, er geht vielmehr in den Tempel und legt sich mit den Händlern und Hohepriestern an.

**MARKSCHIES:** Das ist zentral: Er stößt die Tische der Wechsler um. Es gab eine eigene Tempelwährung, in die musste man sein Geld umtauschen. Das heißt, da macht jemand das Funktionieren des Tempels unmöglich, indem er die finanzielle Basis angreift. Offensichtlich hat er bei diesem letzten Pessachfest gedacht, das sage ich in aller Vorsicht, es ist jetzt Zeit, einen Schritt zu tun, der klarmacht, dass mit meiner Person etwas ist, das mehr bedeutet als der Tempel, das ihn im gewissen Sinne sogar überflüssig macht: Mit mir geschieht etwas Zentrales auf dem Weg zur Gottesherrschaft. Damit unterscheidet er sich fundamental von den Christen der Urgemeinde, die gehen ja wieder ganz brav in den Tempel und befolgen die Kulte.

**SPIEGEL:** Jesus zeigt eine überraschende Aggressivität bei dieser im Wortsinn umstürzlerischen Aktion. Vorher wirkt er doch eher sanft.

**MARKSCHIES:** Er setzt gern Zeichen, auch skandalöse, er heilt am Sabbat. Seine Zeichen haben im Grunde fast alle einen provozierenden Charakter.

**SPIEGEL:** Muss er gewusst haben, dass Jerusalem für ihn gefährlich ist?

**MARKSCHIES:** Es gibt neutestamentliche Äußerungen, aus denen man folgern kann, dass er gewusst hat, was da passiert. Ihm muss klar gewesen sein: Man kann nicht einfach ein Attentat auf das Funktionieren des Tempels unternehmen, ohne dass dies eine ziemlich schroffe Gegenreaktion hervorruft.

**SPIEGEL:** Hat er den Märtyrertod gesucht?

**MARKSCHIES:** Das Alte Testament hält beim Propheten Jesaja dafür ein Modell bereit: Der, der sein Leben für die Sünden des Volkes hingibt. Es gibt auch diesen Satz im Neuen Testament, der Menschensohn ist gekommen, um sein Leben als Lösegeld für viele hinzugeben. Das kann natürlich eine spätere Deutung des Leidens Jesu sein, aber man kann sich auch gut vorstellen, dass er das am Schluss wirklich so denkt. Ich glaube, zuvor in Galiläa sah er sich so: Ich heile durch Dämonenaustreibung und Schriftauslegung die Welt und richte das Reich Gottes auf.

**SPIEGEL:** Eigentlich ist das ja ganz schön vermessen: Ich, der Sohn eines Zimmermanns, errichte das Reich Gottes!

**MARKSCHIES:** Sicher. Die Zeitgenossen konnten das nur für den völlig aberwitzigen Anspruch eines Irren halten oder sagen: Das glaube ich.

**SPIEGEL:** Jesus stirbt am Kreuz – ist dies der Moment, in dem das Christentum entsteht?

**MARKSCHIES:** Nein, ich glaube, es entsteht, indem Leute kommen und sagen, sein Leben ist nicht gescheitert, sondern er lebt. Wir haben ihn gesehen! Zunächst sitzen alle ganz verzagt da, es ist ja das Peinlichste passiert, was überhaupt passieren kann, Sklaventod am Kreuz – Verflucht ist, wer am Holz hängt!, sagt das jüdische Gesetz –, also alles ganz dramatisch. Und dann kommen sie und sagen, er lebt. Und sie ziehen durch das Römische Reich und erzählen das weiter, selbst wenn sie verprügelt werden.

**SPIEGEL:** Paulus thematisiert das Anstoßerregende des Kreuzigungstodes für die Zeitgenossen, für Jesu Anhänger gilt das aber nicht mehr. Liegt nicht auch hierin ein Geburtsfaktor der neuen Religion? Der Tod ist nicht mehr das Ende, in ihm steckt sogar eine zentrale Botschaft?

**MARKSCHIES:** Das ist die besondere Theologie des Paulus. Der war ja offenbar ein kluger Schriftgelehrter und hatte eine gute theologische Ausbildung. Und so kommt ihm am Anfang des ersten Korintherbriefes diese faszinierende Idee, zu sagen: Um alle Weisheit von Schriftgelehrten zu beschämen, ist gerade das erwählt worden, was verworfen erscheint.

SPIEGEL: Wie ist es zu erklären, dass ausgerechnet in der Randlage des Römischen Reichs, im tiefsten Galiläa, eine neue Religion entspringt?

MARKSCHIES: Obwohl Jesus von Nazareth das gar nicht wollte, formulierte die erste Generation der Christen ein generelles Angebot für das Römische Reich: Ich muss nicht mehr zuerst gesetzesfrommer Jude werden, um diesem Mann nachzufolgen. Gleichzeitig stehen Missionare bereit, die ausschwärmen und im ganzen Reich dafür werben. Sie werben erst mal in den jüdischen Synagogen, da gibt es eine Zweiklassengesellschaft der Beschnittenen einerseits, die aktiv Mitglied sind, und der vielen Sympathisanten, die das Judentum nicht wirklich hereinholt. Damit gibt es genügend Leute, die sich freuen, wenn sie mal irgendwo richtig dazugehören können.

SPIEGEL: Der preußische Theologe Adolf von Harnack benannte als Faktoren der Ausbreitung: »ein Imperium, eine Weltsprache (das Griechische), ein Verkehrsnetz, eine Kultur, eine gemeinsame Entwicklung zum Monotheismus und eine gemeinsame Sehnsucht nach Heilanden«. Trifft es das?

MARKSCHIES: Das beschreibt nur die äußeren Voraussetzungen. Harnack hat aber auch einmal gesagt: Diese Religion zeichnet sich aus durch eine rigorose Ethik auf der einen Seite – und eine unglaubliche Großzügigkeit auf der anderen. Sündenstrafe und Askese gehören ebenso zum Bild wie der humane Dreiklang von Reue, Buße und Vergebung.

SPIEGEL: Passiert die Ablösung vom Judentum allmählich, oder gibt es markante Einschnitte?

MARKSCHIES: Ein zentraler christlicher Trennungsschritt scheint mir der Verzicht auf die Beschneidung. Und der jüdische

Scheidepunkt ist der Ausschluss aus der Synagoge, wie bei Paulus beschrieben. Das ist schon in der Mitte des 1. Jahrhunderts abgeschlossen. Natürlich gibt es immer noch Christen, die den jüdischen Gesetzen treu bleiben, aber an dieser Stelle verläuft ein zentraler Trennungsstrich. Gleichzeitig bleiben Judentum und Christentum bis weit in die Spätantike eng miteinander verbunden und aufeinander bezogen.

**SPIEGEL:** Wie viel Jüdisches steckt im Christentum? Einiges hat sich offenkundig aus jüdischen Ritualen entwickelt – das Abendmahl aus dem Sedermahl, die zwölf Stämme Israels finden sich in den zwölf Jüngern, das persönliche Gebet, die Gottesdienstordnung.

**MARKSCHIES:** Ja, bis heute enthält der christliche Gottesdienst jüdische Elemente, etwa in der Psalmenlesung.

**SPIEGEL:** Gab es zu Beginn noch stärkere Bestrebungen, sich vom Judentum abzugrenzen? Etwa das Alte Testament als heilige Schrift abzulehnen?

**MARKSCHIES:** Die hat es leider schon sehr früh gegeben. Im 2. Jahrhundert tritt in Gestalt von Markion ein Theologe auf, der den Gott des Alten Testaments vom Vater Jesu Christi trennt und das Alte Testament zurückweist. Und es ist vermutlich das allgemeine Entsetzen über Markion gewesen, das dazu geführt hat, dass diese Linie seitdem relativ entschieden abgelehnt wird.

**SPIEGEL:** Woher kommt in dieser Zeit überhaupt die Bereitschaft, ja Sehnsucht, einer neuen Religion zu folgen?

**MARKSCHIES:** Erst mal gilt für die Antike: Viel hilft viel. Die Menschen waren offen für neue Angebote. Die Antike ist auch fromm. Die Missionare begriffen, dass die Botschaft mehr Menschen betrifft als nur die Juden, auch wenn Jesus nur von den verlorenen Schafen des Hauses Israel sprach.

**SPIEGEL:** Die römischen Religionen hatten ja auch nicht diesen Ausschließlichkeitsanspruch.

**MARKSCHIES:** Die Menschen merkten aber nach einiger Zeit, der neue Glaube ist nicht einfach einer unter vielen.

**SPIEGEL:** War die soziale Botschaft wie etwa in der Bergpredigt besonders attraktiv? Die Hinwendung zu den Unterprivilegierten?

**MARKSCHIES:** Das frühe Christentum betrieb eine unglaublich erfolgreiche Sozialdiakonie. Not konnte im Römischen Reich nur durch direkte staatliche Intervention kuriert werden. Bei einer allgemeinen Hungersnot musste der Kaiser persönlich dafür sorgen, dass Getreide aus Ägypten kommt. Aber ein Einzelner fand keine Hilfe. Die Christen dagegen kümmerten sich um die Witwen und Waisen ...

**SPIEGEL:** ... die besonders benachteiligt waren im Römischen Reich.

**MARKSCHIES:** Kaiser Julian, der im 4. Jahrhundert vom Christen wieder zum Heiden wurde, hat gesagt: Hätten wir es geschafft, eine effektive Sozialfürsorge zu organisieren, wäre die Sekte der Galiläer nicht so erfolgreich geworden. Außerdem spielt damals sicher eine Rolle, dass ich als Christ in ein religiöses System hineinkomme, in dem ich mit individueller Schuld umgehen kann. Und die Christen argumentieren im Alltag bald präziser als Jesus von Nazareth selbst, sie legen beispielsweise genau fest, wie viel Zinsen gegeben werden können, ob die Schwägerin geheiratet werden darf. Das heißt, ich bekomme eine relativ klare Orientierung für mein Leben und weiß auch noch, was nach dem Tod kommt. Zudem bin ich Teil eines starkes Netzwerks, also wenn ich Kaufmann aus Trier bin und fahre nach Dura Europos an der heutigen syrisch-irakischen Grenze, da weiß ich, ich muss bloß in die Stadt hineingehen und das nächste christliche Wohnhaus aufsuchen, schon habe ich Unterkunft.

**SPIEGEL:** Auffällig ist die besondere Sprache der Evangelien, wenn man etwa an die Gleichnisse denkt. Sie übersetzen ja philosophische, theologische Probleme in praktische Lebenslösungen.

**MARKSCHIES:** Jesus ist ein Weisheitslehrer, in der antiken Kultur ist das etwas sehr Bewundertes, wenn einer Sätze sagt, über die man lange nachdenken kann, und der Geschichten erzählt, faszinierende Gleichnisse eben. Ich muss kein Ethik-Kompendium lesen, um zu erfahren, was zentrale Lebensaufgaben sind.

**SPIEGEL:** Nehmen wir das Gleichnis vom verlorenen Schaf: Wenn einer von euch 100 Schafe hat und eines davon verliert, lässt er dann nicht die 99 in der Steppe zurück und geht dem verlorenen nach, bis er es findet? Woher kommt diese Kraft, die bis heute spürbar ist?

**MARKSCHIES:** In diesem Gleichnis sehe ich eine der authentischen Überlieferungen, weil es mit galiläischer Lebenswirklichkeit zu tun hat. Ich kann mir schlecht vorstellen, dass Lukas, der doch ein gebildeter Mensch ist, an seinem Schreibtisch in Antiochia oder wo auch immer sitzt und sich überlegt: Der Jesus ist doch durch solche Dörfchen gegangen, da machen wir mal ein Schafgleichnis.

**SPIEGEL:** Unsere Quellen sind stets die vier großen Evangelien – aber inwieweit sind sie denn glaubwürdig? Die Evangelisten waren ja keine Augenzeugen.

**MARKSCHIES:** Die Evangelien sind sich alles in allem überraschend ähnlich. Es gibt unterschiedliche theologische Tendenzen, aber es ist doch viermal die mehr oder weniger selbe Geschichte.

**SPIEGEL:** Es gibt aber auch deutliche Unterschiede. Die Bergpredigt, die steht so nur bei Matthäus, bei Lukas ist es eine Feldrede.

**MARKSCHIES:** Aber wenn man die vier direkt nebeneinanderlegt, sieht man doch, wie wenig verschieden die Texte sind. Das ist eine mündliche Kultur. Wenn man in der Antike zum Priester ordiniert wurde, musste man ein Evangelium auswendig können. Die Worte und die Gleichnisse Jesu werden memoriert, Leute können enorme Textmengen auswendig.

**SPIEGEL:** Was ist mit den offiziell nicht anerkannten Evangelien, den Apokryphen – wie viel unbekannte und unterdrückte Wahrheit steht darin?

**MARKSCHIES:** Ich ediere gerade die Übersetzung der antiken christlichen Apokryphen, das sind sämtliche Schriften, auf denen Evangelium draufsteht oder die so aussehen, zusammen 1200 Seiten. Und es bleibt dabei: Es gibt kaum authentische Jesus-Worte, die nicht in den kanonischen Evangelien stehen. Das ist öffentlich zwar schwer zu vermitteln, weil es immer spannender ist, über ein unbekanntes Evangelium zu spekulieren, als beim Altbekannten zu bleiben.

**SPIEGEL:** Aber manches ist doch wirklich neu.

**MARKSCHIES:** Nun ja, der Versuch von christlichen Gnostikern, ihre Geheimlehren mit dem historischen Jesus zusammenzubringen, ist sicher interessant. Im Kindheitsevangelium nach Thomas finden sich ein paar sekundäre Kindergeschichten Jesu, etwa dass er aus Lehm Tonvögelchen macht, die anpustet, und dann fliegen sie los. Oder dass ihn ein anderes Kind ärgert und er das Kind tot umfallen lässt zur Strafe. Das sind theologiegeschichtlich hochspannende Texte, aber über den historischen Jesus sagen sie bestürzend wenig.

**SPIEGEL:** Die Erkenntnis, dass einige Frauen zum Kreis um Jesus gehörten, ist eines der Ergebnisse der historisch-kritischen Jesusforschung, auch die Betonung der Tatsache, dass Jesus Jude war. Was sind für Sie die wichtigsten Resultate?

**MARKSCHIES:** Diese beiden Aspekte. Leider hat das Christentum den in der kirchlichen Tradition so unendlich starken Antijudaismus und auch den Antisemitismus in der Gesellschaft nicht kritisch angeprangert, sondern im Gegenteil noch mit zusätzlichen Argumenten gestützt. Bedeutend ist für mich auch die Erkenntnis, dass Jesus von Nazareth Kontrastgesellschaften vor Augen hatte, auch wenn er kein Revolutionär war. Ihm ging es um Umwertung der Werte. Es ist sicher so, dass Jesus einen Kreis vornehmer Frauen hatte, die ihn unterstützten, und er war sicher nicht so frauenfeindlich wie andere jüdische Kreise damals und das Mehrheitschristentum danach.

**SPIEGEL:** Gefallen deshalb Papst Benedikt XVI. die Ergebnisse der historisch-kritischen Jesusforschung nicht? Im neuen zweiten Band seiner großen Jesusbiografie beklagt er, diese Forschung würde die Figur Jesus nicht näher bringen, sondern im Gegenteil immer weiter entfernen.

**MARKSCHIES:** Ich glaube, dieser Papst springt hier, wie so häufig, vor und zurück. In seinen beiden Bänden nimmt er stärker als die allermeisten katholischen Neutestamentler hierzulande auch jüdische und französische Exegeten wahr. Benedikt ist jemand, der die historisch-kritische Jesusforschung gelesen hat wie kaum ein anderer systematischer Theologe, und international breit ausgerichtet wie kaum ein anderer deutscher Neutestamentler. Das sind die zwei Schritte voraus, dann kommt dieser Rückschritt. Ihn stört immer Relativismus, das Gespenst, das durch die Moderne wandert. Für einen Theologen wie Joseph Ratzinger ist neuzeitliche Pluralisierung grundsätzlich etwas Unglückliches, ja Gefährliches. Ich selbst bin ja gleichzeitig historischer Wissenschaftler und evangelischer Pfarrer. Aber ich habe nicht den Eindruck, dass mir die Forschung den Jesus zerstört, im Gegenteil. Ich bin sehr dankbar dafür.

**SPIEGEL:** Alles Graben nach der Bibel hat allerdings wenig gebracht, es gibt kaum Jesus-Orte im Heiligen Land, die man als authentisch bezeichnen kann. Bei der Via Dolorosa wissen wir, dass sie vermutlich in ganz anderer Richtung verlaufen ist. Sie selbst sprechen von dem »garstigen, breiten Graben« zwischen dem, was da im kollektiven Gedächtnis über die Erinnerungsorte aufbewahrt ist, und der historischen Realität.

**MARKSCHIES:** Es gibt verschiedene Typen: Orte, die ein hohes Maß an Authentizität haben, sich aber schwer erschließen lassen wie die Grabeskirche. Dann gibt es Orte wie den Berg der Seligpreisungen, die sind unhistorisch. Natürlich kann man dort die Aussicht genießen ...

**SPIEGEL:** Wie wichtig sind überhaupt Beweise?

**MARKSCHIES:** Ein Protestant würde natürlich immer sagen: Das Heil hängt nicht an irgendwelchen Steinen. Ich finde, das Land ist nicht wegen seiner spezifischen Erinnerungsstellen wichtig, sondern weil es klarmacht, Jesus hat etwas mit diesem Land zu tun, mit dem Judentum, mit dem ländlichen Leben und auch bildungsfernen Kreisen.

**SPIEGEL:** Was empfinden Sie, wenn Sie auf Golgatha in der Grabeskirche stehen vor dieser Mulde, in die man die Hand stecken kann, um den Felsen zu spüren, auf dem das Kreuz gestanden haben soll? Haben Sie dann das Gefühl: Hier war es?

**MARKSCHIES:** Ich habe dann das Gefühl, hier irgendwo war es. Hier ist es auch relativ wahrscheinlich, dass das Kreuz da irgendwo gestanden hat; die Grabeskirche ist unter den Memorialstätten ein ziemlicher Sonderfall.

**SPIEGEL:** Gut, sagen wir, auf dem Berg Tabor, wo Jesus verklärt worden sein soll?

**MARKSCHIES:** Da gucke ich vom Berg runter und denke: Meine Güte, ist Galiläa schön!

**SPIEGEL:** Herr Professor Markschies, wir danken Ihnen für dieses Gespräch.

# Wiedergeburt und Ewigkeit

*Als in Palästina die ersten Christen getauft wurden,*
*hatten andere Weltreligionen wie Judentum, Hinduismus*
*und Buddhismus schon viele Anhänger.*

Von Rainer Traub

Gemessen an den mehr als 200 000 Jahren, in denen der Mensch die Erde bevölkert, sind die vergangenen 3000 Jahre eine recht kurze Zeit. Etwa in der ersten Hälfte dieser Spanne entstanden die großen Glaubensrichtungen, die wir heute »Weltreligionen« zu nennen pflegen. Denn im Unterschied zur unüberschaubaren Vielfalt lokal, regional oder historisch begrenzter Stammeskulte und Religionen breiteten sich diese komplexen, schriftlich fixierten Vorstellungssysteme über Länder hinweg aus.

Die »History of Humanity«, ein Gemeinschaftswerk internationaler Historiker im Auftrag der Unesco, hebt den Zusammenhang zwischen dem Entwicklungsgrad einer Gesellschaft und dem jeweiligen Religionstypus hervor. In frühen, sozial noch nicht differenzierten Stammesgesellschaften war demzufolge das einzige irgendwie spezialisierte Gemeinschaftsmitglied der Schamane. Er wirkte in kollektiven Ritualen als Vermittler zu höheren Mächten und beschwor heilende Zauberkräfte, wenn einer aus dem Stamm erkrankte oder gar die Gemeinschaft als Ganzes in Gefahr geriet. Solch frühe Priestervorläufer genossen keine materiellen Vorteile, ihr Ansehen motivierte sie genug.

In den sozial bereits gestuften Gesellschaften etablierte sich vielfach ein Häuptling, der politischer und religiöser Führer zugleich war; eine vererbbare Doppelfunktion. Sein Prestige und seine Macht leiteten sich wesentlich aus seiner Rolle bei öffentlichen Ritualen ab. Oft dienten diese dem Ahnenkult, und der älteste Ahn des Anführers wurde als höchste übernatürliche Macht verehrt. Zu den wenigen archäologischen Zeugnissen, die an diese untergegangenen Kulturen erinnern, gehören Grab-mäler religiöser Ahnenverehrung. Solche Stammestraditionen lebten fort in den komplexeren Gesellschaften, die sich mit der fortschreitenden Arbeitsteilung allmählich herausbildeten. Unter dem Einfluss der besonderen sozialen und ökonomischen Bedingungen entwickelten sich politische Ideologien und philo-sophische Theorien. Aus alledem gingen schließlich stammes-übergreifende Universal- oder Weltreligionen hervor. Erlösung verhießen sie ihren Gläubigen meist unabhängig von sozialem Status und ethnischer Herkunft.

Zu Lebzeiten Jesu, des Wanderpredigers, waren die meisten der anderen – damals noch nicht so genannten – Weltreligio-nen bereits entwickelt; nur der Islam sollte 600 Jahre danach hinzukommen. Ihre Ursprünge lagen in Asien wie bei Hinduis-mus, Buddhismus und Ethik des Konfuzianismus oder im Nahen Osten wie beim Judentum, aus dem dann das Christentum als Schwesterreligion hervorging. Unter den Weltreligionen bildet das Judentum dabei in gewisser Weise einen Sonderfall – nicht nur wegen der relativ kleinen Zahl seiner Anhänger, sondern auch wegen der ethnischen Selbstdefinition gläubiger Juden als »Volk Gottes«. Unter den Weltreligionen ist es die älteste Form des Glaubens an den einzigen Gott und allmächtigen Weltschöpfer; die Aufklärung taufte diese Art Religion »Mono-theismus«.

## JUDENTUM

Der Ursprung des Volkes Israel, das nach jüdischem Glauben vom Gott Jahwe zu seinem auserwählten Volk berufen wurde, liegt im Dunkel der Geschichte. Die erste schriftliche Überlieferung des Namens Israel findet sich auf einer ägyptischen Stele, deren Ursprung Archäologen auf 1207 v. Chr. schätzen. Kernstück dieses Glaubens ist die Tora, die die fünf Bücher Mose umfasst – also den ersten Teil der Bibel. Noch immer streiten die Forscher um die genaue Entstehungszeit der verschiedenen Tora-Elemente – jedenfalls soll sie innerhalb des ersten vorchristlichen Jahrtausends liegen.

Die Tora lässt dem Schöpfungsakt des allmächtigen Gottes (»Es werde Licht!«) die Erschaffung der ersten Menschen Adam und Eva folgen, die mit der Vertreibung aus dem Paradies für ihren Ungehorsam gegen Gott büßen müssen. Einer der Nachkommen von Adam und Eva ist Abraham, der Urvater der Juden, auf den sich später auch Christen und Muslime berufen werden. Abrahams Enkel Jakob bekommt von Jahwe den Namen Israel, was auf Hebräisch soviel wie »Der mit Gott gekämpft hat« bedeutet. Die zwölf Söhne Jakobs werden zu den Stammvätern der zwölf Stämme Israels.

Ein prägendes Element des jüdischen Glaubens ist die Gefangenschaft des Volkes Israel in Ägypten – eine der großen Prüfungen, die Jahwe seinem auserwählten Volk auf dem steinigen Weg zum Heil auferlegt. Ein faktischer Kern der Bibel-Geschichte könnte gewesen sein, dass immer wieder Nomaden und Bauern aus dem späteren Palästina vom fruchtbaren Nildelta angezogen wurden. Zwar weiß man, dass die Pharaonen auch Sklaven hielten, ob aber zu ihnen auch israelitische Stämme gehörten, ist Spekulation. Der Auszug aus Ägypten soll von Mose angeführt worden sein, dem bedeutendsten Propheten der Juden. Deshalb wird der jüdische Glaube auch »Mosaische Religion« genannt. Moses Existenz ist unter Historikern umstritten. In einem brennenden Dornbusch hat sich der Tora zufolge Jahwe den Juden als Gott ihrer Vorväter offenbart. Auf dem Berg Sinai, heißt es, erhielten die Juden durch Mose die Tora, schlossen den Bund mit Gott und gelobten, sein Gesetz einzuhalten.

Die Zehn Gebote, die Mose für sein Volk auf dem Berg Sinai empfing, enthalten eine Botschaft, die den Sittlichkeitslehren der so verschiedenen fernöstlichen Religionen verblüffend ähnelt: Nur wer sein Leben gut führt und seine Mitmenschen achtungsvoll behandelt, kann nach seinem Tod erlöst werden.

Während die großen Religionen aus Fernost im Lauf ihrer Geschichte im Wesentlichen auf den Kontinent ihres Ursprungs und die ostasiatischen Inseln beschränkt blieben, wuchsen Judentum und christlicher Glaube bald über ihren Entstehungsraum im Vorderen Orient hinaus. Wesentlichen Anteil daran hatte das Römische Reich. Im 1. und 2. Jahrhundert n. Chr. verjagte die Besatzungsmacht Rom die aufständischen Israeliten aus Palästina. Das »Volk Gottes« wurde in alle Winde verstreut, und die geistige Heimat seiner heiligen Schriften musste ihm fortan das verlorene »Gelobte Land« ersetzen. Der Weg des Christentums zur Universalreligion verlief anders. Er führte über gut 300 Jahre vom Status einer vielfach verfolgten Untergrundsekte im Römischen Reich zu dessen Staatsreligion. Der Jesusglaube dehnte sich mit der Macht des Römischen Reichs aus und setzte seinen Aufstieg auf dessen Ruinen erfolgreich fort.

Die im Nahen Osten entstandenen Weltreligionen verbindet mit denen des Fernen Ostens der Glaube an eine sittliche Grundordnung der Welt und eine moralische Verantwortlichkeit des Menschen. Was beide Seiten aber fundamental voneinander trennt, sind die Vorstellungen von Transzendenz und Göttlichkeit. Der Religionswissenschaftler Helmuth von Glasenapp identifizierte in seinem Klassiker »Die fünf Weltreligionen« eine geografische Grenze, die die Weltreligionen scheidet – den Hindukusch.

## HINDUISMUS

Die östlich dieses Gebirgszuges entstandenen Glaubenssysteme charakterisierte er als »Religionen des ewigen Weltgesetzes«: danach habe die Welt »keinen ersten Anfang und kein definitives Ende, sondern erneuert sich unaufhörlich im Wege sukzessiven, wechselnden Entstehens und Vergehens«. Anderes lehren jene Religionen, die westlich des Hindukusch ihren Ursprung haben. Sie machen, so Glasenapp, »die Existenz des Kosmos und seiner Bewohner von dem Wirken eines von der Welt verschiedenen und ihr unendlich überlegenen persönlichen Gottes abhängig, der alles aus dem Nichts ins Dasein gerufen hat und alles autonom mit unbeschränkter Machtvollkommenheit, gemäß seinem unerforschlichen Ratschluss, nach einem festen Plan regiert«.

Auch wenn beiderseits des Hindukusch ebenfalls Glaubensformen entstanden, die zwischen den gegensätzlichen Grundauffassungen vermitteln, sieht der Forscher, in einem schönen Bild, das Gebirge doch als »die große geistige Wasserscheide in der Religionsgeschichte der Menschheit«. Östlich davon bildete sich im Gebiet des Indus-Flusses der danach benannte Hinduismus. Einige Wesenszüge dieser Religion, wie die Verehrung bestimmter heiliger Pflanzen und Tiere oder der Phalluskult, sollen bis auf das 3. Jahrtausend vor Christus zurückgehen. In ihrer entwickelten Form, mit der führenden Priesterkaste der Brahmanen und den Vorstellungen von Seelenwanderung und Erlösung, gilt sie als Produkt des ersten vorchristlichen Jahrtausends. Wenn jeder Versuch, die Eigenart komplexer Religionen mit wenigen

Sätzen zu skizzieren, verwegen ist, so gilt dieser Vorbehalt erst recht für den beispiellos vielgestaltigen Hinduismus.

Nicht Wort und Gedanke eines Stifters halten ihn zusammen, sondern die Kontinuität der Entwicklung, die in ungebrochenem Strom Altertum und Gegenwart verbindet. Die Hindus nennen ihren Glauben auch die »Ewige Religion«, weil zu allen Zeiten immer wieder weise Männer und göttliche Inkarnationen aufgetreten seien, um die alte Wahrheit neu zu verkünden – ob sie nun Rama, Krishna und Manu oder wie auch immer hießen. Der bildkräftige Glasenapp vergleicht den Hinduismus mit einem Urwald, dessen wildes Wachstum verschiedene Persönlichkeiten zu verschiedenen Zeiten durch das Schlagen von Pfaden zu meistern suchten. Das Christentum dagegen erinnere eher an einen Garten – von einem Einzelnen planvoll angelegt, von den Nachfolgern ausgebaut.

Eine fest umrissene Dogmatik kennt der Hinduismus nicht. Seine theoretische Metaphysik beschränkt sich im Kern auf die Auffassung, dass der Kosmos ein geordnetes Ganzes ist und von einem Weltgesetz (»Dharma«) beherrscht wird, das den Kreislauf von Geburt, Tod und Wiedergeburt (»Samsara«) einschließt. Alle Lebewesen haben von Geburt an bestimmte Fähigkeiten und Pflichten, die streng voneinander geschieden sind. An der Spitze der Hindu-Gesellschaft stehen diejenigen, die moralisch und physisch von höchster Reinheit und darum den Göttern am nächsten sind: die Brahmanen. Unter der Priesterkaste rangieren die Kaste der Krieger, die Kaste der Händler und Bauern und die aller Übrigen. In der Rigveda, einer der heiligen Schriften der Hindus, heißt es, die vier Kasten seien aus dem Mund, den Armen, den Schenkeln und den Füßen des Urwesens Purusha hervorgegangen.

Das Schicksal jedes Einzelwesens folgt aus der Gesamtheit aller Taten, die es in einem früheren Leben vollbracht hat

(»Karma«). Das Ziel des Gläubigen muss es sein, sich durch gute Taten eine entsprechende Reinkarnation zu sichern. Wer sittlich gelebt hat, wird zum Lohn als Mitglied einer geachteten Kaste wiedergeboren. Unwürdige Lebensführung aber rächt sich in der Wiedergeburt etwa als Hund oder Schwein.

## BUDDHISMUS

Aus dem Schoß des Hinduismus erwuchs im 6. Jahrhundert v. Chr. eine weitere Weltreligion – der Buddhismus. Der buddhistische Geburtsmythos erzählt von einem heiligen Wunder: Der werdende Religionsstifter hatte nach vielen früheren Inkarnationen für seine nächsten Wiederverkörperung die tugendhafte Königsgattin Maya als Mutter erwählt. Dieser Maya erschien im Traum ein weißer Elefant, der in ihre Seite eindrang. Nach zehnmonatiger Schwangerschaft gebar sie den zukünftigen Buddha – die Parallele zur Jungfrauengeburt durch Maria drängt sich auf. Sieben Tage nach der Niederkunft starb Maya: Nie wieder sollte das kostbare Gefäß, das einen Buddha beherbergt hatte, weltlichen Zwecken dienen.

Die überlieferten biografischen Eckdaten über den Religionsstifter aus Nordindien, der von etwa 560 bis 480 vor Christus lebte, lesen sich nüchterner. Der Begründer des Buddhismus entstammte der zweithöchsten Kaste der Krieger. Seine Eltern hatten dem Sohn den Namen »Siddhartha« (»der sein Ziel erreicht hat«) verliehen – sein Vater gehörte immerhin einer maßgeblichen Adelsfamilie an. Nach einer Jugend im Wohlstand soll Siddhartha aber im Alter von 29 Jahren, von den Begegnungen mit Leidenden aufgewühlt, den heimischen Palast verlassen haben, um nach dem Beispiel brahmanischer Asketen die Weisheit zu suchen. Sieben Jahre später überkam ihn, der Überlieferung zufolge unter einer Pappelfeige sitzend, die

Erleuchtung. Der Name Buddha, den er seitdem trug, bedeutet in Sanskrit »der Erwachte«. Seine erste Predigt hielt er in Benares. Dann zog er gut 40 Jahre predigend durch Nordindien, bis er mit 80 Jahren starb.

Da Buddha keine schriftliche Zeile hinterlassen hat, gründet die Kenntnis seiner Lehre ausschließlich auf den Berichten anderer. Der Ausgangspunkt ist die Vergänglichkeit aller Erscheinungen unserer Welt. Daraus folgt in der buddhistischen Lehre viererlei:

1. Alle Daseinsformen sind im Wesen leidvoll. 2. Das Leiden entsteht aus der Gier nach Dasein, die zur Wiedergeburt führt. 3. Durch die Aufhebung dieser Gier kann das Leiden überwunden werden. 4. Dazu dient der »achtgliedrige Pfad« – eine ethische Methodenlehre buddhistischer Erlösung.

Ihr zufolge muss, wer Buddha nacheifern will, freundlich und ohne Groll sein, darf nicht lügen, soll Gutes tun, nicht mit Waffen, Drogen oder Lebewesen handeln, Hass, Neid und Gier überwinden, achtsam mit seinem Körper umgehen und seinen unsteten Geist kontrollieren. Endziel des buddhistischen Weges ist die Aufhebung allen Leidens in einem mystischen Zustand, in dem sich der Kreis der Wiedergeburten endlich schließt: im Nirwana. Ein heiliger Text beschreibt das Nirwana als »Bereich, wo weder Festes noch Flüssiges ist, weder Hitze noch Bewegung, weder diese Welt noch jene Welt, weder Sonne noch Mond … Es ist ohne jede Grundlage, ohne Entwicklung, ohne Stützpunkt: das eben ist das Ende des Leidens.«

Von seinem Ursprungsland Indien breitete sich der Buddhismus in weiten Teilen Asiens aus und erreichte nach einigen hundert Jahren auch China, Korea und Japan. In China traf er auf zwei andere Lehren, die ungefähr zur selben Zeit entstanden waren und ebenso wie der Buddhismus zwischen Religion, Philosophie und Ethik oszillieren.

## KONFUZIANISMUS, DAOISMUS

Die eine davon prägte Kong Qiu, in Europa als Konfuzius bekannt (551 bis 479 v. Chr.). Er entstammte einer verarmten Familie des niederen Adels und soll zeitweise als Minister gedient haben. Als Wanderphilosoph predigte er in China Ahnenverehrung, Gehorsam gegenüber Älteren und Integration in die Gemeinschaft, Aufrichtigkeit, Menschlichkeit und Gerechtigkeit. Einigen Vermutungen zufolge soll er auf seiner großen Wanderschaft einem anderen chinesischen Weisen begegnet sein – Lao-tse. Dessen Biografie ist allerdings von Legenden umrankt, so dass Lao-tses Existenz angezweifelt wird. Dabei gilt er als einer der Begründer der Lehre vom »Weg« (»Dao«), die unter dem Namen Daoismus bekannt ist. Philosophisch wird mit dem Begriff Dao den Menschen der Weg gewiesen, die Unwägbarkeiten des Lebens durch Einfachheit und Genügsamkeit hinter sich zu lassen. Mit Buddhismus und Konfuzianismus bildet der Daoismus das geistige Trio der »drei Lehren«, die China und andere Teile Ostasiens prägten. Über Jahrtausende haben Buddhismus, Konfuzianismus und Daoismus meist friedlich koexistiert. Die drei Lehren ergänzten und befruchteten einander.

Mancher mag glauben, es handle sich eher um Philosophien als um Religionen. Doch diese Trennung kennt das asiatische Denken nicht: In den »Religionen des ewigen Weltgesetzes« geht beides wie selbstverständlich ineinander über.

# TEIL II

# DIE ANTIKE WELT

# Schimmernde Pracht

*Das Jerusalem der Jesuszeit war eine jüdische Pilgerstadt,*
*der Tempel sein beherrschendes Zentrum –*
*und Quelle des Wohlstands.*

Von Gil Yaron

Sie waren seit Tagen, manche schon seit Monaten unterwegs.
Mühsam schleppten sich die Karawanen aus Galiläa, Syrien und
Ägypten, aus Arabien, Persien und weit entfernten Ecken des
Römischen Reichs durch den Schlamm breiter Bergpfade. Trotz
aller Erschöpfung wurden die Gruppen immer euphorischer, je
näher sie ihrem Ziel kamen. Mal schritten Musikanten am Kopf
der Prozessionen, mal war es ein Stier, der mit vergoldeten Hör-
nern und Olivenzweigen um den Kopf zu seiner Schlachtung
getrieben wurde, dahinter die Menge, die Psalmen sang. An den
Gürteln der mit Leinenponchos bekleideten Männer baumelten
scharfe Messer, mit denen bald ein Opfertier geschächtet werden
würde. »Viele ergriff wohl schon weit vor der Stadt eine religiöse
Ekstase«, sagt der Archäologe Shimon Gibson.
Auf dem letzten Bergkamm vor dem Reiseziel erreichte die
religiöse Verzückung der Pilger einen ersten Höhepunkt: Vor
ihren Augen erhob sich die himmlische Stadt, Sitz ihres einzigen Gottes, oder in den Worten des Zeitgenossen Plinius des
Älteren die »bei weitem berühmteste Stadt im Morgenland« –
Jerusalem. »Auf allen Seiten mit schweren goldenen Platten
bekleidet, schimmerte der Tempel bei Sonnenaufgang im hells-
ten Feuerglanz und blendete das Auge gleich den Strahlen des
Tagesgestirns«, schrieb der Zeitzeuge Josephus Flavius. Das

Heiligtum auf dem Moria-Berg war weithin sichtbar: »Fremden, die nach Jerusalem pilgerten, erschien der Tempel von fern wie ein schneebedeckter Hügel; denn wo er nicht vergoldet war, leuchtete er in blendender Weiße.« Das Allerheiligste in seiner Mitte reichte, so schätzt der Archäologe Joshua Schwartz von der Bar-Ilan-Universität, »wahrscheinlich um die 56 Meter, also etwa 17 Stockwerke in die Höhe«. Nur die Antonia-Festung, Sitz der rund 3000 römischen Besatzungssoldaten, überragte laut Josephus das jüdische Heiligtum.

Je näher die Pilger ihrem Ziel kamen, desto dichter wurde der Verkehr. Sie teilten sich den Pfad mit Eseln, Schafen, Kamelen, Rindern und Pferden. Karren wurden wegen der Stufen unterwegs kaum genutzt. Die Bergstadt in Judäa war mit 40 000 bis höchstens 120 000 Einwohnern verhältnismäßig klein. In Rom wohnten bereits mehr als eine Million Menschen. Doch zu den drei Wallfahrtsfesten strömten »Zehntausende aus Zehntausenden von Städten« zum Tempel, so der jüdisch-hellenistische Gelehrte Philo von Alexandrien. Heutige Forscher sprechen von mindestens 100 000 Pilgern, die zum wichtigsten Wallfahrtsfest Pessach nach Jerusalem reisten. Solch ein »singulärer Fokus auf einen Gott, der nur einen Tempel in einer besonderen Stadt hatte, war einzigartig«, schreibt der israelische Archäologe Lee Levine. Schon vor 2000 Jahren war Jerusalem mehr Mantra als Metropole, eine Stadt mit Fan-Gemeinde.

Die Bergstadt thronte über fruchtbarem Land »voll wilden und zahmen Obstes«, beschrieb es Josephus. »Ölbaumhaine, Getreide und Hülsenfrüchte, Wein und viel Honig«, so der Aristeasbrief aus dem 2. Jahrhundert v. Chr., sprossen auf den kilometerweit terrassierten Hügeln rundum. Im Gegensatz zum idyllischen Anblick der grünen, fruchtbaren Täler und der romantischen Dörfer im Westen bekamen Pilger aus dem Süden einen anderen Eindruck. Als sie zwischen den Grabhöhlen durch das »Feld des Blutes« Akeldama schritten, müssen sich viele die Nase zugehalten haben. Rauch aus Töpferöfen und beißender Gestank von Gerbereien vermischten sich mit dem süßlich-modrigen Geruch der städtischen Müllhalde. Hunde, Bettler und Leprakranke durchstöberten die täglich rund sieben Kubikmeter organischen Müll, die die Stadt produzierte, während über ihren Köpfen Fliegenschwärme surrten. Kein Wunder, dass die Überlieferung der frühen Christen das Grab des verhassten Verräters Judas hierher verlegte. Nebenan mündete die Cloaca maxima, der Hauptabwasserkanal, ins Kidrontal am Fuß des heiligen Berges Moria. Zum Pessachfest bot sich hier Besuchern die schaurige Kehrseite des Opferkults im Tempel. Während droben in der Stadt rund 200 000 Gläubige die wohl größten Grillfeste der Geschichte feierten und das Pessachlamm verspeisten, strömte aus dem Abwasserkanal das Blut von mindestens 5000 Schafen, die auf dem Tempelberg seit Mittag geschlachtet worden waren. Schätzungsweise 23 000 Liter sollen ins Kidrontal geflossen sein: »Die Parzellen für Gärten waren hier teuer, weil sie sehr fruchtbar waren«, sagt der Archäologe Ronni Reich von der Universität Haifa, der die Müllhalde untersucht hat.

Zu den Wallfahrtsfesten entstanden riesige Zeltstädte vor den Stadtmauern. Die meisten Pilger fanden innerhalb der Kleinstadt keine Herberge und campierten deswegen auf den Hügeln oder übernachteten in den Dörfern der Umgebung. Zöllner und Wachen standen in den Stadttoren. Vielen war der Zutritt verboten: »Spirituelle Reinheit diktierte in dieser Zeit das jüdische Denken«, sagt Gibson. Im dritten Buch Mose finden sich dazu langatmige Ausführungen. Wer unter »Ausfluss« litt oder damit in Berührung kam, von jemanden angespuckt wurde oder nur auf einem Sattel saß, der mit solchen Sekreten in Berührung gekommen sein könnte; wem der »Samen abgeht« oder wer mit seiner Frau geschlafen hatte; wer mit einer Frau während ihrer

Periode oder Dingen, die sie angefasst hatte, mit Toten oder Aussätzigen in Berührung kam, musste sich spirituell reinigen, bevor er wieder mit anderen Juden in Kontakt treten oder auf dem Tempelberg beten durfte. Dazu tauchte man in einem besonderen Bad unter – der Mikwe.

Juden litten zu dieser Zeit unter einem kollektiven rituellen Waschzwang: »Jedes Haus hatte damals eine Mikwe, manchmal sogar eine pro Zimmer. Zusätzlich gab es mindestens 40 öffentliche Mikwen«, sagt Schwartz. »Man darf sich das aber nicht allzu hygienisch vorstellen«, warnt Reich. Seife gehörte nicht zum Ritual. Das Getümmel in den großen öffentlichen Quellbädern könnte recht unappetitlich gewesen sein: Tausende mit Staub bedeckte, verschwitzte Pilger tauchten hier nach der langen Reise unter, bevor sie zum Tempel aufstiegen. Neben ihnen trug man Kranke auf Bahren ins Becken, damit auch sie von der Wirkung des Wassers profitierten.

Die Bäder befanden sich in Nähe des Tempelbergs. Ein- und Ausgänge waren getrennt, um Zusammenstößen zwischen »Reinen« und »Unreinen« vorzubeugen. Zu den Wallfahrtsfesten hielt man sich vor dem Bad am Straßenrand, nach der Säuberung blieb man in der Mitte der Straße. In der Nähe des Siloah-Teichs schlossen eigens angelegte Parallelstraßen Kontakt zwischen Reinen und Unreinen völlig aus. Die Reinheitsgebote waren nicht das einzige Merkmal, das Jerusalem als jüdisch kennzeichnete. Schon um 300 v. Chr. soll Hekataios von Abdera bemerkt haben, dass es in der Tempelstadt »keine einzige Statue oder Weihopferstätte, nicht die Spur eines heiligen Hains oder etwas in der Art« gab. Selbst die hellenisierte Elite befolgte das strenge Bilderverbot: Wandmalereien bestanden in Jerusalem aus geometrischen Formen oder Pflanzenmotiven. »Wir haben aus dieser Epoche in Jerusalem keine Götzen oder Abbildungen von Personen und Tieren gefunden«, bestätigt Reich.

Am deutlichsten wurden die Unterschiede zur römischen Kultur am Sabbat, dann waren alle Geschäfte geschlossen. Römer fanden diese Gepflogenheit eigenartig, mitunter sogar verwerflich. Die Sabbatruhe brachte besondere Utensilien hervor: Da man kein Feuer anzünden durfte, »brannten in Sabbat-Lampen besondere, langsam brennende Dochte, die den ganzen Tag hindurch Licht spendeten«, sagt Schwartz. Der »Meiham« in den jüdischen Küchen hielt Gefäße den ganzen Tag über warm.

Mode wurde zum Kennzeichen religiöser und politischer Haltung: »Einen gläubigen Juden konnte man an seiner Kleidung erkennen«, so Schwartz. Zwar gab es noch keine jüdische Kopfbedeckung, Gebetsriemen und Tziziot hingegen – Quasten an den vier Ecken eines Überwurfs – schon. Einer der weißen Fransen wurde mit dem Farbstoff der Purpurschnecke blau gefärbt. So wurde Glauben zur Modenschau. Jesus verurteilte derart präsentierte Religiosität als Heuchelei: »Sie machen ihre Gebetsriemen breit und die Quasten an ihren Kleidern groß«, wetterte er. Trug ein Mann einen Poncho, der Flachs und Wolle enthielt, war er Fremder oder Priester. Dem Normalbürger war »Schatnes«, so heißt diese Mischung aus Schurwolle und Leinen auf Hebräisch, verboten. Bestimmte Frisuren waren ebenfalls verpönt, konstatiert der Historiker Martin Goodman, »um nicht wie Fremde auszusehen«. Geächtet war, »wer sein Fronthaar zu kurz schneidet, oder seine Locken zu lang wachsen lässt, oder eine Glatze in Sternform ausschneidet«.

Die wohlhabende Elite speiste von rot bemalten, importierten Tellern und schlürfte verdünnten Wein aus durchsichtigen Gläsern. Von Sklaven bewirtet, lehnte man sich gemütlich im Wohnzimmer zurück, während das Essen auf niedrigen, dreibeinigen Tischen serviert wurde. Die Mittelschicht bevorzugte Steingeschirr, weil das als unempfänglich für rituelle Unreinheit galt. In der Unterstadt wird man sich um ein, zwei große Schalen mit

Essen versammelt und sich daraus gemeinsam bedient haben. Die Vorschriften koscheren Essens galten für Arm und Reich: »In der Müllhalde vor Jerusalem haben wir keinen einzigen Schweineknochen gefunden, anders als in den Städten an der Küste«, sagt Reich. Dennoch gab es auf den Tellern reichlich Auswahl: Rindfleisch kam nur selten auf den Teller, dafür öfter mal Geflügel, Schaf- oder Ziegenfleisch. Am Sabbat bevorzugte man Fisch. Daneben wurden mehr als zwanzig verschiedene Sorten Gemüse serviert, wie Linsen, grüne Bohnen oder Puffbohnen. Feigen und Datteln aß man gern auch mal als Kuchen. Dazu mischte man Johannisbrot, Birnen, Äpfel, Pfirsiche, Sesamsaat, Nüsse oder Granatäpfel. Morgens gab es in Essig getunktes Fladenbrot oder Honig, Apfelsinen und Zitronen. Süßmäuler stillten ihren Durst mit Dattelsaft, dem Lotusextrakt beigemischt war.

In den zahlreichen Tavernen der Unterstadt wurden Wein aus Samaria, edle Tropfen aus Zypern oder Rhodos sowie importiertes Bier ausgeschenkt, dazu reichte man gesalzenen Fisch oder gebratene Heuschrecken. Hier befand man sich in einem quirligen, »heterogenen Stadtviertel der Unter- und Mittelschicht«, so Levine. Für Amüsement war gesorgt: Im Soho Judäas könnte König Herodes das bis zu 500 Meter lange Hippodrom errichtet haben. In der Unterstadt hausten die Ureinwohner Jerusalems und arme Zuwanderer aus Judäa in ein- bis zweistöckigen Kalksteinhäusern direkt bei ihren Geschäften, meint Levine. Besonders montags und donnerstags feilschte man auf dem Markt am Cardo, der als Kreuzungspunkt der städtebaulichen Hauptachsen angelegt war. Unter den Dächern des Säulengangs am Straßenrand unterhielten Weber, Färber, Schmiede und Töpfer ihre Stände neben Bäckern, Schuhmachern, Geldwechslern, Künstlern und Parfumherstellern, die sich an den Essenzen aus Jerusalems Rosengärten eine goldene Nase verdienten.

In den verwinkelten, schmalen Gassen der Unterstadt wohnten auch die niederen Berufsstände. Verächtlich erwähnt der jüdische Talmud Esel- und Kameltreiber, Seefahrer, Schäfer, Ärzte und Metzger, Hundekotaufsammler, Würfelspieler, Wucherer, die Organisatoren der Taubenwettkämpfe, Steuereintreiber und Händler, die Ware aus dem Sabbatjahr verkauften. Müllmänner und Gerber hatten mit einem besonderen Problem zu kämpfen: Ihre geruchlich beanspruchten Gattinnen durften Scheidung einreichen. Das Recht stand Frauen sonst nur zu, wenn ihr Mann an Lepra litt.

Weil es preiswerte Immobilien gab, ließen Diasporagemeinden hier Zentren einrichten. Nach Schätzungen hatte Jerusalem zu Jesu Lebzeiten Hunderte Synagogen. Diese fungierten nachts als kostenlose Herbergen für Pilger, denen man ja kein Geld für die Übernachtung abnehmen durfte. Stattdessen schenkten sie ihren Gastgebern das Fell eines Opfertiers. Neben den Gemeindezentren errichteten reiche Juden aus dem Ausland und Konvertiten beeindruckende Paläste. Die soziale Spaltung der Stadt dürfte zu Spannungen geführt haben. Etliche Jahre nach Jesu Tod wurde die Unterstadt zur Brutstätte der Sikarier, jener nationalistischen Revolutionäre, die in Jerusalem mit Meuchelmorden Schrecken verbreiteten. Schlanke, scharfe Dolche galten als ihre bevorzugte Waffe.

Die Unterschicht Jerusalems war wohlhabender als die Landbevölkerung, die damals häufig noch in Höhlen hauste: »Jerusalem war eine reiche Stadt«, sagt Gibson. Quell des Wohlstands war der Tempel, an den Juden in der Diaspora eine Steuer zu entrichten hatten. Aus dem Tempelschatz wurden gewaltige Bauprojekte finanziert. Jahrzehntelang bestand Jerusalems Geräuschkulisse aus dem Hämmern, Klopfen und Rufen von rund 18 000 Bauarbeitern, die aus dem Kalkstein der Umgebung und weißem Marmor ein Weltwunder meißelten.

Der Tempel war der wichtigste Arbeitgeber Jerusalems: Die Priesterfamilie Garmo hatte ein Monopol für das Backen der Schaubrote im Heiligtum, andere stellten Gefäße für den Opferkult her oder versorgten den Tempel mit Holz. Da Opfertiere makellos sein mussten, brachten viele Pilger Geld mit und kauften in Jerusalem Vieh – eine sichere Einnahmequelle für Bauern und Hirten der Umgebung. Im Tempel nahm man nur den 14 Gramm schweren Tetradrachmen aus der phönizischen Stadt Tyros an. Eigentlich überraschend, zeigte seine Prägung doch den Stadtgott Melkart. Das Vertrauen in seinen konstanten Silbergehalt schien schwerer gewogen zu haben als das jüdische Bilderverbot. Die Währung war die Profitquelle der Geldwechsler.

Hoch über diesem kunterbunten Treiben wohnte die Elite der Oberstadt. Sie genoss einen »guten Ausblick auf den Tempelberg«, schreibt die israelische Historikerin Miriam Feinberg Vamosh. Zum Tempel gelangten die Reichen über eigens errich-

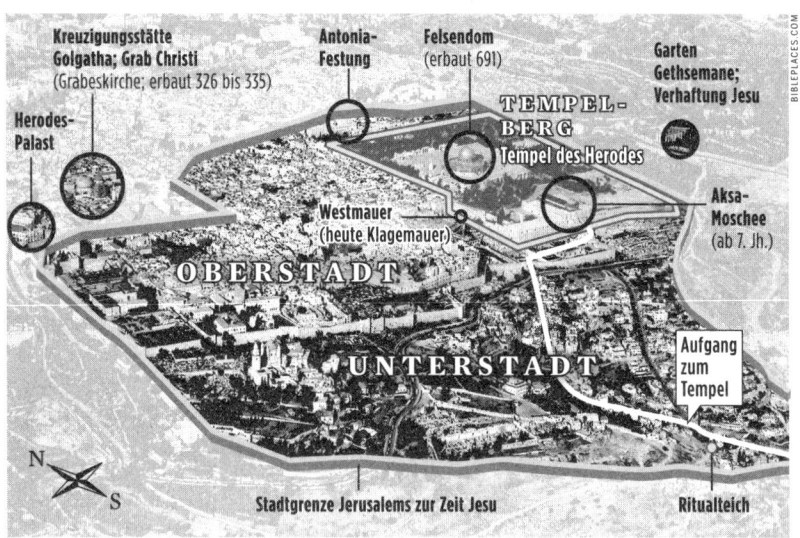

tete Brücken, um sich nicht unter den Plebs mischen zu müssen. Der obere Markt war Jerusalems Edel-Shoppingmeile: Hier wurden Parfum und Seide, Schmuck, Weihrauch und Elfenbein feilgeboten. Auch unkoschere Schlemmereien aus dem Römischen Reich waren erhältlich, weswegen der Markt frommen Juden als unrein galt und Ausländer hier gern einkauften. König Herodes hatte viele Nichtjuden als Berater oder Wächter am Hof, seine Leibgarde bestand aus 400 Galliern, Germanen und Thrakiern. Später arbeiteten sie direkt im Auftrag Roms. Goodman zufolge besuchten sie wahrscheinlich auch das von Herodes dem Großen errichtete Theater, in dem griechische Stücke aufgeführt wurden. Die vierjährigen Festspiele, zu denen Herodes Schauspieler aus Nachbarländern einlud, vermeintliche Verbrecher von Löwen zerreißen ließ und die Sieger der Pferderennen und Gladiatorenkämpfe fürstlich belohnte, dürften zu Jesu Lebzeiten nicht mehr stattgefunden haben: »Aus Sicht frommer Juden waren solche Veranstaltungen keine vergnüglichen Spektakel, sondern barbarischer Mord«, sagt Schwartz.

Trotz der Ausländer und der unkoscheren Waren residierten auch hochrangige Priester in den mit weißem Marmor verkleideten Villen des Nobelviertels westlich des Tempelbergs. Manche Räume in den bis zu 600 Quadratmeter großen Domizilen waren drei Meter hoch. Die Residenzen hatten zwei Etagen, Keller mit Speicherräumen, eigene Zisternen und feine Mosaikfußböden. Die Wände waren zumeist weiß verputzt. Fenster blickten auf die reichverzierten Innenhöfe, die Häuser glichen kleinen Festungen. Von den breiten, baumgesäumten Alleen des Stadtviertels trennten sie hohe Mauern. Die Alleen mündeten in offenen Plätzen; hier wurde der römische Einfluss auf Herodes' Stadtplanung offenbar.

Keine Priestervilla konnte es in ihrer Pracht jedoch mit seinem Palast aufnehmen, später Residenz der römischen Statthalter: Gut geschützt hinter einem Graben und einer 13 Meter hohen Mauer, lebte der König in Saus und Braus. Die »prunkvolle Ausstattung spottete jeder Beschreibung und stellte alles bislang Dagewesene in den Schatten«, schrieb Josephus. In den »kolossalen Speisesälen standen Ruhepolster für Hunderte Gäste. Die meisten Zimmergeräte waren aus Silber und Gold«. In den Lustgärten vor dem Palast »mit langen Spazierwegen« und »Teichen mit zahlreichen ehernen Kunstwerken« sprudelte das Wasser in den Brunnen aus Tierköpfen, für fromme Juden ein ketzerischer Anblick.

Doch selbst Herodes' Prunkpalast konnte nicht mit dem Tempel konkurrieren, der ein Siebtel der Stadtoberfläche einnahm: »Wer den Tempel des Herodes nicht gesehen hat, hat in seinem Leben kein schönes Gebäude gesehen«, heißt es später im Talmud. Auf dem Vorhof fanden zu den Feiertagen bis zu 300 000 Gläubige Platz. Der Haupteingang lag wahrscheinlich im Süden. Zu ihm führte eine breite Treppe, deren Überreste noch heute sichtbar sind. Schwartz stellt sich die Stufen als »Hyde Park Corner« Judäas vor. Der Trubel der Menge hier war die ideale Bühne für Volkstribune und Propheten: »Lehrer saßen mit ihren Schülern auf den Stufen, Möchtegern-Propheten verkündeten hier ihre Botschaft«, sagt Schwartz.

Dass Jerusalem eine kosmopolitische Stadt war, konnte man hören: Viele verschiedene Sprachen wurden gesprochen. Lehrer zitierten die Heilige Schrift auf Hebräisch, neben ihnen tuschelten die Bewohner Jerusalems auf Aramäisch. Hellenisierte Juden und Konvertiten sprachen Griechisch oder Latein, Pilger aus dem Persischen Reich ihre Landessprachen. Ganze Dörfer aus der Diaspora kletterten, von flötenspielenden Leviten begleitet, den Aufgang hinauf, Frohsinn war von den Priestern verordnet.

Am Eingang des großen Tores inspizierten Leviten die Pilger. Wie an allen Zugängen achteten sie darauf, dass man sich gereinigt hatte und dass keine Unreinen den Tempel betraten. Vom Doppeltor gelangte man, an der Südecke des Tempelvorhofs, in die wohl größte Säulenhalle im Römischen Reich. Hier kontrastierten »Säulen aus dem weißesten Marmor und Getäfel aus Zedernholz« mit der bunten Pracht »aus Marmorsteinen in den unterschiedlichen Farben Blau, Rot und Grün«, die »wie die Wellen des Meeres wirkten«. Im Vorhof, der auch Nichtjuden offenstand, »ging es wahrscheinlich ziemlich fröhlich zu«, sagt Schwartz. Es war ein reges Treiben: Geldwechsler warben um Kundschaft, Opfertiere blökten ängstlich. Die meisten Pilger gingen wohl erst einmal um das hohe, vergoldete Gebäude des Allerheiligsten herum und verbeugten sich vor den 13 Eingängen an der über einen Meter hohen Brüstung, die den Hof der Israeliten einzäunte. Schilder warnten Unbefugte auf Griechisch: »Kein Fremder darf den Bereich innerhalb der Balustrade um das Heiligtum betreten. Wer dabei erwischt wird, ist für den Tod, der darauf folgt, selbst verantwortlich.«

Durch die Öffnungen in der Balustrade gelangte man zu den 14 Stufen vor der Tempelplattform. Die Armen brachten Turtel- und Feldtauben, Wohlhabende zerrten ein Rind, Schaf oder eine Hausziege hinter sich her. Opfer dienten oft der Buße, und die Opfergaben waren genau geregelt.

Ein Priester, der sündigte, musste einen Ochsen darbringen, ein Normalsterblicher konnte sich bei derselben Sünde mit einer Hausziege begnügen. Für Besitzlose reichte manchmal eine Schale Grieß mit Öl, Weihrauch und Wein. Eine Frau, die ihren Mann betrogen hatte, durfte kein Öl auf ihr Weizenopfer gießen, so blieb es offensichtlich minderwertig. Wer den Sabbat verletzt oder Inzucht begangen hatte, brachte ein Sündopfer dar. Wer betrogen oder mit der Frau eines hebräischen Sklaven geschlafen hatte, konnte sich mit einem Schuldopfer begnügen. Es gab auch Opfer, die rein aus Dankbarkeit erbracht wurden: Der erste Wurf eines Tieres wurde den Priestern geweiht. Zweimal täglich wurde ganz offiziell ein Rind im Namen und auf Kosten Cäsars und des römischen Volkes geopfert – das abergläubische Imperium wollte sich nicht mit dem Judengott anlegen. Darüber hinaus brachten Priester das Daueropfer dar, für das die Leviten mit Gesang und Trompeten die Menge in Stimmung brachten und ihr bedeuteten, wann sie sich zu verbeugen hatte. Um zum Innenhof zu gelangen, schritt die Menge durch eines der neun vergoldeten und versilberten Tore. Besonders beeindruckend war »das Außentor des eigentlichen Tempels, das sogar aus korinthischem Erz war und die versilberten und vergoldeten ganz bedeutend an Wert übertraf«, so Josephus. Hier bot sich der Blick auf den Opferkult, der nur im Tempel von Jerusalem begangen werden durfte.

Das Heiligtum war nicht nur Zentrum des jüdischen Kults, sondern auch Kristallisationspunkt patriotisch-religiöser Emotionen. Rom wusste, dass die Kontrolle über dieses Gebäude der Herrschaft über Judäa gleichkam, und machte deshalb mit simplen Gesten klar, wer das Sagen hatte. Das Gewand des Hohepriesters, »ein bis an die Knöchel reichendes, hyazinthblaues, den ganzen Körper umwallendes Oberkleid, das mit Fransen bedeckt war«, von denen »goldene Glöckchen und Granatäpfel« hingen, bewahrten sie in der nahen Festung Antonia auf. Vor den Festtagen wurde der Hohepriester vom spirituellen Oberhaupt zum Bittsteller degradiert, der bei den Besatzungssoldaten um seine Dienstuniform betteln musste. Immer wieder wurde der Tempel zum Brennpunkt des Kampfes zwischen der antiken Supermacht und den aufmüpfigen Bewohnern Judäas.

An Feiertagen erreichten diese Spannungen ihren Höhepunkt: Aufmerksam musterten römische Kohorten aus sicherer Höhe von den Säulenhallen, die den Tempel umgaben, die frommen Massen. Schon kleine Gesten konnten Unruhen auslösen: »Da zog auf einmal einer der Soldaten seinen Mantel in die

Höhe, kehrte mit einer unanständigen Verbeugung den Juden das Gesäß zu und gab einen seiner Stellung entsprechenden Laut von sich«, berichtet Josephus über ein Pessachfest einige Jahre nach Jesu Tod. In den folgenden Unruhen sollen 10 000 Menschen ums Leben gekommen sein. Dabei ist unklar, ob der Furz oder die Nacktheit als tödliche Beleidigung aufgefasst wurde. Dennoch macht der Zwischenfall die gravierenden kulturellen Unterschiede zwischen Besatzern und den Juden klar: Was den einen als derber Scherz galt, war für die anderen Gotteslästerung.

Wenn nicht gerade römische Soldaten im Tempel aufmarschierten, leiteten Priester routiniert die rituellen Abläufe im Tempel. Sie unterlagen strengen Auflagen: Dienst durfte nur tun, wer makellos war und nichts getrunken hatte. Das Haar musste ordentlich und nicht zu lang sein. Die Priester sollten die Massen durch ihr elegantes Auftreten beeindrucken und in eine Art Ekstase versetzen, mutmaßte später der jüdische Gelehrte Moses Maimonides. Sie galten als Verbindung zu Gott. Viele meinten damals, dass die Herrschaft in Händen des Hohepriesters liegen sollte. Nicht umsonst kennzeichnete Josephus Jerusalem als Theokratie.

Die Priester akzeptierten nur fehlerfreie Opfertiere, banden sie fest und schächteten sie. Das Blut wurde in einem goldenen Gefäß, dem Masrek, aufgefangen. In manchen Fällen war besondere Fertigkeit vonnöten: Geflügelopfern wurde der Hals mit dem Daumennagel aufgeschlitzt. Blut war als Sitz der Seele wichtigster Teil der Opfergabe. Es wurde auf die Ecken des Altars geschüttet. Rund um den Altar befanden sich »Wasseröffnungen, so dass auf einen Wink hin alles Blut weggespült werde«, das von den Opfern zusammenfließt, heißt es im Aristeasbrief, den ein ägyptischer Jude verfasste. Nach dem Blutvergießen wurden die Innereien und das Fett auf dem Altar verbrannt, der Rest des Tieres von Priestern oder den Opfernden verspeist. Trotz oder vielleicht wegen seiner zentralen Rolle war der Opferkult umstritten. Nicht nur Jesus stieß sich daran, schon Jesaja wetterte Jahrhunderte zuvor: »Ich bin satt der Brandopfer von Widdern und des Fettes von Mastkälbern und habe kein Gefallen am Blut der Stiere, der Lämmer und Böcke.«

Kritische Geister fühlten sich von den politischen Intrigen im Tempel abgestoßen, sie bemängelten den Kult als Heuchelei. »Das Räucherwerk ist mir ein Gräuel!«, sprach Jesaja im Namen Gottes: »Und wenn ihr auch viel betet, höre ich euch doch nicht; denn eure Hände sind voll Blut.« Jesaja riet: »Wascht euch, reinigt euch, lasst ab vom Bösen! Lernt Gutes tun, trachtet nach Recht, helft den Unterdrückten.« Den Bewohnern Jerusalems klang das vermutlich wie eine Drohung, stellten Puristen doch nicht nur ihren Glauben, sondern auch ihre Existenzgrundlage in Frage. Der Popularität Jerusalems und ihres Tempels tat das keinen Abbruch. Zu Pessach versammelten sich mehr als 200 000 Bewohner, Pilger, Konvertiten und Händler innerhalb der Stadtmauern und feierten den Auszug aus Ägypten, das Fest jüdischer Freiheit. In Häusern, Straßen und auf den Dächern der Heiligen Stadt kamen Menschen aus aller Welt zusammen und brieten gemeinsam das Pessachopfer. Nach den vorgeschriebenen vier Gläsern Wein war die Stimmung ausgelassen fröhlich.

Kein Wunder also, dass Juden damals wie heute das Mahl mit dem Satz abschlossen: »Nächstes Jahr in Jerusalem!« Es ist vielleicht der älteste touristische Werbespruch der Welt. Er überdauerte auch die Zerstörung Jerusalems im Jahr 70 n. Chr., als die Römer den ersten jüdischen Aufstand gegen ihre Herrschaft niederschlugen und den Tempel niederbrannten.

# Unter den Augen des Kaisers

*In Judäa rebellierten die Juden gegen*
*die römische Herrschaft. Anderswo im Reich konnte*
*das Imperium besiegte Völker besser integrieren.*

Von Uwe Klußmann

Es war eine höllische Schlacht um die heilige Stadt. 30 000 römische Soldaten stürmten im März des Jahres 37 v. Chr. Jerusalem; an ihrer Seite kämpften Söldner des Herodes. Beim Einmarsch lieferten sich die Römer mit den jüdischen Verteidigern blutige Straßenkämpfe. Herodes war entsetzt über das Wüten der mit ihm verbündeten Soldateska. Je schlimmer die Exzesse, desto schwieriger würde es für ihn werden, die rebellische Provinz Judäa zu regieren. Mit Bestechung und Drohungen hielt er die römischen Truppen davon ab, das Innere des Tempels zu betreten. Denn einen solchen Frevel hätten die Juden den Invasoren und ihrem Helfer Herodes nie verziehen.

Die Region um Jerusalem war das politisch heißeste Pflaster des Römischen Reichs. Kein anderes Volk setzte dem Imperium bis dahin so energisch Widerstand entgegen wie die Juden. Als erster römischer Eroberer war der Politiker und Feldherr Gnaeus Pompeius Magnus 63 v. Chr. in Jerusalem eingezogen. Pompeius setzte den jüdischen Hohepriester als Statthalter in Judäa ein. Die Provinz am Jordan musste Rom Tribut zahlen. Die neuen Machthaber folgten auch im Nahen Osten einem bewährten Prinzip: Teile und herrsche. Sie verkleinerten das okkupierte jüdische Hasmonäer-Königreich und schafften die Monarchie ab. Die hasmonäischen Priesterkönige hatten hundert Jahre zuvor einen selbständigen jüdischen Staat gegründet.

Roms Herrschaft über ihre Provinz Judäa war labil. 58/57 v. Chr. wagten die Juden einen Aufstand, den die Römer niederschlugen. Aber dann rückte ein Feind aus dem Osten vor: 40 v. Chr. eroberten die Parther Jerusalem. Ein Verbündeter der siegreichen Parther, Antigonos aus dem Stamm der Hasmonäer, ernannte sich nun zum König von Judäa und zugleich zum jüdischen Hohepriester. Antigonos hatte mit Rom eine Rechnung offen: Pompeius hatte seinen Vater vergiften und seinen Bruder enthaupten lassen. Der neue König machte national-jüdische Politik mit Sinn für symbolische Handlungen. Er ließ Münzen prägen, die erstmals das Bild einer Menora, eines siebenarmigen Leuchters zeigten. Doch Rom mochte sich mit dem Verlust Judäas nicht abfinden.

Für Herodes, der später den Beinamen »der Große« erhielt, war damit der Boden bereitet. Der um 73 v. Chr. geborene Spross einer reichen und vornehmen Familie sollte als römischer Vasall, Gründer einer Dynastie und manischer Bauherr eine historische Rolle spielen. Ins Gedächtnis eingebrannt hat er sich als der Mann, von dem es im Evangelium des Matthäus heißt: »Er ließ alle Kinder in Bethlehem töten und in der ganzen Gegend, die zweijährig und darunter waren.« Mit dieser grausamen Tat habe er den »neugeborenen König der Juden« beseitigen wollen. Die Geschichte ist mit großer Wahrscheinlichkeit frei erfunden. Vor den Parthern war Herodes nach Rom geflüchtet. Dort ernannte ihn der Senat zum König von Judäa. Bald kehrte er nach Palästina zurück, sammelte Söldner und brachte einen Großteil der Region unter seine Kontrolle. Schließlich rückte er, kräftig unterstützt von römischen Truppen, in Jerusalem ein.

Doch Herodes hatte ein Problem, das seine gesamte Herrschaft überschattete: Die Juden sahen im König von Judäa nicht einen der Ihren. Der jüdische Geschichtsschreiber Josephus Flavius bezeichnete ihn als »Halbjuden«. Der Grund: Herodes' Familie gehörte zum Stamm der Idumäer, den die Juden im zweiten vorchristlichen Jahrhundert unterworfen hatten. Obwohl sein Vater schon jüdischen Glaubens war, galt seine oberste Loyalität dem Römischen Reich. Nicht nur in der Bibel, auch im jüdischen Talmud kommt Herodes schlecht weg. In dem um 500 n. Chr. entstandenen Traktat Baba batra wird Herodes als nekrophiler Wahnsinniger beschrieben, der sich an der konservierten Leiche seiner Frau Mariamne vergangen habe. Aber den Vorwürfen (»Manche sagen, er beschlief sie«) fehlen die Belege.

Geschichten gibt es viele über diesen Herrscher. Von zehn Ehen und zahlreichen Kindern ist die Rede, von Machtkämpfen, Bettgeschichten und grausamer Willkür. Drei seiner Söhne ließ er hinrichten – der König bezichtigte sie einer feindseligen Intrige. Zwei jüdische religiöse Würdenträger, die gegen ihn agitierten, endeten auf dem Scheiterhaufen. Politisch stand Herodes gut da. Weil er sich mit Geschenken und Prestigebauten den Rückhalt Roms sicherte, avancierte er rasch zum stärksten regionalen Fürsten des Reiches. Sein Gespür für Macht und Symbole bewies er in gigantischen Bauvorhaben. In Jericho und Jerusalem ließ er imposante Paläste errichten, und am Westufer des Toten Meers verstärkte er die Festung Masada. Seinen jüdischen Untertanen schmeichelte er durch den Ausbau des Tempels von Jerusalem zu einer prächtigen Anlage.

Weil er wusste, wie wichtig Häfen für die Seemacht Rom waren, errichtete er eine der größten Hafenstädte der damaligen Welt. Er nannte sie Cäsarea, zu Ehren des Kaisers Augustus. Um ihre politische Bedeutung hervorzuheben, ließ er auf einem Hügel einen Tempel mit einer kolossalen Augustus-Statue bauen. Die religiöse Überhöhung der weltlichen römischen Macht konnte gläubigen Juden nicht gefallen. Sollten sie sich im Schmelztiegel des multiethnischen Riesenreichs assimilieren? Herodes, so der israelische Historiker Abraham Schalit, verkörperte die »absolute Überlegenheit des hellenistisch-römischen Königtums als Lebensgefühl«. Die Vorstellung aber, nicht der erwartete Messias, sondern ein fremder Imperator sollte ihnen das Heil bringen, war für die Juden völlig unakzeptabel. Sie sahen darin einen Versuch, dem jüdischen Volk »die Einmaligkeit seiner geistigen Gestalt« zu nehmen, schreibt Schalit.

Die Aufnahme in die imperiale Gemeinschaft, die anderen Völkern Fortschritt, Wohlfahrt und Kultur versprach, bedeutete in den Augen der Juden Erniedrigung und ein Ende ihrer Exklusivität. Da nützte es Herodes nichts, dass er sich um ein »inniges Verhältnis« (Schalit) zu den Juden bemühte. Es half ihm nicht, dass er als Baumeister in einer von Armut geprägten Gegend Tausende in Arbeit und Brot brachte, Steuern senkte und Hungersnöte bekämpfte. Als er 4 v. Chr. in seinem Palast in Jericho starb, war dies für die Juden ein Anlass zur Freude. Nachfolger wurde sein Sohn Archelaos. Bald forderten die jüdischen Untertanen von ihm, jene Männer zu bestrafen, die unter seinem Vater an der Hinrichtung der beiden religiösen Würdenträger beteiligt waren.

Es kam zu Massenprotesten, gegen die Archelaos mit brachialer Gewalt vorging; etwa 3000 Menschen sollen getötet worden sein. Nach der Niederschlagung der Rebellion begab sich Archelaos nach Rom zu Kaiser Augustus. Doch der verlieh ihm nicht wie erhofft die Königswürde, sondern nur den Titel eines untergeordneten Volksfürsten (»Ethnarch«). Das kaiserliche Misstrauen gegen den Vasallen ermutigte Juden und Samariter, Archelaos bei Augustus zu verklagen: Sein Regierungsstil sei grausam und launisch. Der Kaiser enthob den Ethnarchen seines Amtes, beschlagnahmte sein Vermögen und verbannte ihn nach Vienna (heute Vienne) in Gallien. Das Herrschaftsgebiet des Geschassten kam direkt unter römische Verwaltung. Zu den fortan amtierenden Präfekten zählte 20 Jahre später Pontius Pilatus.

Zwei weitere Söhne des Herodes durften im römischen Auftrag über Teile des väterlichen Königreichs herrschen: Herodes Philippos und Herodes Antipas. Philippos kontrollierte nördliche Landstriche, darunter den Golan. Wie sehr er um die Gunst Roms buhlte, zeigte seine Politik der neuen Ortsnamen. An den Quellen des Jordan baute er die Stadt Paneas zum Cäsarea Philippi aus. Und den am See Genezareth gelegenen Flecken Betsaida nannte er »Julias«, zu Ehren von Augustus' Frau. Konflikte mit den Juden brauchte Philippos kaum zu fürchten, denn sein Sprengel war mehrheitlich von Nichtjuden griechischer oder syrischer Abstammung bewohnt. Nach seinem Tod 34 n. Chr. schlug Rom dessen Gebiet zunächst der Provinz Syrien zu. Sein Halbbruder Antipas, der nach biblischer Darstellung Johannes den Täufer festsetzen und hinrichten ließ, regierte nach dem Tod seines Vaters als Herrscher von Galiläa und Peräa. Als es im Jahr 26 im benachbarten Judäa zu einem Konflikt mit der römischen Besatzungsmacht kam, ergriff der Herodianer für die Juden Partei: Der römische Statthalter Pontius Pilatus wollte in seinem ersten Amtsjahr imperiale Feldzeichen nach Jerusalem bringen – für die Juden eine Provokation. Als Antipas einige Jahre später versuchte, in Rom den Königstitel zu erhalten, ereilte ihn das Schicksal seines Bruders Archelaos: Der Kaiser schickte ihn in die Verbannung nach Gallien.

Den begehrten Königstitel von Judäa erhielt ein Herrscher der Herodianer-Dynastie erstmals wieder im Jahr 37. Kaiser Caligula übertrug Herodes Agrippa I., einem Enkel des großen Herodes, die Würde eines Monarchen. Agrippa war in Rom aufgewachsen, wurde gemeinsam mit einem Kaisersohn erzogen und pflegte schon früh beste Kontakte zum Hof. Welches Vertrauen

Caligula ihm entgegenbrachte, zeigte sich, als er ihm die Herr-
schaftsgebiete des verstorbenen Philippos übertrug. Der neue
König regierte das Pulverfass Judäa mit einer doppelbödigen
Taktik. Nach außen gab er den hellenistisch-römischen Herrscher, innenpolitisch aber umwarb er durch strenge Ausrich-
tung an den jüdischen Gesetzen das konservative Judentum. Der
Regionalherrscher hatte sogar Einfluss auf Caligula, wie sich in
einem dramatischen Konflikt im Herbst des Jahres 40 erwies.

Als überall im Reich Altäre zur Verehrung Caligulas als
Gottkaiser errichtet wurden, zertrüm-
merten erboste Juden in der Küstenstadt
Jamnia eine solche Kultstätte. Caligula
befahl daraufhin, sein Bild im Jerusalemer
Tempel aufzustellen. Blutige Ausschrei-
tungen schienen programmiert. Doch
Herodes Agrippa I. gelang es, Caligula
von der Provokation abzuhalten. Königs-
sohn Herodes Agrippa II. setzte dessen
Politik einer Balance zwischen jüdischen
und imperialen Interessen fort. Er ließ
den Tempel in Jerusalem ausbauen, die
Straßen Jerusalems mit Marmor pflastern
und erfreute die hellenistische Bevölkerung durch den Bau eines Theaters in
Berytos (heute Beirut). Anders als sein
Vater musste er die Macht mit einem
römischen Prokurator teilen. Als die
Spannungen zwischen den Juden und der
römischen Besatzungsmacht 66 n. Chr.
eskalierten, gelang es dem König nicht,
durch Verhandlungen einen Krieg zu
verhindern.

Provinzen des Senats

kaiserliche Provinzen

unter und nach Augustus erworben◄
kaiserliche Provinzen

Provinzgrenzen

600 km

Als der römische Prokurator Gessius Florus die Juden auffor-
derte, Rom einen Teil des Jerusalemer Tempelschatzes zu übergeben, begannen diese einen Aufstand, den Legionäre unter den
Kaisern Nero und Vespasian niederschlugen. Der Krieg endete
mit der Zerstörung des Tempels von Jerusalem durch die Römer
im Jahr 70 n. Chr. Es war ein epochaler Einschnitt in der jüdischen Geschichte, zu einer Zeit, als sich das junge Christentum
formierte. Geblieben ist von dieser Ära die Klagemauer in Jerusalem, ein Rest der Fundamente des herodianischen Plateaus.

## Die Provinzen des römischen Imperiums

von Augustus bis Septimius Severus
(27 v. Chr. bis 211 n. Chr.)

a
aetia
Noricum
Pannonia    Dacia
lia
Dalmatia    Moesia                          Armenia
a    Rom                Thracia    Bithynia
Macedonia                et Pontus
ia                                Galatia    Cappa-    Assyria
                                            docia
Epirus            Asia              Mesopotamia
Achaea        Lycia    Cilicia
Sicilia                Cyprus        Syria
            Creta
ca    Mittelmeer                Judäa
onsularis
                                Arabia
        Cyrenae    Aegyptus

DER SPIEGEL

Quelle: Der Neue Pauly
„Historischer Atlas der
antiken Welt"

Schon den Römern war bewusst, dass die Herrschaft über das Heilige Land die Kontrolle über einen geostrategischen Knotenpunkt bedeutete – hier grenzen drei Kontinente aneinander: Europa, Asien und Afrika. Militärische Macht über die Ostküste des Mittelmeers bedeutete eine sichere Herrschaft über Griechenland wie auch über Ägypten, das seit 30 v. Chr. zum Römischen Reich gehörte.

Das Land am Nil war die Kornkammer des Imperiums, zu Zeiten des Augustus stammte ein Drittel der Lebensmittel für das Reich aus Ägypten. Bei seinem Tod im Jahr 14 umfasste das Imperium 50 Millionen Menschen und 3,3 Millionen Quadratkilometer. Es reichte vom Euphrat und vom Südhang des Kaukasus bis zum Atlantik, von der Küste Nordafrikas bis nach Britannien. Der römische Schriftsteller Ovid nannte Augustus den »Herrn der Welt«. Mit der Herrschaft über Griechenland, das Rom 148 v. Chr. als Provinz Macedonia in sein Reich eingefügt hatte, besaß es nicht nur Weinbaugebiete, Arbeitskräfte und den Hafen von Piräus. Griechenland war zugleich eine gewaltige kulturelle Energiequelle für das Imperium. Denn die Vorstellung, sie seien eine überlegene Ethnie, war den Römern fremd. Griechenland wurde römisch, seine Bewohner blieben aber Griechen. In der griechisch-hellenistischen Sphäre, die von Ägypten bis Kleinasien reichte, setzte sich Latein weder in Wort noch Schrift durch. Roms Machtposition bedrohte in keiner Weise die griechische Identität.

Im Gegenteil: Die Vergangenheit der Region war für die Römer so faszinierend wie inspirierend. Die Griechen hatten dem Imperium viel zu bieten. Der bekannteste römische Kulturimport waren sportliche Wettkämpfe und raffinierte Badehäuser. Thermen, Dampf- und Heißluftbäder nach griechischem Vorbild fanden rasch Verbreitung. Für die Menschen in eroberten und benachbarten Ländern war dieser Lebensstil ähnlich verlockend wie zwei Jahrtausende später der »American Way of Life« – Symbol einer Gesellschaft mit großen Aufstiegschancen und hohem Freizeitwert. Die Warnung jedoch, der Luxus gehe zu Lasten des imperialen Auftritts, formulierte im 1. Jahrhundert n. Chr. der römische Schriftsteller Tacitus. Die Menschen gewöhnten sich, so der Autor, »durch Wohlleben an Muße und Ruhe«, hinzu kämen »die Reize der Laster«, nämlich »Bäder und üppige Gelage«. Bäder, in denen sich Körperpflege schon mal mit Kopulation kombinieren ließ, boten den Bürgern nach der Arbeit gepflegte Entspannung. Im Dienst aber verstanden sich die Römer auf spektakuläre Inszenierungen. Die Ankunft eines neuen Statthalters in einer Provinz etwa war ein gesellschaftliches Ereignis ersten Ranges.

Am Ankunftstag verkündete ein Ausrufer das Erscheinen des neuen Amtsträgers. Dann begann der Aufzug mit den Liktoren, Männern im roten Kriegsornat. In der Mitte des Aufmarsches stand der Beauftragte des Kaisers, abgeschirmt von seiner Leibwache. Hinter ihm schritten die römischen Nobiles, die den Statthalter in die Provinz begleiteten. Sie fungierten nach hellenistischem Vorbild auch als Leibgarde. Am Ende des Zuges gingen Künstler und Musiker, Diener, Sklaven, Köche und Bäcker, gefolgt von reich beladenen Fuhrwerken – die Mächtigen zeigten demonstrativ ihren Wohlstand.

Da lebte viel vom griechischen Stil im römischen fort. Und ähnlich wie die Griechen setzten auch die Römer auf eine Architektur der Macht. Die Statthalter der Provinz Asia etwa residierten bis zum Ende des 2. Jahrhunderts in der prächtigen Metropole Pergamon, schreibt der Althistoriker Raimund Schulz. Auch die Dienerschaft der Vertreter Roms orientierte sich am Hofpersonal der hellenistischen Könige. Teure Kleidung, opulente Bewirtung von Gästen, kostbarer Schmuck der Machthaber standen für ein aristokratisches Lebensgefühl. Dabei achteten die Repräsentanten Roms darauf, sich gegenüber der beherrschten Bevölkerung nicht völlig zu isolieren. Bei Gerichtstagen hörten sie Klagen an. Aus der örtlichen Elite schufen sie sich ein Netz aus Informanten und Helfern. In diesem Patronagesystem fanden sich griechische Intellektuelle ebenso wie grobe Schurken, etwa Geldeintreiber.

Die sich ausbreitende Korruption wurde zu einer tragenden Säule des Herrschaftssystems in den Provinzen. Verwaltungsleute, die in trübe finanzielle Geschäfte verwickelt waren, mussten kaum Bestrafung fürchten. Großgrundbesitzer etwa konnten ihre Interessen mit Hilfe bestechlicher Beamter durchsetzen. Dem Imperium fehlten Kontrollinstanzen. Kaum anders ging es in der Hauptstadt zu. Messalina, die Gattin des Kaisers Claudius, der Kaiser Vespasian und seine Konkubine Antonia Caenis verkauften Statthalterposten. So wurde der Ämterkauf im 1. Jahrhundert auch auf unteren Ebenen salonfähig. Dabei unterhielt das Imperium einen erstaunlich kleinen Verwaltungsapparat. In den ersten drei Jahrhunderten der Kaiserzeit waren nur bis zu 10 000 Menschen im Staatsdienst beschäftigt, zu wenig, um überhaupt nur die Steuereinnahmen der Provinzen effektiv zu kontrollieren.

Zum Teil kompensierten die Römer diese Schwäche durch ihr aufwendiges Kommunikationssystem. Augustus schuf eine im gesamten Reich funktionierende Post. Ein Netz von Stationen und Herbergen, mit wechselnden Pferdegespannen, sorgte für einen verlässlichen Informationsfluss. So beförderten kaiserliche Kuriere im 1. Jahrhundert jährlich etwa 1200 Briefe. Zwar führten einem geflügelten Wort zufolge alle Wege nach Rom, doch die Qualität der Straßen ließ mitunter noch zu wünschen übrig. Ein Brief von Trier nach Rom benötigte im günstigsten Fall 22 Tage. Allgegenwärtig war im ganzen Reich der Personenkult um die Herrscher, ein zentrales Bindemittel des multiethnischen Imperiums. Münzen in Gold, Silber und Bronze trugen auf der Vorderseite das Porträt des Kaisers. Unzählige Kaiserbilder standen in Theatern, auf öffentlichen Plätzen und privaten Grundstücken.

Der Kaiserkult hatte auch einen praktischen Nutzen: Junge Männer aus den unterworfenen Völkern, die von der Aura der Macht ergriffen waren, ließen sich so leichter für den Waffendienst werben. In den Auxiliartruppen, den Hilfseinheiten der römischen Legionen, dienten Provinzbewohner meist 25 Jahre lang. Die Soldaten erhielten danach das römische Bürgerrecht, Anführer schon früher. Die Auxiliarveteranen, unter ihnen Syrer, Gallier und Germanen, kulturell romanisiert, wurden so zu einer Vorhut der Integration. Welches Risiko der Einsatz von Hilfswilligen mit sich bringen konnte, erfuhr erstmals Kaiser Augustus. Zu den von römischen Militärs ausgebildeten Anführern germanischer Verbände gehörte auch Arminius, Sohn eines Cheruskerfürsten. Der Germane lockte ein römisches Heer unter dem Feldherrn Publius Quinctilius Varus im Jahr 9 n. Chr. in einen Hinterhalt. In der später so genannten Varusschlacht gingen drei Legionen unter, samt ihrem General, der sich nach dem Desaster das Leben nahm. Die Schlacht wurde zum Wetterleuchten der Weltgeschichte. Erstmals stoppten nordische Barbaren den römischen Eroberungsdrang. Noch vier Jahrhunderte sollte es dauern, bis Westgoten die Hauptstadt des südlichen Imperiums eroberten.

# Aufstand der Barbaren

*Rund 3000 Kilometer von der Heimat Jesu entfernt
lebten die Germanen in primitiven Stämmen. Sie kannten
keine Schrift und keinen Kalender, doch sie brachten
den Römern eine historische Niederlage bei.*

Von Joachim Mohr

Ihr Ruf war denkbar schlecht. Feldherr Julius Caesar beschrieb
sie in seinem Werk »De bello Gallico«, verfasst rund 50 Jahre
vor Christi Geburt, als »grobschlächtige Krieger«, bei denen ein
Stamm vor allem dann hohes Ansehen genieße, wenn er all seine
Nachbarn gewaltsam vertreiben könne. Noch rund 150 Jahre
später schilderte sie der römische Historiker Tacitus angewidert
als ein »dem Trunk und dem Würfelspiel« verfallenes Volk, das
»Feiglinge, Kriegsscheue und Schandkerle im Sumpf und Morast
versenkt«. Dem Philosophen und Schriftsteller Seneca, Erzie-
her von Kaiser Nero, wiederum missfiel ihr »wilder unformbarer
Geist«. Abgestoßen und doch gleichzeitig fasziniert blickte, um
die Zeitenwende vor 2000 Jahren, die nach eigenem Verständnis
zivilisierte Welt des Römischen Reiches in Richtung Norden –
zu den Barbaren, den Germanen.

Doch wer waren diese Germanen? Wo und wie lebten sie?
Handelte es sich tatsächlich nur um marodierende Banden kul-
turloser Axtschwinger, die ihre Feinde zerstückelten und gern
auch Ritualmorde begingen? Die keine staatliche Ordnung kannten und oft von Hungersnöten geplagt wurden? Oder resultierte
ihr katastrophales Image vor allem aus Roms großer Angst vor
den fremden, wilden Kämpfern? Der Begriff »Germanen« findet

sich schon etwa 80 Jahre vor Christus beim griechischen Historiker Poseidonios. Bekannt machte die Bezeichnung allerdings Julius Caesar, der mit »Germanen« die Einwohner der rechtsrheinischen Gebiete jenseits von Gallien und dem Imperium Romanum bezeichnete.

Dabei hat es ein großes, einheitliches Volk der Germanen nie gegeben. Um das Jahr 1 herum lebten etwa 40 Stämme im nördlichen Europa, zwischen Rhein, Donau und Weichsel: unter anderem die Cherusker, die Brukterer, die Langobarden, die Vandalen, die Sueben. Diese Völker fühlten sich nicht im Geringsten zusammengehörig, sie bekriegten sich ebenso regelmäßig wie leidenschaftlich. Teilweise wussten sie kaum etwas über einander. Abgesehen von einer verwandten Sprache, besaßen sie keine gemeinsame Identität. Zusammengerechnet handelte es sich wohl um nicht mehr als eine bis drei Millionen Menschen.

Sie kannten keine Schrift, keinen Kalender, keine Töpferscheibe, kein Geld, sie betrieben Tauschhandel. Die Masse lebte als freie Bauern, baute Getreide an und betrieb Viehzucht, womit sie sich selbst versorgten. Gern gingen sie auf die Jagd. Große Städte gab es keine, die Menschen siedelten in einzeln stehenden Gehöften oder in Weilern und Dörfern mit selten mehr als 300 Einwohnern. Ihre Hütten waren fensterlos mit einem Herd in der Mitte und einem offenen Rauchabzug im Dach. Menschen und Tiere lebten im gleichen Haus. Die Gebäude besaßen aus Flechtwerk und Holz gefertigte Wände, die mit Lehm abgedichtet wurden. Häuser aus Stein, wie sie die Römer errichteten, und Straßenbau gab es nicht. Auch über einen differenzierten Staatsapparat mit Beamten und Schulen, wie ihn Rom entwickelt hatte, verfügten die germanischen Stämme nicht. Die Gesellschaft war gegliedert in Freie, Halbfreie, dazu zählten vor allem Knechte, und Rechtlose, insbesondere Sklaven und Kriegsgefangene. Häufig kam es zu Blutrache.

Die freien Männer trafen sich beim Thing, einer Art Vollversammlung des Stammes, um wichtige Entscheidungen zu treffen, etwa den Anführer für einen Raubzug zu bestimmen, oder um Recht zu sprechen. Dabei wurden nicht, wie es heutiger demokratischer Sitte entspricht, die Stimmen der Einzelnen gezählt. Geurteilt wurde per Akklamation: Bei Zustimmung klopfte die Meute mit den Speeren, bei Ablehnung maulte sie. Die Germanenwelt war eine Männerwelt. Es war üblich, eine Braut zu kaufen, und auch gar nicht selten, eine Braut zu rauben. Dennoch galt die Einehe. Die ungestümen Kerle gefielen sich vor allem in der Rolle des Kriegers, Ackerbau, Viehzucht und Handwerksarbeiten schätzten sie nicht. »Die Sorge für Haus, Hof und Feld bleibt den Frauen, Alten und allen Schwachen überlassen«, schreibt denn auch Tacitus. Auf primitiven Herden aus Ton bereiteten die Frauen ein – für den römischen Gaumen – gewürzloses und fades Essen.

Wie wohl es einem Germanen erging, hing, abgesehen von der Gewaltbereitschaft umliegender Sippen, insbesondere von den Launen der Natur ab. War die Ernte im Spätsommer schlecht, knurrten im Winter die Mägen. Wissenschaftliche Untersuchungen von erhaltenden Skeletten zeugen von äußerst harten Lebensbedingungen: Die Menschen litten oft an Wachstumsstillständen, kranken Zähnen und Arthrose – schon in frühen Jahren. Es waren keine Zeiten, um alt zu werden. Die auf zahlreichen germanischen Friedhöfen Bestatteten waren im Durchschnitt gerade einmal Mitte zwanzig oder kaum älter. Viele Tote wurden bekleidet und geschmückt auf Scheiterhaufen verbrannt, die Asche wurde in Urnen gepackt. Die Kindersterblichkeit war dramatisch hoch. Auf manchem Gräberfeld beherbergt jede dritte Urne die Überreste eines Babys oder Kleinkindes.

Über den Glauben der Germanen zur Zeit Jesu ist nur wenig Verlässliches bekannt. Tempelbauten oder andere zentrale

Heiligtümer wurden bis heute nicht gefunden. Sicher ist, dass die Nordmänner eine Vielzahl von Göttern verehrten. Tacitus spricht von drei Groß-Göttern, die gedeutet werden als der Kriegs- und Totengott Wodan (Odin), als Donnergott Donar (Thor) und als Himmelsgott Ziu (Tyr). Ausgrabungen belegen, dass die Germanen für ihre Kulte bevorzugt Waldlichtungen, geweihte Gewässer oder Moore nutzten. Sie waren überzeugt, dass Orakel und rituelle Gaben ihnen halfen. So opferten sie zu vielerlei Anlässen verschiedene Tiere, bekannt ist etwa aus dänischen Mooren der Brauch, abgeschlagene Pferdeköpfe mit-

## Germanien kurz vor der Varusschlacht

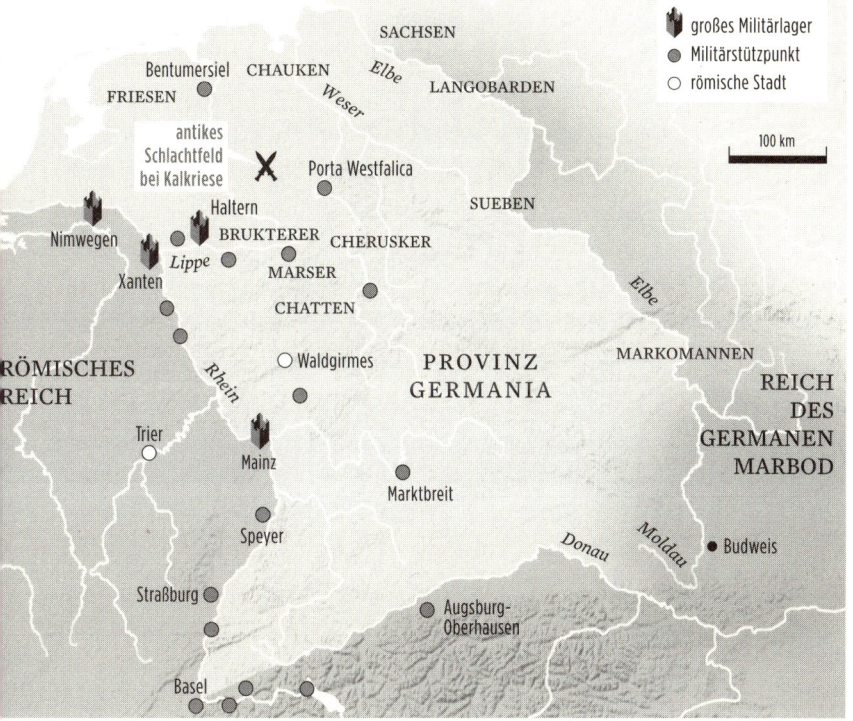

samt der Felle auf Stöcke zu spießen. Mitunter wurden sogar Menschenopfer vollzogen. Waren die Völker Germaniens aus der Sicht des damaligen Weltreichs Rom auch primitiv und rückständig – sie verstrickten die Römer dennoch in den »größten und furchtbarsten Krieg«, wie der spätantike Historiker und Theologe Orosius (um 385 bis 418) in der Rückschau urteilt. Über drei Jahrzehnte lang, ungefähr von 16 v. bis 16 n. Chr., bekämpften sich Germanen und Römer in zahlreichen verheerenden Schlachten, oft mit Tausenden von Toten.

Seinen Anfang nahm das Unheil unter Julius Caesar. 58 v. Chr. beginnt der römische Feldherr, Gallien zu erobern, und erklärt den Rhein zur Grenze zwischen dem Reich Roms und den germanischen Stämmen. Etwa vier Jahre später lässt er beim heutigen Bonn eine erste Brücke über den Rhein errichten, um Strafexpeditionen gegen einfallende Barbaren durchzuführen. Spätestens um 12 v. Chr. trifft Kaiser Augustus eine folgenschwere Entscheidung: Er will das Reich bis zur Elbe ausdehnen. Unter den Heerführern Drusus und Tiberius fallen römische Soldaten in zahlreichen Feldzügen in das feindliche Germanien ein und erreichen 9 v. Chr. die Elbe. Der damals modernsten Armee der Welt – topp trainiert, diszipliniert, taktisch geschult, jeder einzelne Soldat bestens ausgestattet mit Wurfspeer (pilum), Kurzschwert (gladius) und Schutzpanzer – haben die Germanen erst mal wenig entgegenzusetzen. Einzelne Stämme begehren zwar immer wieder auf, doch ohne sich zusammenzuschließen. Die Krieger, bewaffnet mit Speeren und Holzschilden – nicht alle besaßen Schwerter –, rennen meist wild in einem Pulk gegen den Gegner an. Den Römern, gut organisiert mit Reitern für Aufklärung und Flankenschutz, einem Kampfblock in der Mitte, einem Versorgungstross und einer Nachhut, ist so aber nicht beizukommen.

Um die Zeitenwende versuchten die Römer, die Germanen nicht nur militärisch zu besiegen, sondern das Gebiet östlich des Rheins auch mit Hilfe diplomatischer Mittel zu befrieden. Deshalb gingen sie mit einzelnen Stämmen Bündnisse ein. Es war die Strategie des Herrschens und Teilens. Die Römer verliehen freundlich gesinnten germanischen Führern bedeutende Titel und belohnten sie mit Gold, Silber und allerlei Schmuck. Zahlreiche »Barbaren« traten in den Dienst der römischen Armee. Den römischen Legionären folgten Händler und Beamte nach Germanien. Die Römer errichteten zwischen Rhein und Elbe Kastelle und Städte, beispielsweise beim heutigen Waldgirmes an der Lahn, Waffenmanufakturen, Töpfereien und Lazarette, sie bauten Straßen und Wege.

Zu Verbündeten der Römer wurden insbesondere die Cherusker. Um deren Führer eng an sich zu binden, schickten die Römer Kinder hochrangiger Cherusker zur Ausbildung nach Rom – eine Mischung aus Geiselhaft und Chance zum gesellschaftlichen Aufstieg. Einer dieser Jünglinge war Arminius, geboren wahrscheinlich um das Jahr 17 v. Chr. als Sohn des Cheruskerfürsten Segimer. Er wurde zum Offizier ausgebildet und begleitete in den Jahren 4 bis 6 n. Chr. Tiberius bei Feldzügen nach Germanien. Arminius agierte dabei so erfolgreich, dass ihm als Anerkennung das römische Bürgerrecht verliehen wurde.

Im Jahr 7 wird Publius Quinctilius Varus römischer Statthalter in Germanien, Arminius unter ihm Kommandeur germanischer Hilfstruppen. Varus soll Germanien endgültig zu einer römischen Provinz machen. Er zwingt die Einwohner, sich der römischen Justiz zu beugen und Steuern zu zahlen. Damit bringt er die Germanen schnell gegen sich auf. Insbesondere die Steuerpflicht lehnen sie ab, da es bei ihnen solche Abgaben nur für Unfreie gibt. Plötzlich, im Jahr 9 n. Chr., wechselt Arminius kaltblütig die Seiten. Es gelingt ihm, einige germanische Stämme hinter sich zu versammeln, darunter die Cherusker, Chatten, Brukterer und Marser. Im Herbst, die römischen Truppen marschieren ins

Winterlager an den Rhein, soll Arminius mit einer Finte die Truppen des Varus, der ihm vertraut, in einen Hinterhalt in einem sumpfigen Waldgebiet gelockt haben.

Dort kommt es zur später so genannten Varusschlacht, einem drei Tage dauernden, kolossalen Blutbad. Immer wieder greifen die Germanen den über zehn Kilometer langen Heereszug der Römer an. Im grausamen Ringen Mann gegen Mann vernichten sie die 17., 18. und 19. Legion der Römer vollständig. Nach heutigen Schätzungen sterben bei dem Gemetzel mehr als 20 000 Kämpfer. Dabei sind wohl viele Krieger auf der Seite der Germanen abtrünnige Soldaten, die zuvor in römischen Hilfstruppen gedient hatten. Diese Kämpfer verfügen über umfangreiche Kriegserfahrung und kennen das römische Militär und dessen Stärken und Schwächen bestens.

Varus nimmt sich, als er die Unabwendbarkeit seiner Niederlage erkennt, gemeinsam mit ihm nahestehenden Offizieren das Leben. Und der römische Schriftsteller Sueton berichtet, dass Kaiser Augustus in Rom, als er von der Katastrophe hörte, seinen Kopf gegen ein Tor gestoßen und geschrien habe: »Quinctilius Varus, gib mir meine Legionen zurück!«

Wo genau das Morden sich ereignete, ist jedoch unklar. Lange glaubten Historiker an einen Ort im Teutoburger Wald südlich von Osnabrück. Nach der Entdeckung eines antiken Schlachtfeldes 1987 bei Kalkriese nördlich von Osnabrück favorisierten Experten diese Region. Heute wollen Archäologen sich nicht mehr genau festlegen.

Trotz dieser epochalen Niederlage drang das römische Großreich unter dem Heerführer Germanicus in den Jahren 14 bis 16 noch einmal mit Macht in das Reich der Barbaren ein. Angeblich mit acht Legionen, rund 45 000 Mann, kämpfte Germanicus sich durch das Gebiet östlich des Rheins. Doch auch er konnte keinen abschließenden Sieg erzwingen. Trotz einiger erfolgreicher Schlachten gelang es ihm nicht, die unbeugsamen Germanen zu unterwerfen.

Ein Ereignis von welthistorischer Bedeutung: Der Rhein blieb die Trennlinie zu den Barbaren – die Germanen zwischen Hessen, Pommern und Jütland wurden niemals romanisiert. Die Römer nahmen von ihrem Vorhaben, Germanien zu einer Provinz und damit zu einem Teil des Römischen Reichs zu machen, für immer Abstand. Die Expansion des Weltreiches in den europäischen Norden war gestoppt. Später errichtete Rom, um die Grenze zu schützen, einen Schutzwall – den Limes. Wer allerdings erwartet hatte, dass Arminius, der Sieger der Varusschlacht, bejubelter Führer eines germanischen Großreichs werden würde, irrte. Schnell kam es wieder zu Händeln unter den verschiedenen germanischen Stämmen. So griff Arminius etwa Marbod an, den Herrscher der Markomannen, und besiegte ihn. Aber die Tage des Arminius waren gezählt. Um das Jahr 21 herum wurde der heute so berühmte Germane ermordet – »von Verwandten«, so schreibt es Tacitus. Die genauen Umstände seines Todes blieben im Dunkeln.

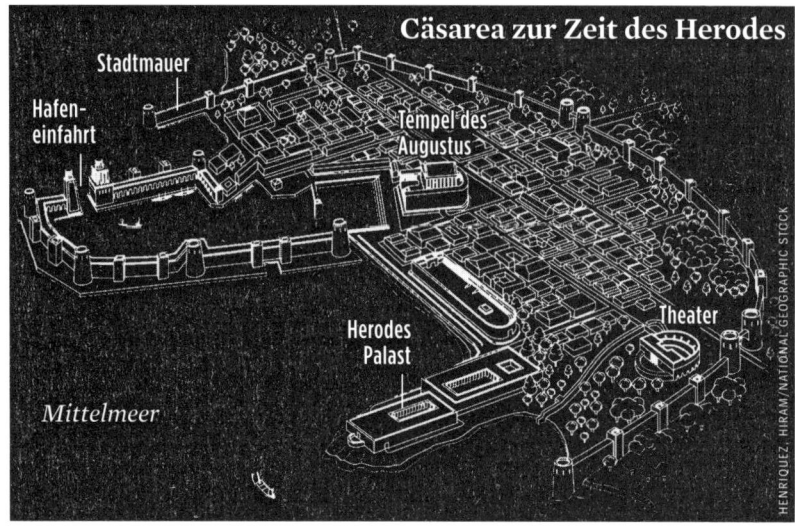

Cäsarea zur Zeit des Herodes

Stadtmauer

Hafen-
einfahrt

Tempel des
Augustus

Herodes
Palast

Theater

Mittelmeer

HENRIQUEZ, HIRAM/NATIONAL GEOGRAPHIC STOCK

**PRUNKVOLLER HAFEN**
Cäsarenstadt am Mittelmeer

Um das Imperium im fernen Rom zu beeindrucken, errichtete der
jüdische Vasallenkönig Herodes der Große ab 22 v. Chr. auf den
Resten einer phönizischen Hafensiedlung eine prächtige Stadt, die
er zu Ehren des Kaisers Augustus Cäsarea nannte. Auch architektonisch folgte sie römischem Vorbild – mit Theater, Tempel, Aquädukt,
einem Forum, prächtigen Bädern und Palastanlagen. Sensationell
für die Zeit war der Hafen, »der den von Piräus an Größe übertraf«
und mit einer »Reihe vortrefflicher Ankerplätze« ausgestattet war,
wie der jüdisch-römische Geschichtsschreiber Josephus Flavius lobte.
Im Jahr 6 n. Chr. wurde Cäsarea zur Hauptstadt der römischen Provinz Judäa. Im Palast des Herodes residierte später Pontius Pilatus.

# Das Urteil

*Als Richter über Jesus ist Pontius Pilatus*
*in die Geschichte eingegangen. Der Statthalter Roms*
*war ein treuer Diener seines Kaisers.*

Von Angela Gatterburg

Auf diesen Mann konnte sich der Kaiser verlassen. Pontius Pilatus stammte aus ritterlichem Amtsadel, darauf deutet der Name Pontius hin. Sein Beiname Pilatus geht wahrscheinlich auf »pilum« zurück, das ist die Bezeichnung für den Speer, den das Fußvolk im römischen Heer bei sich trug. Pilatus zeigte Einsatz, vor allem an den nördlichen Grenzen des Imperiums. Zur Belohnung für treue Dienste machte ihn Kaiser Tiberius zum Statthalter in der südöstlichen Ecke des Mittelmeers. So trat Pontius Pilatus im Jahr 26 als fünfter römischer Präfekt in der Provinz Judäa an, die wegen der heiklen politischen und sozialen Verhältnisse eine Sonderstellung einnahm. Die historischen Belege über seine Arbeit als Statthalter sind spärlich, aber sie ergeben ein gewisses Bild: Offenbar hat er seine Aufgabe aus römischer Sicht gut gemeistert.

Der jüdische Geschichtsschreiber Josephus Flavius beschrieb ihn als einen Mann, der bei den immer wieder auftretenden Unruhen umsichtig und angemessen vorging. Allerdings malt Josephus alles Römische in hellen Farben. Ganz anders sein Kollege Philo von Alexandria, der ebenfalls Jude war: Bei ihm erscheint Pilatus als herrschsüchtiger, judenfeindlicher Machtmensch, korrupt und zu jeder Gewalttat bereit. Das dürfte überzogen sein. Einiges spricht dafür, dass der oberste Repräsentant in Judäa während seiner zehnjährigen Amtszeit das Wort seines Herrschers befolgte: »Ein guter Hirte schert seine Schafe, er schindet sie nicht«, mahnte Tiberius seine Statthalter.

Um dem Kaiser zu genügen, musste Pilatus Steuern eintreiben und gleichzeitig die oft rebellischen Juden einbinden, die sich als auserwähltes Volk mit der römischen Besatzung nicht abfinden konnten. Dabei war er offenbar nicht gerade zimperlich, mit Protestlern und Aufwieglern machte er kurzen Prozess. Der britische Bestsellerautor Nick Page beschreibt Pilatus in seinem Buch »Die letzten Tage Jesu« als einen gewieften Taktiker, »der die Menschen politisch zu manipulieren weiß«. Wahrscheinlich war Pilatus ein Pragmatiker, der auf Konfrontation ging, wenn es ihm nötig erschien, sich sonst aber nicht in jüdische Belange einmischte. Mal benahm er sich wie ein Unterdrücker, mal war er ganz der kluge Administrator und verbesserte die Lebensverhältnisse in den ihm anvertrauten Landstrichen.

So ließ Pilatus mit den Mitteln des Tempels von Jerusalem eine Wasserleitung in die Stadt bauen. Ein steinernes Denkmal setzte er sich im Hafen der Verwaltungshauptstadt Cäsarea, wo er Tiberius zu Ehren ein Tiberieum, einen Leuchtturm, errichten ließ. Das bezeugt eine Steintafel mit antiker Inschrift, die Pontius Pilatus als »praefectus Iudaeae« benennt. Italienische Archäologen entdeckten sie 1961 bei Ausgrabungen. Für seine Politik musste sich Pilatus nicht nur gegenüber Kaiser Tiberius verantworten, sondern auch gegenüber dem Oberstatthalter der Provinz Syrien, von dem er abhängig war, und gegenüber den jüdischen Würdenträgern. Pilatus respektierte den Glauben der Juden, obwohl er viele ihrer religiösen Gebräuche nicht verstand. Gleichzeitig musste er sicherstellen, dass die Juden den römischen Kaiser und seine Gesetze achteten. Bei dieser Gratwanderung arbeitete er eng mit dem Hohepriester Kaiphas zusammen, dem obersten Repräsentanten der jüdischen Theokratie.

Zur Erfüllung seiner heiklen Aufgaben hatte Pilatus nur rund 3000 Soldaten, zumeist Hilfstruppen aus der Region, zur Verfügung. Einen Aufstand der Juden gegen die römische Besatzung durfte er keinesfalls riskieren. Er wäre hoffnungslos unterlegen gewesen. Pilatus residierte am Meer in Cäsarea Maritima. Während des Pessachfestes wollte er jedoch vor Ort in Jerusalem sein. Wie jedes Jahr rechnete er mit einem Massenansturm jüdischer Pilger und mit entsprechenden Unruhen. Wovon Pilatus noch nichts ahnte: In Jerusalem predigte in diesen Tagen ein Mann namens Jesus vor einer wachsenden Anzahl von Menschen, die ihm Wundertaten zuschrieben und ihn innig verehrten. Das war nichts Besonderes – seit dem Tod des Herodes tauchten immer wieder Prediger, Aufrührer, selbsternannte Propheten auf, die vom Ende der Welt kündeten und die Ankunft eines Messias verhießen.

Religiöse Eiferer gab es in diesen Zeiten reichlich: Der Mann aus Nazareth verfügte allerdings bereits über eine beachtliche Anhängerschaft und besaß offenbar das Zeug zur charismatischen Führungsfigur. Die jüdische Tempelelite reagierte verärgert und empört über diesen neuen Unruhestifter, der im Tempel die Tische der Händler und Geldwechsler umgeworfen hatte und auch sonst durch respektlose Auftritte von sich reden machte. Was für eine Provokation, so kurz vor dem Pessachfest! Die Autorität der Glaubensführer stand auf dem Spiel. Deshalb schwärzte Kaiphas den Unruhestifter bei Pilatus an: Dieser Mann sei ein politischer Aktivist und bezeichne sich außerdem als König der Juden. Pilatus musste reagieren. König der Juden – das wäre Hochverrat. Jedweder Anspruch auf die Königswürde war eine Rebellion gegen den Kaiser. Darauf stand die Todesstrafe.

Welche Rolle spielte Pontius Pilatus im wohl folgenreichsten Prozess der Weltgeschichte? Hielt er Jesus für unschuldig? Wollte er ihn, wie die Evangelisten schrieben, sogar retten? Oder war es für Pilatus lediglich ein Routineverfahren gegen einen

»Die Darstellung Christi vor dem Volk«, Ecce homo
(Mischtechnik auf Eichenholz
von Hieronymus Bosch, um 1500)

Möchtegern-Messias, der für Aufruhr und Unruhe sorgte? War es sogar, wie manche Gläubige annehmen, göttliche Vorsehung und Fügung, die den treuen Sachwalter römischer Interessen dazu ausersehen hatte, Geburtshelfer einer neuen Religion zu sein?

Jedenfalls wurde der römische Verwaltungsbeamte zum traurigen Helden wider Willen, der es sogar ins Glaubensbekenntnis schaffte: »Gelitten unter Pontius Pilatus«, so sagen es heute in vielen Sprachen Abermillionen Christen auf. Die Quellenlage zum Prozess ist dürftig. Sämtliche Aufzeichnungen sind später entstanden und schildern ein Verfahren, das modernen juristischen Anforderungen keinesfalls genügen würde. Die positiven Darstellungen des Richters in den Evangelien sind durch andere Quellen nicht belegt. Und auch viele Legenden und Interpretationen späterer Autoren lassen die Absicht erkennen, den Juden die Hauptschuld am Tod Christi zuzuschieben.

Nüchtern gesehen ist das Todesurteil sicher ein schwerer Justizirrtum. Und doch beginnt nach der Kreuzigung der Siegeszug des Christentums im Römischen Reich. Eindringlich beschreiben die Evangelisten, wie Jesus in die Fänge der Jerusalemer Priesterschaft gerät, die ihn der Gotteslästerung bezichtigt und ihn dann an die Römer ausliefert. Marlis Gielen, Professorin für Neutestamentliche Bibelwissenschaft an der Universität Salzburg, hält es für historisch wahrscheinlich, dass die jüdische Tempel-Elite Jesus an Pilatus überstellte, mit dem Vorwurf, er sei ein politischer Unruhestifter. Pilatus interessierte sich zwar nicht für religiöse Auseinandersetzungen, er musste aber jeden Aufruhr vermeiden und sich im Zweifel auf die Seite des Hohen Rates schlagen. Wenn Jesus sich mit Priestern und Glaubenslehrern angelegt hatte und beanspruchte, König der Juden zu sein, war sein Leben verwirkt. Ihm musste noch vor dem Pessachfest der Prozess gemacht werden. Und schnell sollte es gehen, denn der Sabbat stand bevor, und an diesem Feiertag durfte niemand hingerichtet werden.

Auch wenn Kaiphas sein Urteil bereits gefällt haben sollte, konnte nur der Statthalter als oberster Richter die Todesstrafe verhängen, das religionsgesetzliche Verfahren musste also in ein politisches umgewandelt werden. Es wird öffentlich stattgefunden haben, vermutlich vor dem herodianischen Palast, in dem Pilatus während seines Jerusalem-Aufenthalts residierte. Auf die Frage des Statthalters: »Bist du der König der Juden?«, antwortete der Angeklagte nach der Überlieferung selbstbewusst: »Du sagst es.« So steht es bei Markus Kapitel 15, Vers 2. Belege für diesen Dialog außerhalb der Evangelien gibt es nicht.

Da Jesus im Prozess die Anklage nicht widerlegen konnte oder wollte, war sein Schicksal besiegelt: Zunächst öffentliches Auspeitschen mit einer Geißel, dann umgehende Kreuzigung.

War es ein faires Verfahren? Was auffällt, ist das Tempo, mit dem der Delinquent hingerichtet wurde. Die Zeit drängte, viele Pilger befanden sich in der heiligen Stadt, die sich an hohen Festtagen in ein Pulverfass verwandelte. Deshalb machte Pilatus kurzen Prozess, zumal Jesus kein römisches Bürgerrecht beanspruchen konnte, ja nicht einmal aus der Provinz Judäa stammte, sondern aus Galiläa. Als Zeugen traten laut Bibel die Repräsentanten des Hohen Rates auf, einen Verteidiger gab es nicht. Dass er ihn im Austausch gegen den Mörder Barabbas vor dem Kreuz bewahren wollte, berichten zwar alle vier Evangelien. Allerdings halten Historiker und Theologen diese Deutung für falsch. Denn damals gab es offenbar keine Feiertagsamnestie, und ein Begnadigungsrecht hätte, bei einem Kapitalverbrechen wie Hochverrat, nur dem Kaiser zugestanden. Auch das angebliche Händewaschen als Geste der Unschuld war unter Römern nicht üblich.

Wahrscheinlich an einem Freitag, im April des Jahres 30, wird in Jerusalem also ein Mann namens Jesus von Nazareth hingerichtet. Römische Soldaten schlagen ihn brutal ans Kreuz. Verantwortlich für das Urteil ist der kaiserliche Präfekt Pontius

Pilatus. Und sicher wäre der römische Statthalter heute vergessen, hätte er nicht den Mann hinrichten lassen, durch den später eine Weltreligion begründet wurde.

Wie ging es weiter mit Pilatus? Ein neuer Konflikt wurde ihm zum Verhängnis. Im Norden der Provinz tauchte einige Jahre später ein samaritanischer Prophet auf, der das Volk aufwiegelte. Pilatus ließ seine Truppen aufmarschieren und knüppelte die Leute brutal nieder, die Anführer wurden hingerichtet. Auf eine Beschwerde beim syrischen Legaten Vitellius hin sollte sich Pilatus in Rom rechtfertigen. Als er im Jahr 37 in der Hauptstadt eintraf, war Kaiser Tiberius bereits gestorben. Ob es zu einem Verfahren gegen Pilatus kam, ob er verbannt wurde oder Selbstmord beging – all diese Legenden sind historisch unsicher. Tatsächlich hat man von dem amtsenthobenen Statthalter in Judäa nichts mehr gehört.

Die Frage bleibt: Hat Pilatus sich schuldig gemacht? Im Neuen Testament ist er für die Kreuzigung Jesu verantwortlich, moralisch sehen die Evangelisten jedoch mehr Schuld bei den jüdischen Hohepriestern, die machtbesessen die wahre Größe des Gottessohns verkannten. In der äthiopischen und koptischen Kirche wird Pilatus gar als Heiliger verehrt, weil er seinen Teil dazu beigetragen habe, dass Jesus durch seinen Opfertod die Menschheit erlöste.

Pontius Pilatus stehe »nicht umsonst im Credo«, schreibt denn auch der Historiker Alexander Demandt in seinem klugen Buch »Hände in Unschuld«: »Hätte er geahnt, dass der Name jenes ›Judenkönigs‹ dreihundert Jahre später auf den Standarten der Legionen stehen würde, dass dessen Anhänger die Macht im Reiche übernehmen und die Jupiter-Tempel in Abstellräume verwandeln würden, dann hätte Pilatus diesen Jesus bestimmt laufenlassen.« So gesehen findet Demandt: Pilatus wusste nicht, was er tat. Deshalb konnte er seine Hände in Unschuld waschen.

# Mordsache Jesus Christus

*Das berühmteste Kreuzigungsopfer der Antike*
*starb unter mysteriösen Umständen.*

Von Frank Thadeusz

Zwischen neun Uhr morgens und zwölf Uhr mittags nagelte ein fünfköpfiges Exekutionskommando den Delinquenten an einen grob behauenen Holzbalken. Anschließend hievten ihn die Soldaten hoch und befestigten ihn als Querbalken an einem Pfosten von etwa 2,50 Meter Höhe. Drei bis sechs Stunden hing der Todgeweihte in dieser ausweglosen Lage bei sengender Hitze. Dann hob Jesus den Kopf und sagte: »Mich dürstet.« Ein Soldat hielt ihm einen in Essig getränkten Schwamm hin, der auf einem Ysopzweig steckte, und Jesus trank. Anschließend rief er mehrfach: »Mein Gott, mein Gott, warum hast du mich verlassen?« Seine letzten Worte waren: »Es ist vollbracht!« So ungefähr stellen sich Bibelleser das grausige Geschehen am Stadtrand von Jerusalem vor. Künstler und Kitschproduzenten haben den Foltertod in zahllose Bilder übersetzt.

Für die Christenheit war das Ende erst der Anfang: Nach drei Tagen ist Jesus demnach von den Toten auferstanden und schließlich zu Gott, seinem Vater, in den Himmel aufgefahren. Weniger Glaubensfeste forschen nach dem wahren Kern in der Passionsgeschichte und versuchen, die tatsächlichen Begebenheiten von der Mythologie zu trennen. Die Evangelien sind die einzige Quelle für jenes Martyrium, das sich auf dem Kalvarienberg zugetragen hat. »Knapp und sehr uninformativ« nennt der Religionswissenschaftler Gunnar Samuelsson von der Universität Göteborg die Textpassagen, welche die Evangelisten den letzten Stunden Christi widmeten. Der Forscher fragt sich, ob jemals ein so wichtiger Moment derart kurz und karg formuliert wurde.

Was wissen wir also wirklich über den Kreuzestod von Jesus? Einziger archäologischer Beleg für die antike Kreuzigungspraxis ist die an ein Bruchstück aus Olivenholz genagelte Ferse eines jungen Mannes, die 1968 bei Ausgrabungen in Jerusalem gefunden wurde. Aus der anatomischen Rekonstruktion lässt sich schließen, dass die Füße seitlich an den Pfosten genagelt waren. Außerdem gilt es als wahrscheinlich, dass die Arme über dem Querbalken hingen. Mehr ist nicht bekannt. Aufgrund der mauen Informationslage schossen allerlei Spekulationen ins Kraut. Die wohl kühnste These: Jesus überlebte selbst diese grausige Prozedur. Anhänger dieser gewagten Theorie mutmaßten, die Auferstehung sei eine Art Bluff gewesen. Statt der Auffahrt in den Himmel habe sich der Heiler und Aufrührer seinen Häschern womöglich durch Flucht ins Ausland entzogen.

Besonders merkwürdig erscheint den Skeptikern, dass Jesus an seinem Marterpfahl bereits verhältnismäßig rasch verschieden sein soll. Den Angaben der Evangelisten zufolge endete sein Todeskampf bereits nach maximal sechs Stunden; in der Regel ging dem Exitus am Kreuz jedoch ein tagelanges Dahinsiechen unter unsagbaren Qualen voraus. Erfunden hatten diese Todesart wohl mehr als tausend Jahre zuvor die Phönizier. Den Römern galt sie als so demütigend, dass sie als finale Schmach für Sklaven und Aufständische vorgesehen war. Die römischen Folterknechte verstanden sich bestens darauf, die Leiden der Verurteilten zu verlängern. Gepeinigt von Schmerzen, Hitze und Durst sehnten die Opfer ihren Tod regelrecht herbei.

Der Körper Jesu verschwand indes nach überschaubarer Leidenszeit zügig in einer Grabstätte, die der wohlhabende Jude

Josef von Arimathäa bereitgestellt hatte. War Christus am Kreuz mit dem getränkten Schwamm statt Essig eine Art Morphinpunsch verabreicht worden, nach dessen Genuss der Gepeinigte in einen rettenden Rausch fiel? Merkwürdig auch, dass der Pharisäer Nikodemus laut Johannesevangelium große Mengen Aloe und Myrrhe in die Gruft brachte – Gewächse, die den Menschen der Antike als Mittel zur Wundbehandlung und Desinfektion bekannt waren. Angesichts der Torturen, die Jesus bereits vor der Kreuzigung über sich ergehen lassen musste, drängt sich freilich eine andere Sicht auf. »Ich finde es außergewöhnlich, dass Jesus überhaupt noch in der Lage war, den Opfergang zum Kalvarienberg anzutreten«, sagt Frederick Zugibe.

Neben seiner früheren Arbeit als Chefpathologe eines Bezirks im US-Bundesstaat New York rätselte Zugibe über Jahrzehnte, welche Todesursache am Kreuz aus medizinischer Sicht am plausibelsten erscheint. Lange galt der Erstickungstod als wahrscheinliche Variante. Zugibe konnte jedoch mit aberwitzig anmutenden Versuchsanordnungen im Labor belegen, dass die Atmung eines Menschen auch dann nicht auf nennenswerte Weise beeinträchtigt wird, wenn er mit ausgestreckten Armen an einem Balken hängt. Diverse Freiwillige schnallte der Mediziner an ein Versuchskreuz. Schon nach wenigen Minuten klagten einige über Muskelprobleme. Keinem jedoch blieb die Luft weg. Auch eine weitere Hypothese schließt Zugibe aus: »Es ist sehr unwahrscheinlich, dass Jesus an einem Herzinfarkt gestorben ist. Er war erst in den Dreißigern, und eine koronare Herzerkrankung in diesen jungen Jahren wäre doch recht ungewöhnlich«, befindet der Arzt.

Vielmehr sei ihm gleich ein ganzes Bündel von Ursachen zum Verhängnis geworden. Offenkundig sah Jesus seinem Schicksal durchaus nicht mit Gelassenheit entgegen. Während des letzten Treffens mit seinen Jüngern schwitzte er Blut – unter Medizinern ein deutliches Symptom für starken Stress oder gar Todesangst. Von religiösen Eiferern verdroschen und verspottet zu werden, wie es Jesus im Hause des Hohepriesters Kaiphas widerfuhr, hätte auch rauere Gesellen arg beunruhigt. Doch aus dieser Prüfung ging Jesus noch vergleichsweise unbeschadet hervor.

Weit dramatischer war die anschließende Folterung mit dem Flagrum, einer Art Peitsche mit mehreren Lederriemen, in deren Enden scharfe Knochensplitter oder Bleikegel eingeflochten waren. »Das ist, als würde einem ein Baseball mit voller Wucht gegen die Rippen geschmettert – es verursacht einen sehr heftigen Schmerz, der Wochen anhalten kann«, sagt Zugibe. Vielleicht wurde Jesus mit der nach jüdischem Recht höchstzulässigen Anzahl von 40 Hieben bestraft. »Es gibt wenig Zweifel, dass die brutale Auspeitschung ein wesentlicher Grund für sein frühes Ableben war«, sagt Zugibe. Insbesondere Brustkorb und Lungen hatten wohl schweren Schaden genommen. Blutüberströmt und besudelt mit Erbrochenem wurde Jesus dann einer Marter zugeführt, die nur für ihn ersonnen worden war: Die römischen Soldaten setzten ihm eine geflochtene Krone aus Gemeinem Stechdorn auf und schlugen mit einem Stock auf seinen Kopf ein.

Diese Folter sei bisher als bloße Schmähung des »Königs der Juden« unterschätzt worden, meint Zugibe. Tatsächlich jedoch habe die sadistische Krönung Jesus seinem Ende deut-

So rekonstruieren Experten die Kreuzigung eines Mannes, dessen Fersen wie die des Jehohanan seitlich am Balken festgenagelt sind.

lich näher gebracht. Schmerzen wie nach der Behandlung mit einem glühenden Schürhaken seien die Folge gewesen. Vermutlich litt Jesus danach an einer sogenannten Trigeminusneuralgie – einer überaus quälenden Reizung der Gesichtsnerven, die Betroffenen das Leben zur Hölle macht. Hinzu kam ein traumatischer Schock durch die Auspeitschung und ein hypovolämischer Schock, verursacht durch erheblichen Blutverlust.

Der geschundene Heiland war bereits dem Tode nah, als seine Peiniger ihn am Kreuz fixierten. Die Römer nutzten wohl dicke Eisennägel von zwölf Zentimeter Länge. Wurden sie durch die Fersen getrieben, rissen zahlreiche Nervenbündel entzwei. »Jesus erlitt einen der schlimmsten Schmerzzustände, die der Menschheit bekannt sind«, folgert Zugibe. Soldaten insbesondere des Ersten und Zweiten Weltkriegs zogen sich durch Schrapnelle und Granatsplitter ähnliche Wunden zu, deren Pein auch durch starke Medikamente kaum zu lindern war. Bei jeder kleinsten Bewegung am Kreuz raste der Schmerz wie ein Stromstoß durch den Körper, so Zugibe. Erst nach einer gefühlten Ewigkeit trat der erlösende Tod ein. »Wenn ich für Jesus einen Totenschein ausstellen müsste«, sagt der Arzt, »dann sähe der so aus: ›Todesursache: Herz- und Atemstillstand aufgrund von hypovolämischem und traumatischem Schock nach Kreuzigung‹.«

# TEIL III

# ALLTAG IN
# PALÄSTINA

# Die Trümmer von Galiläa

*Die Archäologie zeigt uns, was Jesus sah,*
*wenn er durch die Lande zog: blühende Dörfer und*
*reiche Kleinstädte, die unter römischer Herrschaft*
*ihre jüdisch-hellenistischen Traditionen pflegten.*

Von Angelika Franz

Als ein Jahr nach dem Sechstagekrieg 1967 die Bagger anrückten, um Häuserfundamente auf dem von Israel eroberten Hügel Givat Hamivtar in Ostjerusalem auszuheben, stießen sie auf Gräber. An sich nichts Ungewöhnliches in einem Boden, der seit mehr als 5000 Jahren besiedelt ist. Normalerweise werden die Knochen in solchen Fällen herausgeholt, archäologisch untersucht und woanders wieder in die Erde hineingesetzt – ohne viel Aufhebens darum zu machen. Doch diesmal waren die Bagger zwischen den Resten der jordanischen Schießanlagen auf etwas gestoßen, das sich nicht so routinemäßig erledigen ließ – es war eine steinerne Knochenkiste, ein Ossuarium. Darin lagen Knochen einer Frau, eines Kindes und von »Jehohanan, Sohn des HGQWL«.

Jehohanan war im Jahr 7 nach Christus als junger Mann keines natürlichen Todes gestorben. In seinem rechten Fersenknochen steckte ein 11,5 Zentimeter langer Eisennagel, darunter noch die Reste eines Olivenstammes: Jehohanan hatte sein Leben am Kreuz beendet. Die Ferse war eine Sensation. Zuvor gab es keine archäologischen Funde von Gekreuzigten. In der Regel durften die Hingerichteten nicht bestattet werden, ihre Körper endeten zumeist als Tierfutter oder auf den Müllkippen der Stadt. Auch die Balken blieben nicht stehen – Holz war ein rares Gut und wurde möglichst oft recycelt. Und die Nägel blieben schon mal gar nicht übrig. Sie galten als Heilmittel für allerlei Krankheiten. Der römische Gelehrte Plinius (23 bis 79 n. Chr.) etwa empfahl einen in Wolle gewickelten Kreuzigungsnagel als Arznei gegen Fieber. Kein Wunder also, dass Jehohanans Fersenbein bis heute der einzige archäologische Nachweis einer Kreuzigung ist, den wir kennen. Entsprechend dem israelischen Gesetz wurden auch Jehohanans Knochen wieder zur Ruhe gebettet, nachdem er penibel vermessen, fotografiert und analysiert worden war. Die Daten halfen den Anthropologen, den Tod am Kreuz besser zu verstehen. Sie lieferten die Erkenntnis, dass er nicht mit gekreuzten Beinen, sondern mit je einer Ferse links und rechts seitlich an den Balken genagelt starb.

Die Archäologie soll uns die historische Figur Jesus und seine Zeit nahebringen. Die Versuchung ist deshalb groß, mit Spaten und Pinsel nach dem Heiland zu suchen. Im Boden liegen Skelette von Menschen, denen er vielleicht die Hand geschüttelt hat. Teller, von denen er aß. Boote, auf denen seine Jünger auf den See Genezareth hinausfuhren, um Fische zu fangen. Häuser, an denen sein Vater als Zimmermann mitbaute. Doch die Suche nach Zeugnissen für das Neue Testament birgt auch die Gefahr von Missverständnissen. Denn wer mit der Bibel in der einen und dem Spaten in der anderen Hand loszieht, wird nur das finden, was er sucht. Er wird kein vollständiges Bild Galiläas um die Zeitenwende erhalten, sondern nur einen kleinen, wahrscheinlich verzerrten Ausschnitt.

Galiläa zur Zeit Jesu war ein spannendes Terrain. Eine strategisch wichtige Durchgangsstation, an der sich Handelsrouten von Nord nach Süd und von West nach Ost kreuzten. Eine Region, in der die aufstrebende Macht Rom nach der Herrschaft griff. Ein Ort, an dem alter Glaube und Tradition mit neuen Ideen, Werten und Machtformen konkurrierten – mit allem Aufruhr, der zu einem solchen Prozess gehört. Und trotz aller Umwälzungen eben auch ein Landstrich, dessen Bauern wie jeden Tag seit Jahrhunderten auf die Felder gingen und die Fischer auf den See fuhren. »Unsere Frage lautet also nicht: Wie lebte Jesus? Sondern vielmehr: Wie lebte man damals in Galiläa?«, erklärt der Archäologe Jürgen Zangenberg von der Universität Leiden.

Jesus wählte Kapernaum am Nordufer des Sees Genezareth als Wohn- und Wirkstätte. Heute gehören große Teile des Geländes dem Orden der Franziskaner, die dort seit Beginn des 20. Jahrhunderts archäologische Ausgrabungen durchführen. Auf den Nachbargrundstücken gräbt die griechisch-orthodoxe Kirche. Dabei kommt ein Kapernaum um die Zeitenwende zutage, das mit 600 bis 1000 Einwohnern die Bezeichnung »größeres Dorf« verdiente. Der Alltag der Einwohner muss in sehr beschaulichen Bahnen verlaufen sein, das lassen die Häuser vermuten, die von den Franziskanern ausgegraben wurden. Geräumige Gebäude aus grob behauenen Feldsteinen. Ställe, Wohn- und Lagerräume gruppierten sich um kleine Höfe, von rechtwinkligen Gassen in regelmäßige Straßenblöcke zerteilt. So lebten Großfamilien mehrerer Generationen mit ihren Bediensteten plus Tieren unter einem Dach. Offensichtlich musste niemand dem Nachbarn etwas neiden – der Zuschnitt der Wohnhäuser zeigt, dass sich die Besitztümer kaum voneinander unterschieden. Weder gab es in diesem Wohnviertel größere Häuser, die auf besonderen Reichtum hindeuten würden, noch fanden die Ausgräber ungewöhnlich kleine Hütten. Offenbar stand jedem der gleiche Platz und damit auch ein ähnliches soziales Ansehen zu.

Viel zu tun gab es nicht, die Einwohner verbrachten ihre Tage mit Ackerbau und Fischfang. Doch sie waren bei weitem keine Hinterwäldler. Immerhin zogen regelmäßig Karawanen auf dem Weg von oder nach Jerusalem, Tiberias, Sepphoris, Ptolemais oder Damaskus am Dorf vorbei. Im Gepäck hatten sie neben

Neuigkeiten auch hübsche Dinge aus Glas oder feiner Keramik, alles stets nach der neuesten Mode. Nach dem Tod des Herodes im Jahr 4 vor Christus war das Land östlich des Sees an seinen Sohn Philippus gefallen, das westliche an seinen Sohn Antipas. Kapernaum wurde Grenzstadt zwischen den beiden Reichen – und damit zur Zollstation, zum erzwungenen Stopp für alle Reisenden. Warum sich Jesus ausgerechnet diesen Ort als Wirkstätte auswählte, ist nicht bekannt. Zumindest kamen seine ersten Jünger aus dieser beschaulichen Welt, von hier aus fuhren sie täglich auf den See hinaus – auf Booten wie jenem, das 1986 bei sehr niedrigem Wasserstand am Ufer des Kibbuz Ginnosar auftauchte.

Spaziergänger entdeckten zuerst ein paar rostige Nägel im Schlamm. Sie gehörten zu einem acht Meter langen Boot, auf dem tatsächlich zu Lebzeiten Jesu Fischer ihren Lebensunterhalt erarbeitet hatten. Zwar bestand der Rahmen aus Eiche, die Verschalung aus Libanonzeder – doch für die vielen Flicken und Reparaturen hatten die Fischer nehmen müssen, was sie an Hölzern gerade bekommen konnten. Sie hämmerten Aleppokiefer, Johannisbrotbaum, Christusdorn, Weißdorn, Judasbaum, Lorbeer, Platane, Feige, Weide oder Pistazie vor die Lecks, um das Boot seetüchtig zu halten. Das schwimmende Flickwerk diente den Fischern offensichtlich als zweites Zuhause. Zwischen den Planken entdeckten die Archäologen nicht nur ein Öllämpchen, sondern auch einen Kochtopf aus Keramik, wie er in frührömischer Zeit überall in der Gegend verwendet wurde.

Ein solches Boot ist auch auf einem Mosaik im nur 1,5 Kilometer von der Fundstelle entfernten Magdala abgebildet. Das Mosaik schmückte einst den Fußboden einer Stadtvilla – Fischfang war die Basis des Reichtums in Magdala, den die Bewohner auch wieder in ihre Arbeitsgrundlage, den Hafen, investierten. Der ist eine technisch hervorragende und moderne Konstruktion, wurde mit großer Sorgfalt erbaut und war damals mit einer 200 Meter langen Mole und einem 70 Meter breiten Wellenbrecher einer der größten am See. Dort dümpelten nach Beschreibungen des Historikers Josephus bis zu 230 Schiffe im Wasser.

In der Villa mit dem Bootsmosaik wohnte aller Wahrscheinlichkeit nach eine Familie, die durch den Fang, die Konservierung und den Vertrieb von Fisch zu Reichtum gekommen war. Davon gab es einige in Magdala – und sie demonstrierten ihren Wohlstand mit luxuriösen Häusern und feinem Geschirr. Anders als im eher sozialistisch anmutenden Kapernaum gab es in Magdala, der Geburtsstadt Maria Magdalenas, sehr wohl eine Oberschicht. Die liebte es, sich durch Äußerlichkeiten vom Plebs abzusetzen. Gerade die Funde der letzten Jahre legen nahe, dass Magdala eine kleine, aber sehr feine jüdisch-hellenistische Stadt war. Bislang sind noch keine Grabungsergebnisse veröffentlicht, aber erste Berichte der Ausgräber lassen schon erahnen, dass Magdala es kulturell durchaus mit den größeren Städten Griechenlands und Kleinasiens aufnehmen konnte.

Hier gibt es auch ein gutes Beispiel dafür, was passiert, wenn biblischer Eifer den Blick der Archäologen trübt: ein kleines Gebäude, das die Ausgräber der Stadt zunächst als frühe »Mini-Synagoge« gefeiert hatten. Erst eine nüchterne Betrachtung zeigte, dass es sich wahrscheinlich um ein Brunnenhaus oder gar eine öffentliche Toilette handelt, die zu einer großen Badeanlage gehörte. Die Synagoge lag neben dem Bad und wurde erst bei den jüngsten Ausgrabungen entdeckt. Es ist allerdings wohl nicht die große, repräsentative Synagoge der Stadt, sondern nur eine kleine Nachbarschaftssynagoge. Die Wände sind mit Malereien im herodianischen Stil geschmückt, das Gebäude stand also bereits zu Lebzeiten Jesu.

Eher in die Größenordnung des Fischerdorfs Kapernaum gehörte wiederum das weiter nordöstlich gelegene Betsaida auf dem Hügel et-Tell. Die Entdeckung dieser Siedlung ist noch recht jung und die Identifizierung als Betsaida unter den Wissenschaftlern umstritten. 1967, während des Sechstagekriegs, nutzten die Syrer den Hügel gegenüber der israelischen Jordangrenze als Militärstützpunkt. Entsprechend zernarbt ist seine Oberfläche von Schützengräben, Bunkern und Flugabwehrstellungen. Nach Kriegsende zog die syrische Armee zwar ab, ließ jedoch jede Menge Minen im Boden zurück. Kuhherden betraten als erste das verminte Gelände. Dann kamen die Archäologen. In den siebziger und frühen achtziger Jahren bewegte sich der Benediktinermönch Bargil Pixner auf seinen archäologischen Streifzügen strikt entlang der Trampelpfade der Rinder, um sicher das Gelände durchqueren zu können. Er fand Keramikscherben aus hellenistischer und frührömischer Zeit – und damit wohl den schon seit dem Mittelalter gesuchten Fischerort Betsaida.

Als das Gelände dann geräumt war, stießen die Ausgräber auf die ersten Häuser. Anders als in Kapernaum war hier nichts geordnet. Die Wohnhäuser an alten, schiefen Straßen waren eher organisch über Jahrhunderte gewachsen als geplant gebaut. Bisher wurden keine öffentlichen Gebäude gefunden, aber die könnten in dem noch unausgegrabenen Teil des Areals liegen. Eine Stadt war Betsaida, wenn auch wohl nur auf dem Papier. Denn um das Jahr 30 n. Chr. gefiel dem Herodessohn Philippus das Dorf nahe der Jordanmündung so sehr, dass er ihm den Titel einer Polis (griechisch: Stadt) verlieh und nach Julia Augusta (Livia), der gerade verstorbenen Mutter des Kaisers Tiberius, in Julias umbenannte. Wer lebte in diesem Dorf mit Stadtrechten? Typische Indizien eines regen jüdischen Lebens, wie zum Beispiel eine Synagoge, Mikwen – jüdische Bäder – und Gräber oder Ossuarien als letzte Ruhestätte tauchten bislang in Betsaida nicht auf. Dafür fanden die Ausgräber viele Steingefäße, wie sie vornehmlich in jüdischen Haushalten gebraucht wurden. Es ist auffällig, dass es kaum Darstellungen von Göttern, Menschen und Tieren gibt – wie sie der jüdische Glaube verbieten würde. Es gibt aber auch Hinweise auf nichtjüdische Bewohner.

Bezeichnend ist vor allem, was die Archäologen in Betsaida nicht oder nur vereinzelt fanden: Alltagsgegenstände aus der ersten Hälfte des 1. Jahrhunderts. Wie leergefegt scheint die Stadt davon zu sein. Der Ausgräber Rami Arav vermutet, dass die Bewohner ihre Stadt räumten, als während des ersten jüdischen Aufstands die römischen Truppen anrückten. Vielleicht nahmen sie all ihr Hab und Gut, alle Töpfe, allen Schmuck, und flohen in das nahe gelegene Gamla, das weitaus besser befestigt war als ihr eigenes schutzloses Dorf. Stimmt diese These, dann war die Bevölkerung von Betsaida tatsächlich überwiegend jüdisch.

Gamla ist archäologisch eine der interessantesten Stätten des Heiligen Landes – auch wenn wir nicht wissen, ob Jesus jemals einen Fuß in die Stadt gesetzt hat. Alles Leben in Gamla endete am 20. Oktober 67, als drei römische Legionen und mehrere Hilfseinheiten – insgesamt rund 30 000 Mann – unter dem Befehl des Feldherrn Vespasian nach einmonatiger Belagerung in die Stadt einfielen. Da lebte Jesus zwar schon lange nicht mehr. Aber die zerstörten Häuser Gamlas sind wichtig, um zu verstehen, was das Leben in Galiläa auch schon zu seiner Zeit prägte. In dem Aufstand entluden sich die Spannungen zwischen der jüdischen Bevölkerung und den römischen Besatzern mit voller Wucht. Durch Galiläa ziehen sich Zerstörungen, die es erlauben, archäologische Funde klar einzuordnen – entweder in die Zeit vor oder nach dem Aufstand. Wer nach dem Galiläa zur Zeit Jesu sucht, muss unter diese Trümmer- und Brandschichten schauen.

Insgesamt rund 2000 jener Basaltkugeln, die römische Belagerungsmaschinen über die Mauern hinweg in die Stadt schleuderten, konnten die Archäologen bisher bergen – und es ist erst ein kleiner Teil Gamlas ausgegraben. Dazu kamen noch 1600 Pfeilspitzen. In der Stadtmauer klafft eine riesige Bresche – geschlagen von einem römischen Rammbock. Der Historiker Flavius Josephus behauptete später, 9000 der 10000 in der Stadt anwesenden Juden hätten den Römersturm nicht überlebt. Die Archäologie aber zeigt, dass in der Stadt unmittelbar vor dem Aufstand wohl insgesamt nur 3000 bis 4000 Menschen lebten. Die Einwohner Gamlas waren reiche Olivenbauern. Ihr Öl war so fein, dass es sogar in Jerusalem im Tempel verwendet wurde. Von den produzierten Mengen zeugen die vielen Ölmühlen, die Ausgräber überall in der Stadt gefunden haben. Die Wohnräume der Reichen waren fein dekoriert, es gab aber auch kleinere, ärmlichere Häuser. Die wenigen bisher veröffentlichten Fragmente der Wandmalereien zeigen farbenfrohe Streifen und Muster, wie sie in hellenistisch-römischer Zeit in den besseren Haushalten beliebt waren. Und auch das Geschirr war edler als in vielen der umliegenden Siedlungen: Keramik, Bronze, Glas und auch Schmuck von weit her hatten sich die Bewohner von Gamla geleistet.

Jesus verbrachte seine Tage vornehmlich in den Dörfern, wie sie vor der römischen Zerstörung rund um den See blühten. Erstaunlich ist, dass er um die einzige ernstzunehmende Großstadt der Region einen weiten Bogen gemacht zu haben scheint – Tiberias. Das Neue Testament ist sehr dürftig mit Hinweisen auf die Existenz der Römerstadt. Dabei muss es zu Lebzeiten Jesu schlicht unmöglich gewesen sein, die Stadt am Westufer des Sees Genezareth zu ignorieren. Herodes Antipas begann um das Jahr 19 mit dem Bau dieses ambitionierten Großprojekts, das er von seinen Architekten auf dem Reißbrett entwerfen ließ – mit Prachtbauten, Sportstadion, imposanter Synagoge und Königspalast. Die Neugründung benannte er zu Ehren seines Kaisers Tiberias.

Den Großteil der Beamten brachte Antipas aus seiner alten Hauptstadt Sepphoris mit, doch mit besonderen Vergünstigungen lockte er neue Bürger aus allen Teilen Galiläas in die Neustadt. Sie konnten Land zu günstigen Konditionen pachten und mussten für Fischerei und Landwirtschaft nur wenig Steuern zahlen. Bald ließ Antipas Münzen mit einer Dattelpalme darauf prägen: Symbol für den Wohlstand und die Blüte seiner Saat. Die Archäologie deckt seine Kompromisse dabei auf: Die Münzen der Stadt müssen ohne Kaiserporträt auskommen, weil Darstellungen von Lebewesen nach jüdischem Glauben verboten sind. Auch einen Tempel für den Kaiser, wie sein Vater Herodes ihn in Cäsarea Maritima und Samaria errichten ließ, gab es nicht. Die erwartete Kaiserverehrung praktizierte der schlaue Monarch jüdischer Herkunft mit Wettkämpfen zu Ehren des römischen Oberhauptes; an denen konnten auch Juden teilnehmen, ohne dabei gegen ihren Glauben verstoßen zu müssen. Aus schriftlichen Quellen wissen wir, dass es ein Sportstadion und eine Pferderennbahn gab – nach denen die Archäologen aber bislang noch suchen. Nur in seinen eigenen vier Wänden hielt Antipas es nicht so genau mit der Religion: Seinen Palast ließ er mit Tierdarstellungen dekorieren.

Antipas' Vater Herodes hatte sein Hauptaugenmerk auf Jerusalem gerichtet. Die Stadt war bald nicht wiederzuerkennen. Alles war neu. Die Wasserleitung. Die Zitadelle mit massiven Turmanlagen. Herodes' eigener Palast. Und natürlich der Tempel, das zentrale Heiligtum der Juden. Weil die Hügelkuppe, auf der angeblich schon Salomo im 10. Jahrhundert vor Christus den ersten Tempel platziert hatte, für die gigantischen Pläne des Königs viel zu klein war, ließ Herodes Steine und Sand herbeischleppen, um eine neue Plattform zu schaffen. Die heutige Klagemauer auf der Westseite des Hügels ist das letzte Zeugnis dieser Vorbereitungsarbeiten. Angeblich erzählten die Juden

Jesus, als er den Tempel besuchte, dass die Arbeiten auf dem Tempelberg bereits seit 46 Jahren im Gange seien. Zwar war der Tempel zur Zeit Jesu weitgehend fertig gebaut und betriebsbereit, die umgebende Anlage jedoch wahrscheinlich noch eine Baustelle.

Die Jerusalemer sollten nicht nur schöner ihrem Gott huldigen können, sondern auch schöner wohnen. Und so nahm sich Herodes auch die Oberstadt vor, wo die Reichen lebten; die hasmonäischen Könige hatten hier ihre Paläste gehabt, Herodes selbst residierte hier in den luftigen Höhen genauso wie die Hohepriester mit ihren Familien. Herodes verpasste dem alten verwinkelten Viertel nun den neuen römischen Mainstream-Look: Breite, gerade Straßen, öffentliche Plätze und Prunkbauten – so muss Jesus sie gesehen haben. Der Glanz währte nicht lange. Ende Juli 70 zerstörten die Römer den Tempel. Einen Monat später plünderten sie auch die Paläste der Oberstadt und machten das Viertel dem Erdboden gleich. Das volle Ausmaß des römischen Zorns offenbarte sich noch einmal knapp 2000 Jahre später. Nach dem Sechstagekrieg planten die Israelis die vorher zu Jordanien gehörende Oberstadt neu. Nicht nur politisch, auch architektonisch sollte ein klarer Schnitt gezogen werden. Dabei ließ die Regierung die geschichtsträchtigen Stätten archäologisch untersuchen. Was die Ausgräber fanden, waren Zeugnisse der römischen Gewalt.

Als beispielhaft gilt die Geschichte des »Verbrannten Hauses«, das Besucher heute im Jüdischen Viertel besichtigen können. Alles war den brüllenden Flammen zum Opfer gefallen. Die Steine gebrannt von der intensiven Hitze. Die Holzbalken verkohlt. Über allem lag eine dichte Ruß- und Ascheschicht. Die archäologischen Reste erzählen vom Leid, das sich in diesen Mauern im Jahr 70 abspielte, aber auch vom Prunk und Reichtum zuvor, der Lebensweise und Kultur der jüdischen

Oberschicht in Jerusalem. Überall fanden die Archäologen das Notgeld jener Zeit – Münzen, die in den Jahren der Rebellion zwischen 66 und 70 geprägt wurden. In einer Ecke lehnte noch der eiserne Speer eines wohl jüdischen Widerstandskämpfers. Und auf der Schwelle zu einem Nebenraum lag ein Armknochen. Es war der Unterarm einer jungen Frau, vom Ellenbogen bis zu den Fingerspitzen – im Tod hatte sie ihre Hand verzweifelt um die steinerne Türschwelle gekrallt.

## ZU SCHÖN, UM WAHR ZU SEIN
Irrtümer und Fälschungen der Christus-Archäologie

Von Angelika Franz

Der Wunsch ist der Feind des Wissenschaftlers, denn er erzeugt Irrtümer. Leider macht der Drang, Gebeine und Artefakte des Heilands und seiner Jünger zu finden, die Forscher oft blind für Zweifel – und anfällig für Fälschungen. So war es im Fall des Ossuariums von Jakobus, das fast als authentisch anerkannt wurde. Der Inschriftenkundler André Lemaire von der Pariser Sorbonne-Universität wirbelte einigen Staub auf, als er 2002 in der November-Ausgabe der Zeitschrift »Biblical Archaeology Review« die Inschrift auf der Knochenkiste veröffentlichte. »Jakob, Sohn des Josef, Bruder des Jesus« stand in aramäischer Schrift darauf. Lemaire wünschte sehnlichst, hier tatsächlich die Gebeine eines Jesus-Bruders entdeckt zu haben, und datierte siegesgewiss den Schreibstil der Buchstaben auf das Jahr 63. Das hätte zu schön gepasst, denn just im Jahr zuvor soll der unglückliche Jakobus sein Leben als Märtyrer im Steinhagel eines wütenden Mobs beendet haben. Und der Gebeinkasten wäre der archäologische Beweis für die historische Existenz eines leiblichen Jesus-Bruders.

Sofort aber stürzten sich Lemaires Kollegen auf die Kiste – und beendeten den Traum des Pariser Epigrafikers. Die Inschrift war erst in moderner Zeit in die Knochenkiste geritzt worden. Doch Wünsche sind nur schwer totzukriegen, und so tauchte denn das Ossuarium noch einmal im Jahr 2007 auf – in einem Dokumentarfilm des Hollywood-Regisseurs James Cameron. Die Kiste, so behauptet der Film »Das Jesus-Grab«, sei doch echt – und stamme aus einem Grab im Jerusalemer Stadtteil Talpiot. Darin die komplette Familie des Heilands: Jesus, Maria, Matthäus, Josef und sogar – Dan Brown lässt grüßen – Juda, Sohn des Jesus. Ein frommer Wunsch. Diese Namenskombination ist im Heiligen Land des ersten Jahrhunderts in etwa so häufig wie Paul, Heinz oder Anna auf deutschen Grabsteinen von heute. Die Wissenschaftler bemühten sich diesmal nicht einmal mehr, Camerons Thesen zu widerlegen.

Die Archäologen Shimon Gibson und James Tabor, die dem Film als Experten einen Anstrich von Seriosität hätten verleihen sollen, waren indes in Wünscherkreisen keine Unbekannten. Bereits drei Jahre zuvor wollten sie die Höhle entdeckt haben, in der Johannes der Täufer die angehenden Christen mit Weihwasser übergossen hatte. Besonders sorgsam kann Gibson die Bibel allerdings nicht studiert haben, denn darin steht, Johannes habe die Gläubigen in die Fluten des Jordan getaucht. Und auch die archäologischen Funde selbst belehrten jeden, der nur genau hinschaute, schnell eines Besseren. Denn die Höhle stand definitiv zwischen dem 6. Jahrhundert vor Christus und der Mitte des 2. nachchristlichen Jahrhunderts leer. In jener Zeit fand dort nicht einmal ein bescheidenes Picknick statt, geschweige denn Massentaufen.

Wer also einen spektakulären Fund hat, tut gut daran, möglichst keine weiteren Experten einen Blick darauf erhaschen zu lassen. An dieses Prinzip hält sich oft recht erfolgreich die katholische Kirche. Jüngstes Beispiel ist die Entdeckung des Paulus-Grabes durch den vatikanischen Archäologen Giorgio Filippi 2003. Der fand unter dem Fußboden der römischen Basilika San Paolo fuori le Mura (Sankt Paul vor den Mauern) einen steinernen Sarkophag mit der Inschrift »Paulo Apostolo Mart« – dem Apostel und Märtyrer Paulus. Sofort verbot der Vatikan geschickt jede weitere Untersuchung. So werden kritische Fragen schon im Keim erstickt: Liegen überhaupt Knochen in dem Sarkophag? Wenn ja, sind es die eines Mannes? Der auch zum passenden Zeitpunkt – um 60 nach Christus – starb?

Unter all den heiligen Artefakten gibt es ein ganz besonderes Rätsel, das bis heute nicht zufriedenstellend gelöst werden konnte: das Grabtuch von Turin. Und das, obwohl sich sogar ein ganz eigener Wissenschaftszweig dessen Erforschung widmet: die Sindonologie, abgeleitet vom altgriechischen Wort für Leichentuch (sindón). Die ersten Erwähnungen des Tuches im 14. Jahrhundert sagen ganz deutlich, dass es sich bei dem Tuch mit dem Abbild Jesu um eine Fälschung handelt. Auch eine 1988 von drei unabhängigen Forschungsinstituten durchgeführte Datierung entlarvte das Grabtuch als eine Handarbeit des 14. Jahrhunderts. Allerdings: Die Art und Weise, wie das Bild Jesu auf das Tuch gekommen ist, bleibt nach wie vor ein Mysterium.

In einem Fall aber brachte es eine wünschende Archäologin sogar zur Heiligen. Flavia Iulia Helena Augusta, Mutter des Kaisers Konstantin, gilt als die erste christliche Archäologin. Um das Jahr 300 reiste sie im Alter von 76 Jahren nach Jerusalem und ließ dort Golgatha umgraben, den überlieferten Schauplatz der Kreuzigung. Sie wollte Spuren des Heilands finden und entdeckte, oh Wunder, ein Holzkreuz und eine Höhle. Nicht nur für sie war damit das Jesusgrab gefunden. An jener Stelle steht noch heute die Grabeskirche, deren Urbau Helena und Konstantin in Auftrag gaben. Außerdem fand die umtriebige Greisin bei einer weiteren Expedition die vermeintlichen Überreste der Heiligen Drei Könige. Zum Dank wurde sie in den Heiligenstand erhoben.

# Das Handwerk der Bibel

*Welche Berufe hatten die Menschen zu Jesu Lebzeiten?*
*Wie sah ihr Alltag aus? Manches aus der damaligen*
*Arbeitswelt hat sich bis heute erhalten.*

Von Stefan Berg

Ob Jesus als Kind mit seinem Vater spielte? Ob er ihn besuchte auf einer Baustelle? Ob er staunend bei der Arbeit zusah? Seit das Wirken des Nazareners als sozialrevolutionär interpretiert wurde, seit viele in ihm weniger einen Prediger, sondern eher einen Revoluzzer sehen, rätseln die Exegeten, welcher Alltag ihn prägte, welche Einflüsse – von Gottvater abgesehen – ihn formten. Pulsierte in ihm Arbeiterblut? Prägte ihn die Erfahrung der Unterschicht?

Es ist allerdings wenig überliefert über die Lebensumstände der Eltern Jesu. Den Autoren des Neuen Testaments ist der Vater nur wenige Worte wert. Vermutlich wurden, um die himmlische Herkunft herauszustreichen, Informationen über ihn einfach verschwiegen. Allerdings ist das Handwerk angegeben, dem der irdische Vater angeblich nachging. Josef war »tekton«, heißt es auf Griechisch bei Matthäus, also Zimmermann und Bauhandwerker, einer, der mit Steinen und Holz umgehen konnte. Aber was hat er gebaut? Und was lernte der Junge von ihm? Aus der Bibel erfahren wir es nicht.

Archäologen und Historiker haben die Alltagswelt zu jener Zeit gründlich untersucht. Verblüffend dabei ist: Manches unterscheidet sich wenig von dem Bild, das die Region heute bietet. Demnach ist es gar nicht so schwer, sich die Arbeitswelt jener

Zeit vorzustellen, dort in Galiläa, am See Genezareth. Historiker zeichnen vom damaligen Galiläa kein Elendsbild, von intakten wirtschaftlichen Strukturen ist die Rede, von Handel und Wandel, von Landwirtschaft und natürlich vom Fischfang. Die klimatischen Verhältnisse sollen vor allem den Anbau von Gemüse, Früchten und Getreide begünstigt haben. Die Archäologen haben Schiffe rekonstruiert, sie haben Teile von Krügen gefunden und Spuren von Handelswegen. Und so lässt sich ein wenig erahnen, wie dort vor 2000 Jahren die Menschen gearbeitet haben.

In den Dörfern Galiläas standen schlichte Häuser aus Lehm und Holz, manche wohl auch aus Basalt. Sie lassen Rückschlüsse auf Josefs Baujob zu – vermutlich war er ein schlichter Handwerker, der eigenhändig seine Unterkunft in Schuss halten konnte. Ausgefeilte Techniken? Eher nicht, glauben Bibelexegeten. Die Baukunst war vermutlich sehr differenziert entwickelt, je nach Anforderung. Wurden Tempel errichtet, mussten Experten ran, Statiker, Steinmetze und natürlich Zimmerleute, die gefällte Bäume zu Brettern und Balken umarbeiteten. Andere wiederum beherrschten das Schnitzhandwerk, bei Ausgrabungen wurden Hinweise auf entsprechende Werkstätten entdeckt. Ein wenig war es wie heute: je größer die Siedlungen, desto unterschiedlicher die Arbeitsanforderungen.

An den Mauern der Städte wohnten und arbeiteten Töpfer, Weber und Gerber. Archäologen haben Reste von Webstühlen gefunden. Leder wurde bereits kunstvoll verarbeitet. Manche Werkstätten der Gegenwart sind der damaligen Zeit noch recht nahe. Und wie heute waren vermutlich ganze Gassen, sogar komplette Viertel von einem Handwerk dominiert. Es gab Bäckergassen, wohl auch Metzgergassen und solche, in denen vorwiegend Schmiede ihrem Handwerk nachgingen. Bleicher etwa arbeiteten in Jerusalem in einem besonderen Viertel, ebenso Töpfer.

Von einem »Töpferacker« ist beim Evangelisten Matthäus die Rede. Töpfer benötigten Platz zum Stampfen der Tonerde. Viele Tätigkeiten wurden im Freien ausgeübt, manche sogar außerhalb der Stadtmauern – die Gerüche sollten nicht in die Häuser ziehen. Daheim arbeiteten die Frauen, sie spannen zum Beispiel Wolle.

Aber die Mehrzahl der Menschen war auf dem Land zu Hause, dort, wo die Arbeit mühseliger als anderswo war. Im Neuen Testament geht es immer wieder um diese Zustände – spektakuläre Vorgänge sind überliefert. Diese Szene darf jedenfalls in keinem Jesus-Film fehlen: der Heiland mit dem hungrigen Volk, das auf der Erde lagert. »Fünf Brote und zwei Fische«, erzählt Matthäus, reichen Jesus, um 5000 Menschen zu sättigen. Ein Wunder? Die Macht solcher Szenen prägt bis heute das Bild des Menschensohns.

Ein Berufsstand rückt immer wieder in den Mittelpunkt, wie in jener Szene, die zwei Männer zeigt, die zu Jüngern berufen werden: Jesus mit ausgestreckter Hand, vor ihm zwei Fischer mit Netzen in einem Boot stehend, so ist es überliefert auf Fresken, in Kirchen, in illustrierten Bibeln. Fischer also, einfache Leute, die mit der Hand arbeiten, die Wind und Wetter ausgesetzt sind, die schuften, so kann man aus dem Überlieferten schließen, waren die engsten Freunde von Jesus. Oder setzt hier schon die Phantasie der Evangelisten ein, die einfach Fischer schrieben, weil sie an Menschenfischer dachten? An Missionare, auf der Suche nach Anhängern?

Es ist müßig zu versuchen, die Grenzen zu ziehen zwischen der Sachinformation in biblischen Erzählungen und einer Darstellung, die religiöser Verklärung dient und dem Willen zur Mission geschuldet ist. Denn es gibt diese Trennung nicht. Die Fischer sind vermutlich keine Erfindung von Gläubigen, die den Juden Jesus zum Sohn Gottes hochschreiben wollten. Religiöse

Propaganda? Eher nicht. Mit großer Wahrscheinlichkeit kann davon ausgegangen werden, dass es Hunderte Fischer in jener Gegend gab, in der Jesus predigte. Auch archäologische Funde sprechen für organisierten Fischfang am See Genezareth. So viele Fischerboote sollen dort zeitweilig herumgeschippert sein, dass sie im Konfliktfall sogar für militärische Zwecke beschlagnahmt wurden, schreibt der jüdische Historiker Josephus Flavius. Und selbst die Fischverarbeitung war angeblich schon möglich. Der frische Fang wurde demnach gepökelt, nur so konnte er transportiert und gehandelt werden. Neben den Fischerbooten gab es auch Handelsschiffe.

Einer der Fischer soll Simon geheißen haben, ein anderer Andreas, viel mehr ist über ihre soziale Stellung nicht zu erfahren. Simon wird unter dem Namen Petrus berühmt. Von Andreas heißt es, er habe jenen Jungen aufgetan, der Brot und Fisch lieferte, die Grundlage für die spektakuläre Speisung der Volksmassen durch Jesus. Dieser Jünger war demnach ein Organisationstalent, niemand, der nur niedere Arbeiten verrichtete. Kaum ein Experte zweifelt heute daran, dass Jesus Fischer zu Jüngern machte. Auch wenn nicht ganz so sicher ist, dass Petrus seinen Meister dabei beobachtete, wie er über den See Genezareth ging.

Auch den Beruf des Steuereintreibers gab es, dessen Beliebtheit sich aber offensichtlich schon damals in Grenzen hielt. Zöllner traktierten vor allem die Landbevölkerung. Sie trieben damals Pachten und Steuern ein, mitunter auch gewaltsam. Das Steuersystem war kompliziert: Selbst das Vieh, ja die gesamte bewegliche Habe wurde mit Abgaben belastet. Am See Genezareth wurden Fangrechte vergeben und Salzsteuern eingetrieben. Jesus rief auch Zöllner zu sich – einer von ihnen wurde sein Jünger. Stadt- und Landleben unterschieden sich sehr. Die Feldarbeit war – aus heutiger Sicht – von unglaublicher Härte bestimmt. Nicht jeder besaß einen Ochsen, den er vor seinen

Pflug spannen konnte. Gesät und geerntet wurde bei sengender Hitze.

Mit welchen Berufsgruppen Jesus selbst zu tun hatte, darüber lässt sich nur spekulieren. Man kann allerdings seine Sätze genauer betrachten, seine Predigten und seine Gleichnisse sozialwissenschaftlich zerlegen. Meist bezieht sich Jesus auf sehr einfache Berufe. Von Tagelöhnern ist die Rede, die darauf warten, wenigstens für Stunden einen Job zu bekommen. Jesus tritt für deren Interessen ein – der Gutsherr möge sie besser entlohnen. Von Hirten spricht er, die verlorene Schafe suchen, von Bauern, deren Saat nur in Teilen aufgeht.

Von Siedlung zu Siedlung zog der galiläische Prediger. Seine Anhänger suchte er unter den Armen. Viele waren Landlose, die auf Wohl und Wehe den Großgrundbesitzern ausgeliefert waren. Auf den Marktplätzen warteten besitzlose Tagelöhner auf Arbeitsangebote. Von großen Spannungen zwischen Kleinbauern und Gutsherren berichten Historiker. Kleinbauern sind angeblich auch in der Familie Jesu nachweisbar: Der Schriftgelehrte Hegesipp berichtet im 2. Jahrhundert von Verwandten des Heilands, die Schwielen an den Händen haben, weil sie ehrbare Landarbeiter seien. Mühselige und Beladene werden sie von Jesus genannt, eine Formulierung, die heute meist symbolisch gedeutet wird. Möglich aber, dass diese Redewendung gar keiner Entschlüsselung bedarf. Lastenträger war damals ein Tagelöhnerjob, mühselig und beladen zogen sie durchs Land von Ort zu Ort. Wie Jesus selbst.

# Kalter Fisch gegen Fieber

*Die Medizin entwickelte sich in der Antike zur Wissenschaft,*
*praktizierte Operationen und Arzneikunde. Doch die Erfolgsquote*
*war gering – Jesu Zeitgenossen setzten auf Wunderheilungen.*

Von Christoph Seidler

Schon seit Tagen war die alte Frau krank, Fieberschübe quälten
sie. Dabei sollte sie am Sabbat doch den Gast ihres Schwie-
gersohns Simon Petrus bewirten, der nebenan in der Synagoge
die Massen in Atem hielt. Nun war daran nicht zu denken, zu
schlecht war ihr Zustand. Dann allerdings versprach der aufstrebende Wanderprediger namens Jesus, nach der Siechen zu
schauen. So kam er an ihr Krankenlager – und zur Verwunde-
rung aller Anwesenden besserte sich der Zustand der Patientin
schlagartig. Dabei hatte der Gast sie nur an der Hand gefasst
und sie im Bett aufgerichtet. Nach den damaligen Sitten war die
Berührung der Frau durch den jungen Fremden ein Tabubruch;
doch sie hatte durchschlagenden Erfolg, und das zählte.

Die Heilungsgeschichte aus dem Fischerdorf Kapernaum am
See Genezareth findet sich in gleich drei Büchern der Bibel: Die
Evangelisten Matthäus, Markus und Lukas berichten von ihr.
Jesus, so der einhellige Befund, habe die Frau von ihrem Leiden
befreit. Sie sei sogar wieder in der Lage gewesen, ihren Pflichten
als Gastgeberin nachzukommen – um ihren Retter noch einmal zu
stärken. Denn schon am Abend desselben Tages soll der die nächsten Wunderheilungen in Kapernaum vollbracht haben. Diesmal,
so berichtet die Bibel, habe der Mann aus Nazareth gleich eine
ganze Gruppe von Besessenen von ihrem Leiden befreit.

Das Neue Testament schildert etwa 30 Fälle, in denen Jesus Kranke auf wundersame Weise geheilt haben soll. Freilich dienten die spektakulären Rettungsgeschichten vor allem der religiösen Legitimation des Menschensohns. Sie hatten aber auch einen ganz realen Hintergrund: Die Zeitgenossen Jesu litten häufig an Krankheiten, die Sterblichkeit war hoch. Infektionskrankheiten grassierten, denen die Medizin nichts entgegenzusetzen hatte – Tuberkulose, Malaria, Fleckfieber und Pest rafften immer wieder große Menschenmengen dahin. So tourten zahlreiche Wunderheiler durch die Lande. Bekanntheit erlangte unter anderem der Philosoph Apollonios von Tyana (um 40 bis 120), dessen Wirken in der Spätantike von einigen heidnischen Autoren sogar mit demjenigen Jesu verglichen wurde. Die Menschen in der Antike glaubten an göttliche Heilkräfte, sie hatten einen eigenen Gott dafür: Asklepios (Äskulap). Sie pilgerten zu Wallfahrtsstätten, legten sich in Heilschlaf und erwarteten, dabei wie durch ein Wunder geheilt zu werden.

Doch ungeachtet aller mehr oder weniger segensreichen Helfer lebten die Menschen der Zeitenwende ein kurzes Leben. »Viele Leute starben schon im Alter von um die vierzig«, sagt der Medizinhistoriker Karl Heinz Leven von der Universität Erlangen. Ihre Arbeit war oft extrem anstrengend und, etwa im Baugewerbe, auch hochgefährlich.

Wer wie der Wunderheiler Jesus den Tod nicht nur geistig, sondern auch ganz real in seine Schranken weisen konnte, der genoss hohes Ansehen. Genaue Statistiken zu Erkrankungszahlen und Sterblichkeit im Römischen Reich gibt es nicht, doch war die schlechte allgemeine Gesundheit offenkundig: So verraten die Grabsteine der Hafenstadt Ostia vor den Toren Roms zum Beispiel, dass knapp drei Viertel der Bestatteten nicht einmal 30 Jahre alt wurden. Viele tote Kinder wurden dabei noch nicht einmal erfasst. »Steinleiden in Blase und Niere traten häufig auf«, so Medizinhistoriker Christian Schulze von der Ruhr- Universität Bochum. Gegen die höllischen Schmerzen konnten die antiken Doktores wenig ausrichten. Und wenn sie es doch einmal versuchten, verschlimmerte das den Zustand des Patienten mitunter sogar noch. So berichtet der römische Medizinschriftsteller Aulus Cornelius Celsus (um 25 v. Chr. bis 50 n. Chr.) von einem Fall, in dem Ärzte den Blasenstein eines Patienten dadurch entfernten, dass sie diesen am Damm aufschnitten – und nach oben fingerten, bis sie den Störenfried ans Tageslicht hieven konnten. Eine wenig appetitliche Vorstellung, von den negativen Folgen für die Wundheilung ganz zu schweigen.

Überhaupt, die Hygiene: Regelmäßig litten die Patienten nach Operationen unter schwersten Komplikationen. Von Bakterien und anderen Krankheitserregern hatte noch niemand gehört. Und selbst wenn sich Ärzte möglicherweise um ein gewisses Maß an Sauberkeit bemühten – zum Beispiel durch das Auswaschen einer Wunde mit Essig –, waren lebensbedrohliche Infektionen nach medizinischen Eingriffen oft nur eine Frage der Zeit. »Diese Leute sind erst richtig krank geworden, weil man sie behandelt hat«, erklärt Schulze. Umso größer muss man sich die Bewunderung für Heiler wie Jesus vorstellen, der offenkundig selbst schwerste Fälle auf Anhieb kurierte. Um die Reputation der Ärzteschaft war es in der Bevölkerung aus offensichtlichen Gründen nicht zum Besten bestellt: »Gesundheit wurde in der Antike zwar als wichtig angesehen, aber das Ansehen derjenigen, die für sie zuständig waren, wurde ziemlich niedrig bewertet«, berichtet der Altertumswissenschaftler und Wissenschaftshistoriker Philip van der Eijk von der Humboldt-Universität in Berlin. »Das lag natürlich an der niedrigen Erfolgsquote.« Operieren, bestätigt sein Kollege Leven, »ließ man sich nur als Ultima Ratio, im ärgsten Fall«.

Das war neben der Angst vor Komplikationen auch darin begründet, dass chirurgische Eingriffe damals für gewöhnlich ohne Betäubung durchgeführt wurden. Eine Narkose, wie wir sie heute kennen, mit Ausschaltung von Bewusstsein und Schmerzgefühl bei gleichzeitiger Entspannung der Muskeln, gab es natürlich noch nicht. Mancher Doktor mag mit Betäubungsmitteln wie Opium oder Mandragora – heute besser bekannt als Alraun – experimentiert haben. Die Versuche blieben wohl ohne durchschlagenden Erfolg: »Die Dosierung schwankte zwischen Wirkungslosigkeit und Vergiftung«, sagt Schulze. Schuld daran waren die höchst unterschiedlichen Konzentrationen der beruhigenden Stoffe in den Ausgangspflanzen. Statt auf Narkose setzten die Mediziner deswegen auf die Hilfe kräftiger Assistenten. Sie hatten den zu Operierenden mit aller Kraft an Armen und Beinen zu packen. Lehrbücher empfahlen Chirurgen, sich vom Jammern der Patienten möglichst nicht ablenken zu lassen und eine ruhige Hand zu behalten.

Medizinhistoriker nehmen die antiken Ärzte indes in Schutz: »Das waren keine Sadisten, sondern Routiniers mit wenigstens einem Mindestmaß an Ausbildung«, sagt Christian Schulze. Auch sein Kollege Leven mahnt, »die technischen Fertigkeiten antiker Chirurgen nicht zu unterschätzen«. So konnten die Urväter der Medizin etwa bei Knochenbrüchen durchaus segensreich wirken. Überraschend erfolgreich verliefen auch zahlreiche sogenannte Trepanationen, bei denen Kranken der Schädel geöffnet wurde. Knochenfunde beweisen, dass dieser Eingriff seit mehreren tausend Jahren immer wieder durchgeführt wurde, auch in der Antike. An vielen der Schädel konnten Wissenschaftler dabei Heilungsspuren nachweisen. Hippokrates (um 460 bis 370 v. Chr.) gab in seinen Schriften auch Anweisungen für die delikate Schädeloperation.

Um das Medizinwissen der Jesuszeit war es allerdings höchst unterschiedlich bestellt. Intellektuelles Zentrum war unzweifelhaft Griechenland. Hier verfassten Denker über Jahrhunderte

zahlreiche medizinische Schriften und erhoben so die Heilkunst zur Wissenschaft. Viele der Werke sind uns heute jedoch
allenfalls als mittelalterliche Abschrift bekannt. Das wichtigste
Konzept der griechischen Medizin war zweifellos die sogenannte
Säftelehre. Entwickelt wurde sie um 400 v. Chr. von Hippokrates
und seinen Schülern. In jedem von uns, so lautete ihre Theorie, pulsieren vier Flüssigkeiten als Lebensträger: gelbe Galle,
schwarze Galle, Blut und Schleim. Wenn das sensible Gleich-
gewicht der Substanzen gestört wird, bei einer sogenannten
Dyskrasie, treten Krankheiten auf. Dann konnte ein Arzt zum
Beispiel mit einem Aderlass die Menge des Blutes reduzieren.
Und mit einem Abführmittel oder durch Erbrechen ließ sich die
Galle nach draußen befördern. Außerdem konnte er dem Kranken eine gezielte Diät verordnen. Die Nahrungsmittel wurden
dazu wie auch die Säfte in die vier Kategorien eingeteilt: Heiß
und kalt standen sich ebenso gegenüber wie feucht und trocken.
Wer also eine »heiße« Erkrankung – Fieber – hatte, der sollte
mit einem »kalten« Gericht kuriert werden, Fisch zum Beispiel.
Die Säftelehre und die aus ihr abgeleiteten Gesundheitsregeln
hatten über lange Zeit Bestand, im Prinzip bis zum Aufkommen
der modernen Medizin im 19. Jahrhundert.

Anatomisch waren die Hellenen dagegen überraschend gut im
Bilde. Vor allem die Gelehrten Herophilos von Chalkedon (etwa
330 bis 255 v. Chr.) und Erasistratos (etwa 305 bis 250 v. Chr.)
sind bekannt für ihre Erkundungsreisen ins Körperinnere, bei
denen sie unter anderem Lungenvene und -arterie entdeckten,
den Unterschied zwischen motorischen und sensorischen Nerven, die Netzhaut des Auges, die Eileiter, die innenliegenden
männlichen Geschlechtsorgane und manches mehr. Allerdings
streiten Forscher heute darüber, ob die wissbegierigen Anatomen
ihre Erkenntnisse bisweilen auch durch sogenannte Vivisektio-
nen, also blutige Schnippeleien an lebenden Probanden, gewan-

nen. Der Römer Celsus behauptet, die hellenischen Anatomen hätten ihr Wissen an bedauernswerten Strafgefangenen erprobt. Doch möglicherweise, so vermuten Forscher heute, wollte der Römer seinen Kollegen auch nur aus Neid üble Geschichten andichten.

Auch im alten Ägypten und im Nahen Osten gab es eine beachtenswerte Medizintradition. Reste einer Hausapotheke haben Archäologen sogar in mehr als 5000 Jahre alten Gefäßen aus der Zeit der ersten Pharaonen gefunden. In Tonkrügen im Grab des Pharaos Skorpion I. konnten Forscher um Patrick McGovern von der University of Pennsylvania Spuren von Heilkräutern nachweisen. Diese seien zerrieben oder als Sud in Getränke wie Wein gekippt worden – zum Beispiel, um Magenprobleme zu bekämpfen. Dokumente wie der 3600 Jahre alte Papyrus Edwin Smith (benannt nach seinem Entdecker) beschrieben außerdem anhand konkreter Fälle die überraschend weit ausgeprägten chirurgischen Fähigkeiten der ägyptischen Mediziner. Einige Mumien lassen erfolgreiche Fußamputationen vermuten. Allerdings setzten die Ärzte der Pharaonenzeit vor allem in schweren Fällen auch auf Magie.

Im Römischen Reich, in dem Jesus sich bewegte, hatte man sich lange Zeit fast ausschließlich mit allerlei mystischen Hausrezepten beholfen, anzuwenden vom »Pater familias«, also dem Haupt des Haushalts. So empfahl Staatsmann Cato ein zweifelhaftes Mittel gegen fast alle Leiden: Kohl. Erst um die Zeitenwende öffneten sich die Römer langsam für die jahrhundertealte Medizinkultur aus dem Osten. Knapp zwei Jahrhunderte nach Jesu Wirken schreibt Galenos von Pergamon (um 129 bis 199) mehrbändige Werke zu Medizinfragen. Von der Berlin-Brandenburgischen Akademie der Wissenschaften werden sie im Rahmen des Projektes »Corpus Medicorum« gerade für das Digitalzeitalter aufbereitet.

Ein wichtiges Thema für die Mediziner der Antike war die Medikamentenkunde. Der Medizinhistoriker Schulze spricht von »einer großen Begeisterung für alles Pharmazeutische«. Allerlei wundersame Substanzen wurden da gemixt – Krokodilkot, das Blut exekutierter Strafgefangener, Straßendreck und so weiter. Doch nicht nur solch kuriose Ingredienzien, auch veritable – und durchaus wirksame – Heilpflanzen wurden verarbeitet. So listet der griechische Pharmakologe Pedanios Dioscurides (um 40 bis 90) in seiner »Materia Medica« rund 1000 Arzneibestandteile auf, davon 810 pflanzlicher Natur. Vor allem bei chronischen Leiden mögen antike Ärzte damit durchaus segensreich gewirkt haben. Allerdings ist die Erfolgskontrolle aus heutiger Sicht extrem schwierig – schon allein deswegen, weil Forscher Probleme mit der Identifikation vieler der genannten Pflanzen haben.

Das frühe Christentum stand der medizinischen Heilkunst zunächst recht kritisch gegenüber, zu fremd schienen die heidnischen Ansätze der Medizin. Was blieb vom Wunderheiler Jesus Christus, wenn profund ausgebildete Ärzte in manchen Fällen Ähnliches erreichten? Doch überraschend schnell freundeten sich die Kirchenväter dann mit den Medizinern an. Man fand, wie Christian Schulze erklärt, einen recht pragmatischen Ansatz: »Die Medizin kommt von Gott, die Ärzte auch.«

# Der heilige Trank

*Mehr als jedes andere Getränk ist Wein
in der abendländischen Überlieferung
mit religiöser Symbolik aufgeladen.*

Von Mathias Schreiber

Keine Frucht wächst so nah am Ursprung der Menschheit wie die Weintraube. Nach der Sintflut verlassen Noah, der »Gerechte«, und seine drei Söhne die hölzerne Arche. »Von ihnen«, heißt es im ersten Buch Mose, »kommen her alle Menschen auf Erden.« Und was macht der Stammvater auf der eben erst getrockneten Erde? »Noah aber, der Ackermann, pflanzte als Erster einen Weinberg. Und da er von dem Wein trank, ward er trunken und lag aufgedeckt im Zelt.« Die Erzeugung von Wein zählt zu den ältesten Kulturtaten der Menschheit, zugleich ist der Wein eines der wunderbarsten Geschenke der Natur.

Keine Religion hat zur Heiligung des Weines mehr beigetragen als die jüdische und daran anschließend die christliche. Das erste Buch Mose, in dem Noah den Weinberg anlegt, wurde, nach älteren Vorstufen, wahrscheinlich im 6. Jahrhundert v. Chr. aufgezeichnet. Gewiss gab es im Vorderen Orient lange vorher den Wein. In Georgien und in der nordöstlichen Türkei hat man Rebenkerne gefunden, deren Mutterpflanzen offenkundig von Menschen kultiviert wurden. Das war ungefähr 6000 v. Chr. Im iranischen Zagros-Gebirge entdeckten Archäologen eine Kelteranlage, die um 5000 v. Chr. angelegt wurde.

Auch in Mesopotamien und in Ägypten wurde Wein angebaut. Er wurde vom sumerischen Gottkönig Gilgamesch, dem obersten

Herrn der Stadt Uruk, ebenso goutiert wie von Osiris, dem ägyptischen Totengott – Gilgamesch ist ursprünglich der Name eines Gottes der Unterwelt. Der Wein wurde von Priestern zeremoniell vergossen und auch getrunken. In beiden Kulturen war das alltägliche Getränk des Volkes eher das aus Gerste oder Weizen gegorene Bier. Der Weingenuss war den Priestern und überhaupt den Vornehmen reserviert.

Die ägyptische Weinkultur ist bereits für das 4. Jahrtausend v. Chr. belegt. Aus dem Alten Reich, etwa um die Mitte des dritten Jahrtausends, sind Wandbilder erhalten, die Gärten mit Weinreben und Szenen der Weinlese zeigen. Weil die göttliche Sonne dem Wein die schwere Süße schenkt, hat die Rebe am Göttlichen teil. Religiöse Texte nennen die Traube »Pupille des Horus-Auges«, der aus ihr gewonnene Wein besteht aus den »Tränen« dieses Himmelsgottes. In den Lagerräumen der Tempel und Paläste fanden Archäologen unzählige Ton-Etiketten von Weinamphoren, auf denen penibel Rebsorte, Herkunft, Jahrgang, Qualität (»achtmal guter Wein«) und Eigentümer festgehalten worden waren.

Zum flüssigen Grundnahrungsmittel wurde der Wein erst bei den alten Griechen, nachdem kretische Minoer etwa um 1700 v. Chr. die ersten Edelreben gezüchtet hatten. Die Griechen verfeinerten durch Kreuzung der Rebstöcke – sie schafften es, etwa 150 verschiedene Sorten zu kultivieren – das Getränk ebenso wie den Weingenuss. Griechischer Wein war bald ein erfolgreicher Exportartikel. In Ägypten wie in Griechenland und später auch in Rom sowie im europäischen Mittelalter wurde der Wein mit Wasser gemischt. Häufig war das Mischungsverhältnis zwei (Wein) zu fünf (Wasser), eine Kombination zu gleichen Teilen galt bereits als unmäßig. Nur das Trankopfer an die griechischen Götter wurde pur genossen und verschüttet. Man goss stets das Wasser in den Wein, nie umgekehrt. Der Wein war eben das Wesentliche, das Wasser die Zutat. Eine andere Rangfolge hätte die Götter beleidigt.

Eine griechische Erzählung behauptet, der Weingott Dionysos sei eines Tages aus Mesopotamien ins hellenische Kleinasien geflüchtet, weil die Menschen an Euphrat und Tigris dem gröberen Biergenuss verfallen waren. Dem griechischen Pflanzenzüchter Ikarios brachte der Gott einen mit Wein gefüllten Schlauch ins Haus, um ihn dann in die Kunst des Rebbaus einzuweisen.

Dionysos, den die Römer als Bacchus kennen, ist zugleich der Gott des Weines und der fruchtbaren Vegetation. Er wird dargestellt als schöner junger Mann mit weichlichen Zügen, aber wenn er bei den orgiastischen Umzügen mit verzückten, tanzenden Mänaden, Nymphen und Satyrn auftritt, zeigt er sich auch als gieriger Bock oder Stier. Aus den religiösen Umzügen haben sich wohl die herbstlichen Weinfeste entwickelt, die es noch heute gibt. Es hat einige Zeit gedauert, bis aus dem rustikalen Fruchtbarkeitsgott der Schirmherr einer der geistreichsten griechischen Erfindungen wurde: des Symposions.

Dieses »Gastmahl« besteht im Wesentlichen aus mehreren Abendstunden des geselligen Essens und vor allem Trinkens unter meist männlichen Freunden. Die lassen sich – gern liegend – von Flötenspielerinnen oder Hetären, von Tänzern oder Gauklern unterhalten oder profilieren sich mit eigenen Versen, Reden und Gesängen, nicht zuletzt mit Trinkliedern. Schutzherr Dionysos, der auch »der Löser« (»Lysios«) genannt wird, erhält zu Beginn der Veranstaltung eine Trankspende. Ein gewählter Zechmeister, der Herr des Gelages (»Symposiarch«), bestimmt das Mischungsverhältnis von Wein und Wasser und handelt mit den Teilnehmern die Regeln des Abends aus – wer was vorzutragen hat, ob der übliche Trinkzwang gelockert werden soll und anderes. Die Trinkgefäße müssen auch mal in einem Zug geleert werden. Verstöße gegen die Regeln können mit Straftrinken geahndet werden.

So gelehrt und gesittet wie bei dem Historiker Xenophon (um 430 bis nach 355) und dem Philosophen Platon (427 bis etwa 347) – beide haben ein Buch mit dem Titel »Symposion« geschrieben – wird es nur selten zugegangen sein. Platons legendäres Gastmahl ist eine vorbildliche Einheit aus spielerischer Rhetorik, Gelehrsamkeit, Diskussionskultur, Freundschaft und Lebenskunst. Ehe der Philosoph verschiedene Lobreden auf den »Dämon« Eros, den einige für einen alten »Gott« halten, vortragen lässt, schildert er ein kurzes Streitgespräch über die Weisheit zwischen dem Dramatiker Agathon und seinem eigenen Lehrmeister Sokrates. Danach habe sich »Sokrates zum Essen gelagert und mit den Übrigen gespeist, Trankopfer dargebracht, einen Lobgesang auf den Gott angestimmt und die übrigen religiösen Bräuche vollzogen; sodann hätten sie sich zum Trinkgelage angeschickt«. Man vereinbart, Maß zu halten.

Es folgt ein intensives Gespräch über Eros, den »Schönsten und Besten« unter allen höheren Wesen, den eigentlichen Herrn des Strebens nach dem »Besitz des Guten«, eines Strebens, das letztlich die »Glückseligkeit« meint und die himmlische Variante der Liebe von der irdischen ablöst. Platon spekuliert: Da jeder Liebende vor seinem Geliebten möglichst gut und vortrefflich erscheinen will, wäre ein Staat aus lauter Liebenden und Geliebten ein einziges Fest der Friedlichkeit. Dazu gehörte als »göttlicher Akt« die »Vereinigung des Mannes und Weibes«, diese »Leidenschaft zum Schönen«, wie die weissagende Diotima Sokrates erklärt. Ziel sei »das Ewige und Unsterbliche, soweit dies vom Sterblichen erreicht werden kann«. Spekulationen beim mäßigen Weingenuss. Es kommt eben nicht nur darauf an, »auf schöne Weise zu lieben«, sondern auch, auf schöne Weise zu trinken. Bemerkenswert ist die Tatsache, dass der Weingenuss unter Freunden hier zum ersten Mal in der Geschichte mit Ideen von Liebe, Schönheit und mit dem Göttlichen verknüpft wird.

Nur das Christentum hat, aufbauend auf dem Alten Testament, diesen spirituellen Höhenflug der Weinrebe und Weinrede noch überboten. Gewiss kannten die Autoren des Neuen Testaments das platonische Idealbild des Symposions, als sie es zum Abendmahl – zur heiligen Messe – erweiterten. Die Evangelisten knüpfen an das platonische Urbild einer klugen Geselligkeit an, die mit dem Wein den Fortgang des kultivierten Gesprächs belebt und beflügelt, aber das Abgleiten in den grölenden und lallenden Vollrausch verpönt. Idealer Weingenuss ist maßvoller Genuss. Das ergibt sich schon aus seiner archaischen Verbindung mit kultischen Mahlzeiten. Der Trinkende soll sich dem Gott öffnen, nicht aber, als Betrunkener, Streit suchen, gänzlich die Kontrolle verlieren oder gar sich selbst als Gott aufführen.

Bereits das Alte Testament hat diesen ethischen Rahmen der berauschenden Rebe beschrieben. Unter den Weisungen, mit denen der »HERR« seinem Diener Mose den Bau der »Stiftshütte«, des Tempels für die Bundeslade, detailliert vorschreibt, gibt es auch die Verpflichtung zum täglichen Opfer an diesem besonderen Ort: »Und dies sollst du auf dem Altar tun: Zwei einjährige Schafe sollst du an jedem Tage darauf opfern, ein Schaf am Morgen, das andere gegen Abend. Und zu dem einen Schaf einen Krug feinsten Mehls, vermengt mit einer viertel Kanne zerstoßener Oliven, und eine viertel Kanne Wein zum Trankopfer.«

Die große kultische Bedeutung des Trankopfers und generell die Agrarkultur, aus der es erwuchs, erklären auch die Vielzahl biblischer Bilder, in denen der Wein zur Metapher für edlere Subjekte oder Dinge wird. Im Weinberglied des Propheten Jesaja (5,1–7) vergleicht Gott sogar das Volk Israel mit einem Weinberg; die Männer von Juda gelten ihm als gepflanzte Weinreben: »Mein Freund hatte einen Weinberg auf einer fetten Höhe. Und er grub ihn um und entsteinte ihn und pflanzte darin edle Reben.

Er baute auch einen Turm darin und grub eine Kelter und wartete darauf, dass er gute Trauben brächte; aber er brachte schlechte. Des HERRN Zebaoth Weinberg aber ist das Haus Israel und die Männer Judas seine Pflanzung, an der sein Herz hing.«

Der Theologe Dominik Schmid deutet die Gleichsetzung des Volkes Israel mit einem Weinberg in seiner Studie »Der Wein in der Bibel« so: »Der Weinberg ist ein kostbarer Besitz. Er braucht stetige Pflege, damit die Reben gedeihen. Der Weinberg ist von einer Mauer umgeben, die die Pflanzen schützt, aber auch ganz klar abtrennt. Das Volk Israel ist Gottes kostbarer Besitz. Er hat es sich auserwählt. Er trennt es ganz klar ab von den übrigen Völkern.« Im fünften Buch Mose taucht unter den Strafen, die der »HERR« jedem ungehorsamen Angehörigen seines Volkes androht, auch diese auf: »Ein Haus wirst du bauen; aber du wirst nicht darin wohnen. Einen Weinberg wirst du pflanzen; aber du wirst seine Früchte nicht genießen.« Hier erscheint der Weinberg als selbstverständliches Inventar einer wohlsituierten Sesshaftigkeit. Für wandernde Nomaden gibt es keine derartige Weinkultur, sie können die Reben ja nicht stetig pflegen.

Als Jakob seine Söhne zusammenruft, preist er den Sohn Juda mit den Sätzen: »Er wird seinen Esel an den Weinstock binden und seiner Eselin Füllen an die edle Rebe. Er wird sein Kleid in Wein waschen und seinen Mantel in Traubenblut. Seine Augen sind dunkel von Wein und seine Zähne weiß von Milch« (1. Mose 49,11). Der Weinstock, der nicht selten an einem Feigenbaum hochwächst, ist kräftig genug, um den Esel zu halten; das heißt: Er ist schon einige Jahre alt. Sesshaftigkeit, Wohlstand, Sicherheit, Frieden – das sind die Assoziationen, die dieses Bild ausstrahlt. Jahrhunderte später verdichtet sich diese Bildsymbolik dramatisch. Das Weinberg-Weinstock-Motiv wird auf Jesus selbst übertragen. Im Johannesevangelium (15,1–5) sagt Jesus: »Ich bin der wahre Weinstock und mein Vater der Weingärtner.

Eine jede Rebe an mir, die keine Frucht bringt, wird er wegneh-
men; und eine jede, die Frucht bringt, wird er reinigen, dass sie
mehr Frucht bringe. Ich bin der Weinstock, ihr seid die Reben.
Wer in mir bleibt und ich in ihm, der bringt viel Frucht; denn
ohne mich könnt ihr nichts tun.«

Für die Zeitgenossen des Mannes aus Nazareth ist Wein
keine Kostbarkeit, sondern ein übliches Getränk. Guter Wein
wächst in Samaria, höchste Qualität erzeugen die Winzer auf
Rhodos und Zypern. Zum jüdischen Sedermahl am Vorabend
des Pessachfestes gehören bis heute mehrere Becher Wein, von
denen einer dem Propheten Elija zugedacht ist. Beim letzten
Abendmahl ist es Jesus, der den Kelch nimmt und sagt: »Trinket
alle daraus; das ist mein Blut des Bundes, das vergossen wird für
viele zur Vergebung der Sünden. Ich sage euch: Ich werde von
nun an nicht mehr von diesem Gewächs des Weinstocks trinken
bis an den Tag, an dem ich von Neuem davon trinken werde mit
euch in meines Vaters Reich.«

Der Wein, dieser lösende Trank des messianischen Freuden-
mahls, gehört im Alten Testament zu den kultisch bedeutsamen
sieben Segnungen des gelobten Landes, das den Juden nach dem
Auszug aus der ägyptischen Gefangenschaft verheißen ist – neben
Öl, Getreide, Honig, Most, Rindern und Schafen. Im Neuen
Testament entfernt er sich vom profanen Nahrungskontext und
symbolisiert das Opferblut des Gottessohnes, wofür die mosaische Rede vom »Traubenblut« des Juda eine Vorlage geliefert
hat. Gewiss geht es bei alldem um Rotwein, nicht um Weißwein,
der eher an Wasser als an Blut denken lässt. Das christliche
Abendmahl ist die extrem überhöhte Variante des griechischen
Gastmahls. Aus dem Löser der philosophisch beflügelten Gesel-
ligkeit unter gleichgesinnten Freunden wird der Symbolsaft der
Erlösung zu jenem Seelenfrieden, den das blutige Selbstopfer des
Gottessohnes den Menschen verheißt.

# Der Fluch des Täufers

*Bis zum Ende versuchte Jesus aus
dem Schatten des Meisters Johannes zu kommen,
der ihn taufte – und mit ihm brach.*

Von Christoph Türcke

Ein sonderbarer Mann steht am Anfang des ältesten christlichen Evangeliums: Johannes, genannt »der Täufer«. Er trat »in der Wüste« auf, »bekleidet mit Kamelhaaren und einem ledernen Gürtel um seine Hüfte«, »aß Heuschrecken und wilden Honig«. Er »verkündigte die Taufe der Umkehr zur Vergebung der Sünden« und taufte im Jordanfluss (Mk 1,4–6). Und die Leute kamen scharenweise; zwar gewiss nicht »das ganze jüdische Land und alle Jerusalemer«, aber doch viele. »Umkehr« nahm er offenbar ganz wörtlich, nicht nur mental als Buße, sondern auch geografisch als Rückkehr in jenen Wüstenstand, in dem Israel einst von Mose das Gesetz empfing.

Auch kulturell versetzte er sich in die Wüste zurück und nahm die Kleidung und Nahrung von Jägern und Sammlern an – reduziert auf ein asketisches Minimum. Umkehr bedeutete somit auch Abkehr von Jerusalem, vom Tempel, ja überhaupt von der Sesshaftigkeit als dem Status, der Israels authentische Gesetzestreue der Wüstenzeit korrumpiert hat. Nicht das im Tempel verwendete Reinigungswasser soll läutern, sondern der natürliche Fluss in der Wildnis.

Der Täufer kommt nicht nur im Neuen Testament vor. Auch der jüdische Geschichtsschreiber Josephus Flavius erwähnt ihn, nennt ihn »einen edlen Mann«, »der die Juden anhielt, nach Vollkommenheit zu streben, Gerechtigkeit gegeneinander und Frömmigkeit gegen Gott zu üben und so zur Taufe zu kommen« – und spricht von »der wunderbaren Anziehungskraft solcher Reden« auf »eine gewaltige Menschenmenge«. Dieser massenwirksame Taufprediger muss öffentlich sein Missfallen geäußert haben, als der jüdische Herrscher von Roms Gnaden, Herodes, seinem Bruder die Frau ausspannte, was kriegerische Unruhen nach sich zog. Jedenfalls ließ Herodes den Täufer auf die entlegene Festung Machaerus bringen und dort hinrichten.

Markus erzählt diese Geschichte anders. Herodias, die ausgespannte Frau, habe auf Festnahme des Täufers gedrungen, während Herodes ihn »fürchtete, weil er wusste, dass er ein gerechter und heiliger Mann war«. Und dann kommt Salome, die Tochter der Herodias, tanzt vor Herodes, berückt ihn und darf sich von ihm etwas wünschen. Und ihre Mutter weiß ihr den richtigen Wunsch einzuflüstern: »das Haupt des Täufers Johannes« (Mk 6,14ff.). Er war ein Märtyrer: gestorben für das göttliche Gesetz, das keinen Ehebruch duldet. Gut möglich, aber keineswegs zwingend, dass Johannes in Verbindung zur Gemeinde von Qumran stand. Auch sie war »umgekehrt«, hatte sich wie er vom Jerusalemer Tempel abgekehrt und »in die Wüste« am Toten Meer zurückgezogen, nicht weit von jener Jordangegend, wo er aufgetreten sein dürfte.

**CHRISTOPH TÜRCKE**
Der studierte Theologe, Jahrgang 1948, lehrt Philosophie an der Hochschule für Grafik und Buchkunst in Leipzig. In seinem Buch »Jesu Traum« unternimmt er eine Psychoanalyse des Neuen Testaments.

Herodias präsentiert das Haupt des hingerichteten Täufers
(Ölgemälde von Domenico Piola, 17. Jahrhundert)

Doch es gab damals verschiedene Umkehrbewegungen, teils unabhängig voneinander, teils verfeindet, nur selten einander wohlgesinnt. Ihre Gemeinsamkeit war kaum mehr als ihr gemeinsamer Feind: Rom. Dass die übermächtigen Römer das Land aussogen, war schlimm genug. Aber sie taten noch mehr. Im Jerusalemer Tempel ließen sie zweimal täglich ein Opfer für den Kaiser und das römische Volk darbringen – eine dauerhafte, den Nerv der jüdischen Identität jeden Tag aufs Neue berührende Schmach. Das Opferfeuer, das im Jerusalemer Tempel für den römischen Kaiser brannte, dürfte der eigentliche Herd jener Naherwartung sein, die damals in ganz Palästina umging und in der Nachschau »apokalyptisch« genannt wird. Das Maß war voll. Der Gott Israels musste im Begriff stehen, einen »Starken«, einen »Gesalbten«, einen »Menschensohn« zu senden, der der Fremdherrschaft und der jüdischen Kollaboration mit ihr ein Ende machte und das »Reich Gottes« herbeiführte. Es »ist nahe herbeigekommen«, sagt Johannes der Täufer. Das sagt später auch Jesus. Nur versteht er etwas anderes darunter, und wie es dazu kam, konnten die Evangelien weder zugeben noch ganz verschweigen.

Jesus war Johannes' Täufling. Daran ließ sich nicht vorbeisehen, obwohl es denkbar schlecht ins christliche Konzept passte. Wer sich einem Reinigungsritus unterzieht, der erklärtermaßen »zur Vergebung der Sünden« stattfindet, kann der sündlos sein? Das musste Jesus aber sein, wenn er »für unsere Sünden« gestorben war, nicht, wie sonst jeder Mensch, für seine eigenen. Wenn sich also die Taufe Jesu nicht leugnen ließ, so musste zumindest geleugnet werden, dass er sie nötig hatte. »Ich bedarf dessen, dass ich von dir getauft werde, und du kommst zu mir?«, lässt Matthäus den Täufer sagen und legt Jesus eine ebenso fadenscheinige wie nebulöse Antwort in den Mund: »Lass jetzt; denn so gebührt es uns, alle Gerechtigkeit zu erfüllen« (Mt 3,14f.).

Bei Markus kommt dieser Wortwechsel noch nicht vor. Hier ist die Taufe Jesu zu einem bloßen Vorspiel herabgesetzt; das Eigentliche kommt danach. »Als er aus dem Wasser trat, sah er die Himmel geöffnet und den Geist wie eine Taube auf sich herabsteigen, und eine Stimme erscholl aus den Himmeln: Du bist mein geliebter Sohn, an dem ich Wohlgefallen habe« (Mk 1,10f.). Jesus entsteigt nach dieser Version dem Taufbad nicht etwa als von seinen Sünden gereinigter Johannesjünger, sondern um als Sohn Gottes offenbar zu werden. Die »Stimme aus den Himmeln« beglaubigt nicht die Taufe; sie entrückt den frisch Getauften dem Wirkungskreis des Täufers. Hat sie nicht einen bemerkenswert feierlich-rituellen Klang? Rituelle Formeln aber kommen schwerlich aus dem Himmel. Sie bilden sich in irdischen Gemeinschaften. So auch hier. Es dürfte sich um die rituellen Worte handeln, mit denen Johannes seine Täuflinge in den Jordan tauchte.

Schwerlich wird ja seine Taufe eine Kurzabfertigung gewesen sein: einmal untertauchen und dann adieu. Nach allem, was man von Reinigungsriten aus der damaligen Zeit weiß, dürfte der Taufakt der Schlussakt einer längeren Unterweisungszeit gewesen sein, in der die Taufkandidaten darauf eingeschworen wurden, was der Meister unter »Umkehr« verstand: Rückkehr in den reinen Zustand ungetrübter Gesetzestreue, um den »nahe herbeigekommenen« »Starken« würdig empfangen zu können und seinem Gericht nicht zu verfallen. Das Eintauchen in den Jordan besiegelte die Umkehr. Es machte den Kandidaten zum »geliebten Sohn« des Täufers und nahm ihn in seinen Jüngerkreis auf. Markus (oder sein Gewährsmann) hat diese Taufformel in den Himmel gehoben und in einer traumartigen Vision unkenntlich gemacht. Doch die herabschwebende Taube lässt sich leicht als die Hand des Täufers entschlüsseln, die den Täufling ins Wasser hinabdrückt und ihm den »Geist« der Umkehr mit sprichwörtlicher Handgreiflichkeit mitteilt.

Jesus hat sich nicht eben mal auf der Durchreise taufen lassen, wie die »Synoptiker« (Markus, Matthäus und Lukas) suggerieren. Das Johannesevangelium verschweigt die Taufe gleich ganz, so peinlich war ihm, dass Jesus ein regelrechter Johannesjünger war. Mehr noch: Vieles spricht dafür, dass die geheimnisvolle Figur des »Lieblingsjüngers Jesu«, der ihm besonders nahegestanden und seine Worte und Taten später als Evangelist Johannes getreulich aufgezeichnet haben soll, eine Deckerinnerung ist, die ummäntelt, dass es zuvor tatsächlich einen »Lieblingsjünger des Johannes« gegeben hatte, nämlich Jesus, den Liebling des Täufers. Was aber brachte die beiden auseinander? Das lässt sich nur aus Indizien rekonstruieren. »Nachdem Johannes festgenommen war«, sagt Markus (1,14f.), »kam Jesus nach Galiläa und verkündigte …: Die Zeit ist erfüllt und das Reich Gottes nahe herbeigekommen.« Das ist historisch glaubwürdig. Folgendes hingegen nicht: »Als aber Johannes im Gefängnis die Werke Christi hörte, sandte er durch seine Jünger und ließ ihm sagen: ›Bist du es, der da kommen soll, oder sollen wir einen anderen erwarten?‹ Jesus antwortete und sprach zu ihnen: ›Gehet hin und verkündet Johannes, was ihr hört und seht: Blinde sehen und Lahme gehen, Aussätzige werden rein und Taube hören und Tote werden auferweckt und den Armen wird das Evangelium gepredigt, und selig ist, wer nicht Anstoß nimmt an mir‹« (Mt 11,2–6).

Dass Johannes im Gefängnis wissen wollte, ob sein ehemaliger Jünger der sei, »der da kommen soll«, ist eine christliche Konstruktion, die den wirklichen Sachverhalt umkehrt: Jesus war es, der die Stimme des Täufers innerlich nicht loswurde und sein Eigenes nur in Abgrenzung gegen ihn zu definieren vermochte; dafür sind die ersten drei Glieder seiner Antwort höchst aufschlussreich. »Blinde sehen, Lahme gehen, Aussätzige werden rein.« Sehstörungen, Lähmungen, Hautausschläge sind gelegentlich psychogen genug, um »weggesprochen« werden zu können.

Offenbar besaß Jesus eine suggestive Kraft, die in manchen solcher Fälle heilend wirkte. Er war nicht Arzt im hippokratischen Sinn. Chirurgisches Schneiden und Brennen oder die Vergabe bitterer Medizin kommen bei ihm praktisch nicht vor. Seine Heilungen waren wortzentriert. Deshalb gehört zu seinem Ressort auch, was das Neue Testament Besessenheit durch »unsaubere Geister« nennt: neurotische, psychotische, epileptoide Zustände aller Art. Die vermochte er gelegentlich »auszutreiben«. Das hob ihn signifikant über Johannes hinaus. Der konnte nur taufen, nicht heilen. Und das muss ihn gewurmt haben. Das jedenfalls legen die Abschlussworte der Antwort Jesu an ihn nahe. »Und selig ist, wer keinen Anstoß an mir nimmt.« Offenbar waren Johannes die Heilkräfte Jesu nicht geheuer gewesen. Der »geliebte Sohn« hatte Fähigkeiten entwickelt, über die der Meister nicht verfügte. Schienen sie dem Kommen des Reiches Gottes förderlicher als die Taufe? Fanden sie im Täuferkreis Zuspruch? Begannen sie gar den Sinn der Taufe in Frage zu stellen – und damit die Autorität und Identität des Täufers?

Schauen wir uns im Licht dieses Verdachts noch einmal die Taufe Jesu an. Wenn es stimmt, dass »der Geist«, der in Gestalt einer Taube auf Jesus herabgeschwebt sein soll, eine Chiffre für die taufende Hand des Johannes ist, dann spricht vieles dafür, dass der »Geist«, der Jesus danach »sogleich in die Wüste treibt« (Mk 1,12), für die vertreibende Hand des Täufers steht, dass Jesus also aus dem Täuferkreis in die Wüste verstoßen wurde. Dass er »vierzig Tage« dort war, ist eine historisch unglaubwürdige Stilisierung; sie lehnt sich an die vierzig Jahre Israels in der Wüste an. Interessanter ist die Fortsetzung. Er wurde »versucht durch den Satan, und er war bei den Tieren, und die Engel dienten ihm« (Mk 1,13). Satan: Das ist gewiss nicht der gelehrte Gesprächspartner, der Jesus in einem rabbinischen Disput verlockende Angebote macht, wie es Matthäus später dargestellt hat

(Mt 4,1 ff.). Satan ist das schlechterdings Böse, die Gewalt des Fluchs. Sie hat Jesus zu »den Tieren« getrieben, will sagen, ihn auf Leben und Tod in den Status tierischen Vegetierens zurückversetzt; ohne höhere Hilfe (»Engel«) hätte er das eigentlich gar nicht überleben können.

»Und sogleich treibt ihn der Geist in die Wüste« (Mk 1,12) – das ist offenbar wörtlich zu nehmen. Johannes trieb Jesus in die Wüste. Damit wird übrigens schlagartig klar, warum Jesus den langen Schatten des Täufers zeitlebens nicht loswurde. Er fühlte den Fluch der Verstoßung zu Unrecht auf sich lasten.

Aber der Fluch war da. Jesus teilte selbstverständlich die allgemein verbreitete magische Auffassung, dass ein Fluch mehr sei als nur ein Wort: eine Unheilsmacht, die durch Aussprechen in die Welt gesetzt wird und sich als ein furchtbares Gewicht auf den legt, dem sie gilt, egal, ob zu Recht oder zu Unrecht. Das war die »Versuchung« Satans: das Fertig-werden-Müssen mit diesem Fluch. Jesus musste Johannes, sich und aller Welt beweisen, dass er unschuldig im Sinne der Anklage war. Argumente reichten dafür nicht aus. Es galt, einen Fluch abzutragen. Der Unschuldsbeweis musste die Form einer demonstrativen Entsühnung annehmen. Und diese Entsühnung: das war von nun an – sein Leben.

Nur so wird das öffentliche Auftreten Jesu, sein Getriebensein von Ort zu Ort durch Galiläa, schließlich bis nach Jerusalem in den Tempel, begreiflich. An wen er sich sonst auch wendet, immer richtet er sich zugleich an Johannes und sucht ihm, seinem postumen, unbewältigten Gesprächspartner, nachträglich zu beweisen: Du hast mich zu Unrecht mit einem Fluch belegt. Ich bin nicht sündlos; deshalb habe ich mich ja bereitwillig der Taufe unterzogen. Aber meine Heilkräfte sind rein. Dafür rufe ich den Gott zum Zeugen an, in dessen Namen du mich verstoßen hast.

Der Fluch des Johannes stand dahinter, als Jesus begann, das »nahe herbeigekommene« Reich Gottes radikal umzucodieren. Es sollte nicht reinigend und richtend kommen, sondern heilend: als die höhere Macht, die nicht nach Verdienst, nicht nach Berechtigung, nicht nach Äquivalenz fragt, sondern allein nach Bedürftigkeit. Nur diese Macht sah er in der Lage, seiner Heil-kraft beizustehen und sie als unschuldig zu beglaubigen. Deshalb war ihm so wichtig, dass sie jetzt kommt. Seine Heilungen exer-zieren sie vor, seine Gleichnisse erzählen sie herbei, seine Gebete und Seligpreisungen flehen sie hernieder. Und wenn sie dennoch nicht kommt, nun, dann muss er ihr entgegengehen, notfalls bis hinauf in den Jerusalemer Tempel, und diesen auf ihre Ankunft vorbereiten, indem er die Händler und Wechsler daraus vertreibt.

Wir wissen, wie dieser Versuch ausgegangen ist. Jesus hat seinen Jüngern das Nahen einer heilenden Universalmacht vorgeträumt, aber sich nicht träumen lassen, dass sie ihn nach seinem grauenhaften Tod als überirdischen Bringer dieser Macht verkündigen würden. Und alsbald in seinem Namen den Täufer rehabilitierten. Denn was tun sie mit denen, die sie zu Jesus bekehren? Etwas, was Johannes mit Jesus getan hat, aber Jesus nicht mit ihnen: taufen. Der Täufling ist unter dem Täufer. Er wird von ihm untergetaucht. Diese rituelle Hierarchie nimmt das Urchristentum wieder auf. Es verkleistert den Bruch zwischen Johannes und Jesus, macht den Täufer zu einem Herold Jesu und die Taufe zu einem christlichen Sakrament.

# Riesenpuzzle aus der Wüste

*Die Qumran-Rollen, die am Toten Meer*
*zwei Jahrtausende überdauert haben, zählen zu den*
*wertvollsten Dokumenten der biblischen Zeit. Waren*
*ihre Verfasser wirklich die geheimnisvollen Essener?*

Von Renate Nimtz-Köster

Höhle elf! Mit dem Jubelruf »Cave eleven!« stürmte Pater Roland de Vaux den Saal, in dem auf langen Tischreihen antike Schriftfunde auslagen. Hier, im Palestine Archaeological Museum in Ostjerusalem, war damals, 1956, ein internationales Wissenschaftler-Team mit einem Riesenpuzzle beschäftigt, das bereits als Weltsensation galt: Die Forscher versuchten Texte zu entziffern, die nach und nach in Höhlen nahe der Ruinenstätte Qumran am Toten Meer entdeckt worden waren. In ihrem originalen Zustand, aufgerollt und in Leinen gewickelt, blieben nur zehn Schriften erhalten. Dazu kamen mehrere zehntausend Fragmente. Die als »Schriftrollen vom Toten Meer« bekannt gewordenen spektakulären Funde enthalten Niederschriften fast aller Bücher des Alten Testaments sowie bis dahin unbekannte jüdische Literatur. Entstanden sind sie zwischen 200 vor Christus und dem Jahr 70 unserer Zeitrechnung, als der zweite jüdische Tempel von den Römern zerstört wurde.

»Sein Bart wehte hinter ihm her«: Claus-Hunno Hunzinger, damals 27-jähriger Neutestamentler aus Göttingen, sieht noch den französischen Geistlichen in der weißen Dominikanerkutte den bis heute letzten Fund, aus der Höhle elf, verkünden: Pater de Vaux, der berühmte Qumran-Ausgräber und Leiter der Ecole biblique in Jerusalem, »konnte sehr emotional auftreten«, erinnert sich Emeritus Hunzinger. Als Erste durften der junge Deutsche und sein britischer Kollege, der Linguist John Marco Allegro, eine gelbbraune Psalmenrolle studieren – genau eine Stunde lang. Die anderen Wissenschaftler beschäftigten sich indessen mit den Fragmenten: Die Texte und Teilchen, die Beduinen in der Höhle zusammengetragen hatten, waren noch nicht aufgekauft, die Wüstenbewohner hatten dem Museum ihren Schatz nur kurzfristig ausgeliehen.

»Das war ein großartiges Dokument, gut lesbar«, erinnert sich Hunzinger. Die mehr als 2000 Jahre alten hebräischen Handschriften des Psalters, in Kolumnen ohne Satzzeichen auf Pergament geschrieben, erwiesen sich als »fast identisch mit unserem heutigen, gedruckten Text«. Die früheste bekannte Bibelhandschrift stammte bis dahin aus dem 9. Jahrhundert. Die antiken Abschreiber der Psalmen-Sammlung hatten also, über einen immensen Zeitraum hinweg, präzise Arbeit geleistet. Die ledrigen Schriftbahnen verströmten einen ganz besonderen Geruch. Nachdem 1947 ein arabischer Hirte die ersten Schriftrollen zutage gefördert hatte, erkundeten Beduinen und später dann auch de Vaux und seine Leute das Gelände um Qumran systematisch. Auch in die elfte Höhle waren die Archäologen bereits vorgedrungen – und schnell wieder umgekehrt: Meterhoch lagerten hier die Exkremente von Fledermäusen, der ätzende Gestank verscheuchte die Forscher, nicht jedoch die Nomaden, die nach ihnen kamen.

Schätzungsweise 16 000 bis 20 000 Bruchstücke von 870 Rollen aus dem spätantiken Judentum wurden aus den Berghängen am Toten Meer geborgen. Weitgehend unversehrt wie der Psalter blieb auch das Prunkstück der Sammlung, die 7,34 Meter lange Jesajarolle aus Höhle eins. Nahezu lückenlos gibt sie den Text des Prophetenbuchs wieder, mitsamt der Friedensvision einer Wandlung von »Schwertern zu Pflugscharen«. Auf Leder von Ziegen, Rindern, Schafen oder auch Gazellen, seltener auf Papyrus waren mindestens 500 verschiedene Schreiber tätig, die meisten in der heute noch im Druck üblichen hebräischen Quadratschrift. Ein Datum hinterließen sie nicht. Das Alter der Rollen wurde erst mit Hilfe der Radiokarbonmessung ermittelt. Es handelt sich um die wohl bedeutendste archäologische Entdeckung des 20. Jahrhunderts.

Fünf Jahre lang hat der evangelische Theologe Hunzinger Schnipsel und Fetzen sortiert, teils waren die Fragmente nicht größer als eine halbe Briefmarke. »Furchtbare Fummeleien«, bei denen er auch mit Hilfe der Maserung des Papyrus mehrdeutige Zeichen enträtselte, ergaben schließlich faszinierende Einblicke: Unter der Lupe, so war der Forscher überzeugt, hatte er auf der Psalmenrolle auch Gebetstexte und Friedensformeln der strenggläubigen jüdischen Gemeinde vor sich, die einst Qumran besiedelte, praktisch das Gesangbuch der sogenannten Essener.

Beim wissenschaftlichen Streit ging es bald hoch her: Waren die Essener die Verfasser und ursprünglichen Besitzer der reichen Bibliothek? Kopierten sie Hunderte von Texten, um die heiligen Schriften in der Abgeschiedenheit zu studieren?

Die Sekte der Essener, mönchisch und radikal, über die schon antike Autoren wie Josephus Flavius und Plinius der Ältere berichtet hatten, wurde von de Vaux sogleich in Zusammenhang mit den Höhlenfunden gebracht. Der Archäologe deutete die nahe gelegene Ruinenstätte als eine Art Kloster der asketischen Gruppe. Er fand Becken für rituelle Waschungen, einen Speisesaal, Tintenfässer und ein Skriptorium, in dem die Texte und Rollen entstanden seien. Hier, in Qumran, hätten die Essener abseits von Jerusalem ihren reineren »neuen Bund« gegründet. Als »Söhne des Lichts« riefen die Gläubigen, heißt es in der sogenannten Kriegsrolle, zum unerbittlichen Kampf gegen »die

Söhne der Finsternis« auf. In ihrer Gemeinderegelrolle gibt es einen harten Strafkatalog für Verfehlungen der Mitbrüder. Blinde, Hinkende, Taube durften von vornherein nicht aufgenommen werden.

Drei Forschergenerationen haben den intellektuellen Kampf um Qumran inzwischen ausgetragen, ein Ende ist nicht in Sicht. So hat sich die israelische Professorin Rachel Elior auf die Sadduzäer als Verfasser der Texte eingeschworen. Sie meint sogar: »Die Essener hat es niemals gegeben.« Auch der Amerikaner Norman Golb ist seit langem sicher, dass die Rollen aus Jerusalemer Bibliotheken stammten und am Toten Meer vor den Römern in Sicherheit gebracht wurden. Die Truppen der Besatzungsmacht näherten sich 68 nach Christus dem Toten Meer. Deshalb geht auch die Essener-These davon aus, dass die kostbaren Schriften in einer Blitzaktion vor dem Feind verborgen wurden. Zuvor hat man sie in Leinen verpackt und in zylindrische Tongefäße versenkt – so wie die durch Zufall in der Höhle eins von den Hirten entdeckte Jesajarolle.

Andere Wissenschaftler sehen einfach nur eine unbekannte jüdische Gruppe am Werk. Die Ruinenstätte selbst wurde schon als Festung, als Keramikwerkstatt oder Landgut gedeutet. Zurück zur Essener-Autorenschaft kommt indessen Daniel Stökl Ben Ezra. Der 41-jährige Judaist von der Pariser Ecole Pratique des Hautes Etudes, der als Star unter den jüngeren Qumran-Forschern gilt, sieht die alte These jedoch »wesentlich nuancierter« – es habe sicher mehrere und unterschiedliche Essener-Gruppierungen gegeben. Eines der wichtigsten Rätsel, die es zu lösen gelte, seien in diesem Zusammenhang die Friedhöfe unweit der Ruinenstätte. Obwohl, nach antiken Quellen, die Essener im Zölibat lebten, finden sich auf einem Friedhof auch Frauen und Kinder. Möglicherweise sind sie nicht Juden, sondern Beduinen. Geforscht werden konnte bisher nur an einer kleinen Anzahl von Skeletten, bedauert Stökl: Für orthodoxe Juden ist die Öffnung von Gräbern eine der größten Schandtaten.

So »ungeheuer spannend« und »für die Wissenschaft voller Sternstunden« wie Hunzingers Begegnung mit dem Pergament aus der Fledermaushöhle ist die gesamte Entdeckungs- und Forschungsgeschichte der Rollen: Aus den Händen geschäftstüchtiger Beduinen, von Antiquitätenhändlern und eines kundigen Metropoliten gelangten sie in die Obhut von Wissenschaftlern. Acht Rollen, die ersten sieben Rollen aus der Höhle eins und die Tempelrolle, fanden 1965 im eigens dafür gebauten »Schrein des Buches« des Jerusalemer Israel Museums ihren festen Platz. Als Kriegsbeute fielen den Israelis im Sechs-Tage-Krieg von 1967 obendrein alle Qumran-Funde zu, die im Palestine Archeological Museum, dem späteren Rockefeller Museum, gelagert hatten. Und in den Kriegswirren beschlagnahmten israelische Geheimdienstler im Haus eines Mittelsmanns der Beduinen die 8,5 Meter lange, schwer beschädigte Tempelrolle, die detaillierte Anweisungen zum Bau des idealen Tempels in Jerusalem gibt.

Die ersten transkribierten Texte veröffentlichten wissenschaftliche Verlage schon wenige Jahre nach der Entdeckung. Nur die Sammler von Fragmenten der Qumran-Schätze hielten ihre Beute unter Verschluss und unpubliziert. Blühten deshalb seit den achtziger Jahren die Verschwörungstheorien? Die Geheimnisse um Qumran sind der Stoff, aus dem Bestseller gemacht werden: Autoren wie die Amerikaner Dan Brown (»Sakrileg«) sowie Michael Baigent und Richard Leigh (»Verschlusssache Jesus«) behaupten, der Vatikan verhindere Veröffentlichungen, weil neue Aussagen über Jesus das kirchliche Bild erschüttern würden. Mit Peinlichkeiten wartete dabei vor allem Brown auf, der mehrfach den Text der Jesajarolle mit ihren messianischen Prophezeiungen auf dem Kopf stehend und spiegelverkehrt abbildete – in die Irre geführt durch »eine Bosheit der hebräischen

Schrift«, wie Emeritus Hunzinger spottet. Denn die wird von rechts nach links geschrieben und »hängt unter der Linie wie ein Wäschestück«.

Der Vatikan konnte indes an der Unterdrückung der Texte gar kein Interesse haben: Über Jesus und frühe Gestalten des Christentums ist aus den Funden nichts zu erfahren. Beziehungen Jesu oder seiner Anhänger zur Qumran-Gemeinde habe es nicht gegeben, sagt der Heidelberger Neutestamentler Gerd Theißen. Die Bewohner von Qumran zeigten zwar in manchen Riten Ähnlichkeiten mit der Jesusbewegung, sie praktizierten »wiederholte Selbstuntertauchungen«, gemeinschaftliches Mahl und auch Gütergemeinschaft. Doch ihre rigide und militante Lebensordnung sei gänzlich anders begründet als in der Lehre Jesu, der sogar zur Feindesliebe aufrief und Umgang mit Sündern und Außenseitern pflegte. Dennoch seien die Texte der Gemeinschaft von Qumran für das Verständnis des Neuen Testaments von großer Bedeutung, betont Theißen, »weil sie die religiöse, soziale und rechtliche Welt im Judäa der beiden Jahrhunderte um die Zeitenwende erschließen«.

62 Jahre nach ihrer Entdeckung, 2009, wurde die Publikation der Rollentexte abgeschlossen. Schon hat das Jerusalemer Israel Museum gemeinsam mit dem Daten-Konzern Google fünf Rollen digitalisiert und fürs Netz aufbereitet. Doch die historische Zuordnung der Schriften vom Toten Meer werde noch weitere Generationen von Wissenschaftlern beschäftigen, glaubt Ira Rabin. Die Chemikerin und Pergament-Forscherin (»Meine Lebensleidenschaft«) arbeitet an Methoden, die Herkunft und Entstehungsgeschichte von Textfragmenten zu bestimmen, ohne die hochempfindlichen Kostbarkeiten zu zerstören. Rabin hat an der Berliner Bundesanstalt für Materialforschung zusammen mit dem Physikochemiker Oliver Hahn und einem internationalen Team verschiedener Institute Verfahren entwickelt, den

Pergamentstückchen schonend physikalische »Fingerabdrücke« abzunehmen. Zeigen Fragmente identische Röntgenfluoreszenz- oder Infrarotspektren, gehören sie zusammen.

»Es ist alles abenteuerlich, was mit Qumran zu tun hat«, sagt die Wissenschaftlerin – auch die Analyse der Tuschen, mit der die Dokumente verfasst wurden. Anhand der spektroskopischen Analyse von Spurenelementen in der »ungewöhnlich fest haftenden Tusche« der Danksagungsrolle konnten Rabin und ihre Berliner Kollegen zeigen, dass das Verhältnis von Chlor und Brom in der Tinte mit dem im Wasser aus der Region des Toten Meeres identisch ist. Für Qumran-Forscher Stökl ist dieses Ergebnis »einer der größten Lichtblicke der letzten Jahrzehnte«. Der Wissenschaftler aus Paris sagt hoffnungsvoll: »Endlich können wir damit wohl diese elende Diskussion beenden, ob die Rollen in Jerusalem oder am Toten Meer beschrieben worden sind.«

## TEIL IV

# EIN NEUER GLAUBE

# Schwache, treue Seelen

*Die zwölf Jünger, die den engsten Kreis um Jesus bildeten,*
*waren für die frühen Christen Vorbilder und Leitfiguren.*
*Sie sollen als Märtyrer gestorben sein.*

Von Sebastian Borger

Bei Betrachtung des berühmten Gemäldes erinnerte sich
Deutschlands Nationaldichter Johann Wolfgang von Goethe
an seine Reisen und freute sich an der »Bewegung der Hände«,
die »nur ein Italiener finden« konnte: »Bei seiner Nation ist
der ganze Körper geistreich, alle Glieder nehmen teil an jedem
Ausdruck des Gefühls, der Leidenschaft, ja des Gedankens.«
Leonardo da Vinci habe die biblische Szene der Gegenwart
des ausgehenden 15. Jahrhunderts angenähert und die heilige
Gesellschaft zu Gästen im Speisesaal der Dominikanerkirche
Santa Maria delle Grazie gemacht. »Das Tischtuch mit seinen
gequetschten Falten, gemusterten Streifen und aufgeknüpften
Zipfeln« erschien Goethe wie frisch »aus der Waschkammer
des Klosters«.

Das Wandbild des wichtigsten Malers der italienischen
Renaissance ist unzählige Male kopiert worden, von frommen
Nachahmern ebenso wie für die VW- oder Jeans-Werbung. Da
sitzen 13 Männer (oder sind es 12 Männer und eine Frau?) beim
berühmtesten Abendessen der Menschheitsgeschichte. Gerade
hat Jesus von Nazareth seinen Jüngern die erschütternde Mit-
teilung gemacht: Einer von euch wird mich verraten! Keine
24 Stunden nach dieser Szene wird der Meister, den sie jetzt entsetzt, ungläubig, Auskunft heischend anstarren, jämmerlich am

Kreuz verenden. Die irdische Zukunft gehört dem Zwölferkreis und der weiteren Jüngerschaft. Nicht umsonst hat Leonardo jene nah an Jesus gesetzt, die in den Evangelien mehr sind als Namen in einer Aufzählung: den »Lieblingsjünger« Johannes, Judas, den Verräter, den ungläubigen Thomas und natürlich das draufgängerische Großmaul Simon Petrus, auf dessen Nachfolge sich der Papst bis heute beruft. Sie alle haben die Phantasie von Künstlern und Gläubigen beschäftigt, sie fallen auch Kirchen-Fernen ein, wenn das Stichwort Jünger zur Sprache kommt. Aber der Rest der zwölf?

Vielleicht erinnert sich mancher aus dem Religionsunterricht noch an Bartholomäus, kennt jemand die Legende des Jakobus, der angeblich im spanischen Santiago de Compostela seine Tage beschloss. Viel eher als über diese Namen glauben die Menschen heute über Maria Magdalena Bescheid zu wissen: Im Neuen Testament erste Zeugin der Auferstehung, für manche Feministinnen ein Vorbild, für Musical-Komponisten (»Jesus Christ Superstar«) und Romanautoren wie Dan Brown (»Sakrileg«) die Geliebte oder Ehefrau des Heilands.

Wenn wir es nur wüssten! »Von der Individualität der einzelnen Jünger hören wir in den Evangelien aufs Ganze gesehen sehr wenig«, schrieb der Heidelberger Neutestamentler Günther Bornkamm 1956 in seinem Standardwerk »Jesus von Nazareth«. Seither haben Archäologen systematisch an bekannten Schauplätzen des Neuen Testaments gegraben, auch der Zufall kam ihnen zu Hilfe. Das 1986 im See Genezareth gefundene Boot gibt uns eine Vorstellung vom Arbeitsgerät jener Jünger, die Jesus angeblich direkt von ihrem Tagwerk wegholte. In Kapernaum fanden sich unter einer Kirche aus dem 5. Jahrhundert Überreste von Häusern, die aus der Zeit Jesu stammen könnten. Mag sein, dass es sich bei einem um das Haus des Simon Petrus handelt, dessen Frau aus Kapernaum stammte.

Mehr noch als der charismatische Wanderprediger selbst bleiben die Jünger verborgen hinter Überlieferungen der Christenheit. So ganz einig sind sich die vier Evangelisten Matthäus, Markus, Lukas und Johannes nicht einmal darüber, wer denn die zwölf waren. Zu ihnen zählten zwar namentlich ein Matthäus und ein Johannes. In der Wissenschaft unumstritten ist aber, dass die Erzähler der Evangelien nicht selbst zum erlauchten Kreis gehörten. Dessen Größe wird mit heiligen Zahlen beschrieben, die jeder Jude aus dem Alten Testament kennen musste: Die zwölf Jünger repräsentieren die zwölf Stämme Israels, denen der Messias Erlösung bringen sollte. Bei Lukas ist von »weiteren zweiundsiebzig« die Rede; unzweifelhaft gehörten dazu auch Frauen. Es waren Frauen, die dem Auferstandenen zuerst begegneten.

Fachleute bezweifeln nicht, dass die namentlich genannten Jünger gelebt haben. »Frühe heidnische Kritiker wie Hierokles oder Kelsos äußerten Zweifel an ihrer Aufrichtigkeit, nicht an ihrer möglichen Historizität«, erläutert der Neutestamentler Justin Meggitt von der Universität Cambridge. Darüber hinaus wissen wir fast nichts. Dass Jakobus, als Bruder des Heilands auch mit dem Attribut »Herrenbruder« gekennzeichnet, um das Jahr 62 herum hingerichtet wurde, berichtet der jüdische Geschichtsschreiber Josephus Flavius. Simon Petrus soll den Christenverfolgungen in Rom zum Opfer gefallen sein, über seinem vermeintlichen Grab wurde der Petersdom gebaut. Freilich lag auch den dort gefundenen Knochen kein Personalausweis bei.

»Die sachgemäße Frage an die Texte«, stellt die Theologische Realenzyklopädie fest, »lautet nicht primär, ›wie es war‹, sondern, ›was sie bedeuten‹.« Nicht primär. Dennoch haben die Bibelforscher im Lauf der Jahrhunderte eine Vielzahl von Erkenntnissen zusammengetragen. Dazu gehört die Unterscheidung zwischen dem Zwölferkreis und der weiteren Jüngerschar ebenso wie zwi-

schen den zwölfen, die Jesus selbst berief, und den Aposteln
(»Gesandte«), zu denen beispielsweise Paulus gehörte. Die frühen
Missionare reisten mit Frauen, und beide Partner werden in der
Bibel als Apostel bezeichnet, sagt der Bonner Neutestamentler
Martin Ebner: »Konsequenterweise müssten wir uns zu den zwölf
Stammvätern auch zwölf Stammmütter dazudenken.«

Namentlich tauchen aber im engsten Kreis bloß Männer auf.
Jesus holt die Fischer und Bauern, Zolleintreiber und Handwerker direkt von der Arbeit – keiner stammt aus der oberen
Gesellschaftsschicht. Brüderpaare sind dabei wie Simon Petrus
und Andreas, der in der orthodoxen Tradition als Erstberufener

gilt. Ein früherer Büttel der verhassten Besatzungsmacht (der Zöllner Matthäus, auch Levi genannt), ein fanatischer Gegner der Römer (Simon der Zelot). Bekannte jüdische Namen (Simon, Judas, Matthäus) ebenso wie eindeutig griechische (Philippus, Andreas). Sicher nicht zufällig können sich viele Gruppen der damaligen Gesellschaft vertreten fühlen. Dass nur Männer kenntlich werden, entsprach gewiss der herrschen-

*»Das Abendmahl«*
*(Ölgemälde von Bonifazio Veronese, 1487–1553,*
*undatiertes Frühwerk)*

AKG-IMAGES/CAMERAPHOTO

den Rollenverteilung. Es lädt auch ein zu Spekulationen über homoerotische, gar homosexuelle Beziehungen zwischen dem Meister und seinen Jüngern. Johannes, »der Jünger, den Jesus lieb hatte« und »bei Tisch an der Brust Jesu« lag, wird von Künstlern seit Jahrhunderten als anschmiegsamer Jüngling dargestellt (manche glauben freilich, dass Leonardo in ihm eine Frau gesehen hat).

Einen interpretationsfähigen Hinweis mag Eifrigen auch die Stelle im Markusevangelium liefern, in der von einem »jungen Mann« die Rede ist, »mit einem Leinengewand bekleidet auf der bloßen Haut«. Dieser ist der Letzte, der Jesus nach dessen Verhaftung im Garten Gethsemane noch nachfolgt; die Jünger selbst haben sich aus dem Staub gemacht. Als die Häscher des Hohepriesters auch ihn in Gewahrsam nehmen wollen, flieht der Namenlose nackt – und verschwindet im Nebel der Überlieferung. Wieder so ein paar Zeilen, die ohne Zusammenhang und Erklärung die sonst so packende Erzählung des frühesten Evangelisten verlangsamen. Wenn Markus es denn als Chiffre meinte, so ist die Entschlüsselung bis heute nicht gelungen. Den »geheimen« Textteil, den der US-Historiker Morton Smith 1973 präsentierte, halten heutige Forscher für eine Fälschung. Die Gesellschaft, in der Jesus agierte, sei nun mal patriarchalisch geprägt gewesen, argumentiert Justin Meggitt: »Dass Männer im Nahen Osten viel Zeit miteinander verbrachten, bedeutet nicht gleich, dass sie auch ein sexuelles Verhältnis hatten.«

Meggitt interessiert eine andere Frage viel mehr: Warum haben die Jünger – bis auf den Selbstmörder Judas – das österliche Geschehen überhaupt überlebt, wo doch ihr Anführer einem jämmerlichen Tod zugeführt wurde? Schließlich sei es für Kolonisierte im Römischen Reich »nicht sonderlich schwer« gewesen, am Kreuz zu enden, sagt Meggitt lakonisch. Unter Pontius Pilatus wurden mutmaßliche Aufständische gleich mal zu

Dutzenden getötet. Dass die Jünger diesem Schicksal entgingen, jedenfalls zunächst, begründet Meggitt provokant: Die Römer hätten Jesus für einen »zerrütteten, sich selbst überschätzenden Geistesgestörten« gehalten, für ein Ärgernis zwar, dem man den Garaus machen sollte, aber eben nicht für den potentiellen Führer eines gefährlichen Aufstands. Die Art und Weise, wie der Zwölferkreis und die weitere Jüngerschar am Karfreitag auseinanderstoben, gab den Herrschenden zunächst recht.

Selbst wenn wir vom grässlichen Tod des Meisters absehen, haben wir es ja keineswegs mit einer durchgängigen Erfolgsgeschichte zu tun. Natürlich sorgt Jesus in den Dörfern Galiläas immer wieder für Menschenaufläufe. In der Bibel ist viel von Heilsuchenden die Rede, von Kranken, Armen und Schwachen, von echten Aussätzigen und solchen, die es im übertragenen Sinn waren: Prostituierte, Steuereintreiber (Zöllner), psychisch Kranke. Oft dürften schlichtweg Neugierige überwogen haben, die sich ihren kargen Alltag gern einmal von einem Geschichtenerzähler verschönern ließen. Später mag das Bedürfnis hinzugekommen sein, diesen Jesus einmal mit eigenen Augen zu sehen, von dem so viel gemunkelt und geschwärmt wurde. Angaffen, anfassen, bewundern, na gut! Aber so einem Wanderprediger im Wortsinn nachzufolgen, das war ein ganz anderer Schritt. Und noch dazu diesem Unbedingten, der allen Ernstes darauf bestand, man müsse ihm jetzt, sofort, in dieser Minute nacheilen, nicht erst, wenn das Vieh versorgt oder der gefangene Fisch verkauft ist. Ja, nicht einmal das ordentliche Begräbnis des toten Vaters soll einem namenlosen Jünger gestattet gewesen sein, wie Matthäus kolportiert. Das ist in der Hitze des Nahen Ostens nicht nur ein hygienisches Problem und ein Kulturverstoß, sondern ein Sakrileg, ein Religionsfrevel im eigentlichen Sinn, weil es gegen das vierte Gebot verstößt (»Du sollst deinen Vater und deine Mutter ehren«).

Unvergleichlich hart fasst Jesus die »Radikalität der Wandercharismatiker«, so der Neutestamentler Gerd Theißen, bei Lukas in einem Wort zusammen, das die Forscher gerade deshalb für authentisch halten: »Wenn jemand zu mir kommt und hasst nicht seinen Vater, Mutter, Frau, Kinder, Brüder, Schwestern und dazu sich selbst, der kann nicht mein Jünger sein.« Freilich ist vorher von einer »großen Menge« die Rede, die Jesus bedrängte; ob ihm der Zulauf so auf die Nerven ging, dass er die Massen mit radikalen Sprüchen verschrecken wollte? Oder handelt es sich nur um die blumige Sprache des Morgenlandes? Beides stünde im Einklang mit dem widersprüchlichen, unlogischen, unpraktischen, harten Fragestellungen gern ausweichenden Mann, den die Evangelien beschreiben.

Die Skepsis moderner Menschen gegenüber dem merkwürdig ansatzlosen Vertrauen zwischen Guru und Jüngern hat schon im 19. Jahrhundert der Theologe David Friedrich Strauß herrlich beschrieben: »Für uns zwar ist es wunderbar genug, dass Jesus Männer, die er, wie man der Erzählung nach annehmen muss, zum ersten Male sah oder doch nicht näher kannte, ohne weiteres zu seiner Nachfolge berufen, und diese dem Rufe ohne weiteres sollen Folge geleistet haben.« Fest steht jedenfalls: Sich auf so einen Anführer einzulassen erforderte ein besonderes Maß an Unzufriedenheit und Abenteuerlust, auch an spiritueller Orientierungslosigkeit. Mag der charismatische Meister seine Jünger zu jenseitigem Denken inspiriert haben – das irdische Dasein dieser Bettler war sicher kein Zuckerschlecken: in kärglichster Kleidung, die wunden Füße womöglich nicht einmal in Sandalen, von festem Schuhwerk ganz zu schweigen, ohne Geld, ohne Nahrung.

»Seht die Vögel unter dem Himmel an«, predigt Jesus, »sie säen nicht, sie ernten nicht; und euer himmlischer Vater ernährt sie doch.« Das klingt toll für heutige Christen, die kurz nach dem

Gottesdienstbesuch schon wieder Ochsenschwanzsuppe schlür-
fen. Den Jüngern mögen die berühmten Worte des Meisters aus
der Bergpredigt manchmal wie Hohn in den Ohren geklungen haben, wenn nachts am Lagerfeuer unter freiem Himmel
der Magen vernehmlich knurrte, wenn sie von misstrauischen
Bewohnern wieder einmal aus dem Dorf gejagt worden waren wie
räudige Hunde. Als Lohn gingen die zwölf zwar in die Geschichte
ein, in der Bibel selbst kommen sie aber nicht sonderlich gut weg.
Wenn sie überhaupt auftreten, dann häufig als unverständige
Trampel, die wieder einmal gar nichts kapiert haben. Gegen
Ende des Matthäusevangeliums etwa ärgern sie sich über eine
Frau, die den Meister mit einem »kostbaren Salböl« verwöhnt.
Man hätte viel Geld für die Armen erlösen können, schimpfen
sie und werden von Jesus in die Schranken gewiesen: »Sie hat
ein gutes Werk an mir getan.«

Gut möglich, dass die Evangelisten solche Passagen in päd-
agogischer Absicht formuliert haben: Neugierige und frisch
bekehrte Zuhörer vermochten sich mit den Menschen zu iden-
tifizieren, die durch Suche und Irrtum zum Glauben gefunden
haben. Oder durch Zweifel. Gegen Ende des Matthäusevangeliums knien zwar die überlebenden elf Apostel vor dem Auferstandenen nieder; »einige aber zweifelten«, heißt es dann, ohne dass
Namen genannt werden. Hingegen wird das Johanneskollektiv
deutlicher: Thomas ist der Oberzweifler, als solcher ist er in die
Geschichte eingegangen, weshalb Spötter gern vom »ungläubigen Thomas« reden. Schon in Leonardo da Vincis »Abendmahl«
hebt er den Finger, als wollte er wortreich mitteilen, der von
Jesus soeben angekündigte Verrat sei doch recht unwahrscheinlich. Nach der Hinrichtung zweifelt Thomas erst recht: Er muss
den Auferstandenen erst berühren, ihm gar den Finger in die
Seite bohren, wie es der Maler Caravaggio 1601 auf unvergleichlich drastische Weise nachempfunden hat.

Zu den Zweiflern zählt auch jener Jünger, den alle Aufzählungen der Evangelisten stets an erster Stelle nennen: Simon Petrus. Von ihm wissen wir biografische Details, die ihn aus der Zwölferschar hervorheben. Er ist etwa so alt wie Jesus, in Betsaida am See Genezareth geboren, lebt nun einige Kilometer weiter westlich als Fischer in Kapernaum mit seiner Frau, seiner kranken Schwiegermutter und seinem Bruder Andreas, der ebenfalls als Fischer arbeitet. Das Brüderpaar folgt dem Meister einerseits bedingungslos; andererseits bleibt Simon doch sein eigener Herr, oder sollte man sagen: ein autonomer Mensch?

Ausgerechnet Simon gibt der neue Messias den aramäischen Beinamen Kephas (griechisch »petros«, für Stein) und adelt ihn als den Felsen, auf dem er seine Kirche aufbauen will. Petrus ist ein Aufschneider und Wichtigtuer, einer, der immer alles genau wissen will, sich selten zufriedengibt und mit natürlicher Autorität für die zwölf spricht. Wie kein anderer gerät er für Jesus zum Dialogpartner, er wagt es, dem Meister ins Gewissen zu reden und beispielsweise von der Reise nach Jerusalem abzuraten, wofür Jesus ihn wütend als »Satan« bezeichnet. »Heftigen Charakter« hat Goethe diesem Jünger attestiert, wofür ja allein schon sein Auftritt im Garten Gethsemane spricht: Es ist Petrus, der angesichts überwältigender polizeilicher Übermacht sein Schwert zieht und dem Knecht des Hohepriesters namens Malchus das rechte Ohr abhaut. Warum er anschließend weder aufgespießt noch verhaftet noch sonst irgendwie zur Rechenschaft gezogen wird? Noch so ein Rätsel, das jeden verstandesorientierten Bibelleser zur Verzweiflung treiben muss. Jesus heilt das Ohr einfach wieder, tadelt den ungestümen Missetäter und lässt sich widerstandslos abführen zur Hinrichtung.

Da zeigt sich, dass Simon Petrus wirklich die Kirche symbolisiert: wortgewaltig und kleinmütig, großzügig und menschlich schwach. Erst brüstet er sich mit seiner besonderen Loyalität dem Chef gegenüber, dann kriegt Petrus es mit der Angst zu tun und verleugnet ihn dreimal, ehe der Hahn kräht. »Und er ging hinaus und weinte bitterlich«, heißt es lakonisch bei Matthäus. Reue empfindet in der nächsten Szene der Passionsgeschichte auch derjenige Jünger, den alle Evangelisten stets als Letzten nennen, weil er »das Allerletzte« darstellt: Judas, der seinen Meister an die Obrigkeit »verriet« – oder sollte man sagen: »überantwortete«? Über solche Spitzfindigkeiten streiten die Scholaren seit Jahrzehnten und sublimieren damit, je nach Temperament, die Empörung oder die Verzweiflung darüber, dass hier eine sensationelle Nachricht von den wortgewaltigen Autoren des Neuen Testaments auf gänzlich unbefriedigende Weise wiedergegeben wird.

Das muss man sich mal vorstellen: Der umschwärmte, hellseherische Guru spricht von Tod und Verrat, gibt Hinweise auf den Täter (die Hand in der Schüssel), beschuldigt bei Matthäus sogar einen der zwölf namentlich, und anschließend passiert – nichts. Kein Aufschrei der Empörung, keine Schlägerei, keine Messerstecherei? Und wenn schon keine Fakten, warum dann nicht wenigstens ein paar Emotionen? »Ich war sprachlos«, könnte Bartholomäus sagen, und Philippus würde mitteilen, dass er Judas schon immer für einen falschen Hund gehalten habe. Stattdessen: Nichts? Jeder Lokalredakteur einer Provinzzeitung würde sich im Angesicht eines derart tölpelhaften Manuskripts die Haare raufen. Wenn er bibelfest wäre, könnte er dem unfähigen Reporter noch Jesu Worte zurufen, wie sie Markus kolportiert: »Es wäre für diesen Menschen besser, wenn er nie geboren wäre.«

Geurteilt wurde natürlich auch so: Judas hat es zum Inbegriff des Erzbösen geschafft. Der »Judaslohn« bleibt stehender Begriff für unsauber verdientes Geld. Dass der Verräter bei Matthäus Zweifel bekommt und sich erhängt, was in der Kirche lang als Todsünde galt, passt ins Bild. Niemand hat das Grausen der mittelalterlichen Christen vor dem Mann und seiner Tat so wunderbar in Stein gemeißelt wie im 12. Jahrhundert Gislebertus an einem Kapitell der Saint-Lazare-Kathedrale in Autun (Burgund). Da hängt Judas mit grässlich verzerrtem Mund und aufgerissenen Augen am Baum, von links und rechts machen sich zwei Dämonen über ihn her. Die Kunstgeschichte kennt unzählige Judas-Darstellungen, eine brutaler als die andere. Leonardo da Vinci geht noch vergleichsweise glimpflich mit ihm um.

Für Andrew Lloyd Webber und seinen Librettisten Tim Rice war Judas, neben dem Titelhelden natürlich, der Mittelpunkt des glänzenden Musicals »Jesus Christ Superstar« aus dem Jahr 1971. Webber ärgert sich über das viele religiöse Gequatsche, er liebt den klugen, charismatischen Menschen Jesus, nicht den Sohn Gottes. Er will Action sehen, für die Armen, gegen die Römer. »Du hast mich ermordet«, schreit der Webber-Judas in den Himmel, ehe er sich erhängt – die Anklage der gewissensgeplagten Kreatur gegen die höhere Gewalt dröhnt mit unverminderter Wucht durch zwei Jahrtausende bis zu uns.

Judas' Beinamen Iskariot interpretieren die einen als eine Ableitung des hebräischen »isch qerijot«, Mann aus Kerijot. Tatsächlich gab es in Judäa ein Dorf Kerijot; sollte Judas wirklich von dort stammen, hätte er schon von der Herkunft her eine Sonderrolle eingenommen: als einziger Judäer unter lauter Galiläern. Andere lesen in Iskariot das lateinische Wort sicarius, was – abgeleitet von sica (Dolch) – so viel bedeutet wie Meuchelmörder. Judas wäre also ein besonders fanatischer Angehöriger der Zeloten gewesen, einer jener Dolchträger, die Attentate auf Römer und deren Kollaborateure begingen. Warum aber schloss er sich dann dem Wanderprediger an, der doch von den letzten Dingen redete und vom politischen Aufstand abriet?

Als fehlgeleiteten, fanatisierten, ungeduldigen Mann haben in der neueren Bibelforschung eine Reihe von Gelehrten den Judas dargestellt. Andere nehmen ihn in Schutz, er habe schließlich nur als Werkzeug Gottes fungiert. Immerhin fährt im Johannesevangelium erst dann »der Satan in ihn«, als Jesus ihm beim Abendmahl den Bissen reicht. In der Apostelgeschichte des Lukas erhängt sich der Übeltäter nicht, sondern stürzt unglücklich, »so dass alle seine Eingeweide hervorquollen« – auch kein wünschenswertes Ende.

So fasziniert die Evangelisten von dieser Figur waren, so wenig teilen sie mit über jenen Jünger, der Judas im Zwölferkreis ersetzt. Ein Barsabbas konkurriert mit Matthias, den nach frommem Gebet das Los und also der Fingerzeig Gottes trifft. »Und er wurde zugeordnet zu den elf Aposteln«, heißt es in der Apostelgeschichte, die dann kein Wort mehr verliert über den eingewechselten Ersatzspieler. So wird noch einmal deutlich: Es geht den christlichen Geschichtenschreibern nicht um die Individuen. Wichtig ist die Vollständigkeit des Zwölferkreises als Symbol der zwölf Stämme Israels – als Legitimation zur Verkündigung der anbrechenden Gottesherrschaft.

# Heilige Nägel und Knochen

*Ob Holzsplitter vom Kreuz, Dornen oder Schweißtuch,
eigentlich alles, was mit Jesus in Verbindung
gebracht werden konnte, wurde zur Reliquie. Doch wie echt
die Verehrungsstücke sind, bleibt umstritten.*

Von Mathias Schreiber

Wenn ein Heiliger stirbt, ein durch besondere Nähe zu Gott
Ausgezeichneter, dann lässt er verehrungswürdige Relikte zurück.
Das sind in erster Linie körperliche Reste, also Knochen oder
Asche, dann aber auch Dinge, die der Verblichene an sich und
um sich hatte. Diese Dinge bewirken bei dem, der sie gläubig
berührt oder anschaut, weil er irgendeine Not leidet, zuweilen
wunderbare Besserung. Darum heißen sie in den christlichen
Kirchen seit alter Zeit auch »Heiltümer«. Ursprünglich haben
Reliquien ja etwas Erschreckendes an sich. Sie stammen aus dem
Schattenreich von Asche und Gebein, Anatomie und Zerstü-
ckelung, Grabschändung und Nekrophilie. Als der Franziska-
nermönch Antonius von Padua, ein bewunderter Prediger des
frühen 13. Jahrhunderts, im Alter von 35 Jahren gestorben war,
schnitten ihm seine Verehrer die Zunge heraus und konservierten sie. Das Organ wird in Padua bis heute als Reliquie bewahrt;
sie soll dem, der sie ehrt, die Zunge lösen können.

Aber Reliquienkulte gibt es nicht nur im Christentum. Als
Buddha, »der Erleuchtete«, hochbetagt gestorben war, wurde
sein Körper eingeäschert. Die Asche, die Knochen, auch die
Zähne wurden unter verschiedenen Dynastien Nordindiens
aufgeteilt. Diese heiligen Reste des irdischen Buddha wurden

in Hügelgräbern bestattet, aus denen später Mausoleen oder Tempel wurden. Das war ein halbes Jahrtausend vor Jesus. Von dessen spärlichen Hinterlassenschaften handelt das wichtigste und auch aufregendste Kapitel der christlichen Reliquienkultur. Sie entstand etwa im 2. Jahrhundert. Die Gebeine der frühchristlichen Märtyrer, die in den römischen Katakomben beerdigt sind, wurden früh als »heilige Leichname« verehrt und gesammelt. Was Jesus selbst angeht, so war diese Art der Reliquienbildung von Anfang an eigentlich unmöglich. Denn Jesus ist ja, etwa nach dem Zeugnis der biblischen Apostelgeschichte, leibhaftig von den Toten auferstanden und vor den Augen seiner Jünger »zum Himmel« aufgefahren – »und eine Wolke entzog ihn ihren Blicken«. Das bedeutet: Es gibt keine körperlichen Überbleibsel von ihm.

Gleichwohl tauchten über die Jahrhunderte auf makabre Weise immer wieder Körperteile auf, die von Jesus stammen sollen: Nabelschnur, Haare, Milchzähne, die beschnittene Penisvorhaut, Tränen, Fingernägel, vergossenes Blut des Heilands. Gewiss ist es theoretisch möglich, dass von Jesus solcherlei zurückblieb, faktisch aber wurden sie alle von geschäftstüchtigen Fälschern mit guten Beziehungen zu Totengräbern fabriziert. So existieren denn auch von der Penisvorhaut des Gottessohns gleich etliche Exemplare. Obwohl dingliche Erinnerungsstücke Reliquien zweiter Klasse sind, spielen sie bei Jesus, dem körperlich Entschwundenen, die Hauptrolle: Splitter vom Heiligen Kreuz, Kreuzigungsnägel, Dornenkrone, Fetzen vom Schwamm, der dem Durstigen am Kreuz Essig darbot, Teile der Lanze, die eine Seite des Gekreuzigten geöffnet haben soll, Teile der Geißelungssäule, Schweißtuch, Grabtuch, heilige Tunika, Sandalen, selbst irgendwelche Fußabdrücke Jesu oder ein Knochen vom Finger, den der ungläubige Apostel Thomas in die Wunde des noch einmal Wiedergekehrten legen durfte.

Spätestens seit dem 6. Jahrhundert wurden in allen möglichen Größen spezielle Kästchen, Täschchen, Kapseln zum Umhängen, Gürtelschnallen mit Hohlräumen und verschiedenartige gläserne Behälter angefertigt, damit fromme Leute wie Gotteskrieger ihre höchsteigenen Reliquien zur persönlichen Schadensabwehr mit sich herumtragen konnten. Angebliche Blutstropfen von Jesus wurden 1204 von plündernden Kreuzfahrern in Konstantinopel gefunden und mitgenommen; sie waren eingeschlossen in ein Kristallfläschchen, das sich in der Heiligen Kapelle des Kaiserpalasts am Bosporus befand – in derselben sakralen Schatzkammer wurden die Eisenspitze der Heiligen Lanze, die Dornenkrone, zwei Stücke vom Kreuz, zwei Kreuzigungsnägel, ein Jesusgewand, der angebliche Kopf Johannes' des Täufers und zahlreiche andere Reliquien aufbewahrt. Reiche Beute, die die Kreuzritter auf dem Reliquienschwarzmarkt versilberten – kirchenoffiziell war der Handel mit dieser Ware verboten.

Abenteuerlich ist vor allem die Geschichte der Kreuzsplitter und Kreuzigungsnägel. Sie bildet die Ouvertüre der christlichen Reliquienoper. Sie blühte auf im Hochmittelalter. Im Spätmittelalter erreichte die Lust am Sammeln von Reliquien endgültig das Stadium der Hysterie. Allein der sächsische Kurfürst Friedrich der Weise, der Beschützer Martin Luthers, verfügte 1513 über 5262 heilige Splitter, Tropfen und Partikel, eine ziemlich unübersichtliche Reliquienkollektion, deren Bestand sieben Jahre später auf nicht weniger als 18 970 Stücke angewachsen war. Martin Luther verachtete den ganzen »Reliquienkram«.

Die Geschichte der Nägel und Splitter beginnt mit der Reise der Heiligen Helena nach Jerusalem, etwa von 325 bis 327. Helena war die Mutter des römischen Kaisers Konstantin. Beim Aufbruch nach Jerusalem war sie mindestens 75 Jahre alt. Von Bithynien am Bosporus bis Palästina mussten rund 2000 Kilometer Distanz gemeistert werden, und dies in der holpri-

*Armreliquar mit mumifiziertem Finger des Heiligen Nikolaus (Domschatz zu Halberstadt)*

gen, damals üblichen zweirädrigen Kutsche. Die resolute Greisin reiste mit einem imposanten Tross aus Soldaten, Dienern, Köchen, Kutschern, Kundschaftern und Kennern der besten Routen. Helena war eine unerschrockene Aufsteigernatur: Aufgewachsen in einfachsten Verhältnissen wurde die Schankwirtin die Konkubine des späteren Kaisers Constantius, während dieser als Heerführer auf dem Balkan unterwegs war. Mit ihm zeugte sie Konstantin – ihren Lebenstrumpf, der wohl 272 oder 273 in der Garnisonsstadt Naissus im heutigen Serbien zur Welt kam. Dass Constantius Helena 289 verstieß, um aus Karrieregründen eine Stieftochter des Kaisers Maximian zu heiraten, hat den Aufstieg Konstantins nicht verhindert. Als der schließlich Kaiser wurde, verlieh er der Mutter den Ehrentitel »Augusta«, die Erhabene.

Die Reise nach Palästina inszenierte Helena vor allem als Werbefeldzug für ihren Sohn – sie verteilte unterwegs großzügig Geld und Kleidung und andere Geschenke; doch es war zugleich eine Art Wallfahrt zum Ursprungsland ihrer beider Religion. Sie beteiligte sich mit großem Eifer an der Christianisierung des Römischen Reichs, das durch die verbindende Glut des neuen Glaubens vor dem drohenden Zerfall bewahrt werden sollte. Konstantin und Helena beeindruckte an der aufstrebenden Religion besonders deren »historischer Charakter«, so die Geschichtswissenschaftler Carsten Peter Thiede und Matthew D'Ancona in ihrem Buch über »Das Jesus-Fragment«.

Sofern Gottesbezug mit konkreten, damals erst drei Jahrhunderte zurückliegenden Ereignissen im römischen Herrschaftsbereich aufgefrischt werden konnte, enthielten materielle Zeugnisse der Religionsgründer eine zusätzliche Überzeugungskraft; sie waren ein willkommenes Machtpotential für den kaiserlichen Schutzherrn dieses Glaubens. Konstantin hatte, nach einer im Zeichen des Christengottes gewonnenen Schlacht gegen seinen Rivalen Maxentius, in seinen Provinzen nicht weniger als

1800 Bischöfe inthronisiert. So ging es denn auf Helenas Reise ganz praktisch um die Auffindung der materiellen Zeugnisse des neuen Glaubens, zumal um die Auffindung des Kreuzes (»inventio crucis«).

Sie und ihre Arbeiter sollen tatsächlich, beraten vom örtlichen Bischof Macarius, um 326 das Kreuz Jesu, drei oder vier Nägel, mit denen seine Hände und Füße ans Holz geschlagen waren, und auch das Schild mit der Inschrift »Jesus von Nazareth, König der Juden« in jenem Bezirk Jerusalems aufgestöbert haben, in dem Jesus gekreuzigt und begraben wurde: auf dem Berg Golgatha und in seiner Nähe. Ebendort hatte der römische Kaiser Hadrian im 2. Jahrhundert n. Chr. einen Prunktempel für seine Lieblingsgottheit Venus errichten lassen. Helena und Konstantin ließen über der Zisterne, in der das Kreuz (neben zwei weiteren Kreuzen) gefunden wurde, eine prachtvolle Basilika bauen – der Venustempel wurde abgerissen. Kirchenbau als Kulturpolitik, schon damals.

Das Kreuz ließ Helena der Legende nach zerteilen: Ein Drittel nahm sie mit nach Rom, einen Teil schickte sie ihrem Sohn nach Konstantinopel, und der Rest blieb in Jerusalem. Das Kreuz, bestehend aus einem relativ groben Pfahl mit Querbalken, sollte nie mehr zusammengefügt werden, seine Fragmente wurden über die ganze Welt verteilt. Magisches Denken heidnischer Provenienz war damals auch im Spiel: Die Nägel ließ Helena teilweise in die Trense einarbeiten, die Konstantin seinem Lieblingsross anzulegen pflegte. Andere Nagelteile verstärkten den Helm, den ihr Sohn bei Feldzügen trug; die Metallstücke sollten schützen vor Sturz und Feind. Ein Nagelfragment ist im Bamberger Dom gelandet, wo es in einem prunkvollen Reliquiar aufbewahrt wird, das wie eine Kombination aus Kelch und Kerzenständer aussieht. Andere Nagelteile oder -partikel, die von einem als echt geltenden Nagel abgeschliffen wurden, gerieten in Städte wie Aachen, Köln, Florenz, Krakau, Mailand oder Wien. Die ziemlich kompletten Nägel, über die Siena und Rom verfügen, genießen den Ruf, authentisch zu sein; zumindest sind sie keine offensichtlichen Fälschungen.

Im frühen 13. Jahrhundert beklagte die französische Abtei von Saint-Denis den Verlust eines Nagelstückchens, und auch eine landesweite Suche konnte es nicht aufstöbern. Das deprimierte besonders den passionierten Reliquiensammler König Ludwig IX., »der Heilige« (1214 bis 1270). Zur Kompensation konnte er einige Jahre später jene Dornenkrone Christi kaufen, die im 11. Jahrhundert aus dem Heiligen Land nach Konstantinopel geraten war. Sie bestand aus einem Binsenreif, in den ein gutes Dutzend Zweige von einem Dornbusch der Gattung Zizyphus vulgaris eingeflochten waren. Diese Dornbuschgattung kommt im Gebiet um Jerusalem häufig vor; die Dornen werden bis zu fünf Zentimeter lang.

König Ludwig, der dem damals notleidenden Konstantinopel auch zwei Teile des Heiligen Kreuzes abkaufte, ließ etwa 60 Dornen, die sich wohl während des Transports aus dem Reif gelöst hatten, auf die Kirchen und Kathedralen seines Reiches verteilen. Wunderbare Dornvermehrung: Im 19. Jahrhundert wurden in 90 europäischen Kirchen und Kathedralen zwischen Brügge und Prag 193 Dornen registriert. Die mutmaßliche Dornenkrone wurde die Gründungsreliquie der Pariser Palastkirche Sainte-Chapelle. Sie wird heute in der Kathedrale Notre-Dame de Paris aufbewahrt. Helena soll auch die Knochenreste der Heiligen Drei Könige, die Kaiser Barbarossa dann im 12. Jahrhundert von Mailand nach Köln entführt hat, aus Palästina mitgebracht haben; ebenso einen Rock, den Jesus getragen haben soll. Er wird als hochverehrter »Heiliger Rock« im Dom der Stadt Trier aufbewahrt, wo Helena einige Jahre lebte. Wie genau Helena bei ihrem Palästina-Abenteuer an die Gebeine der legendären

drei Weisen aus dem Morgenland gelangt ist, weiß man nicht.
Doch dass ihr Sohn Konstantin diesen Schatz einige Jahre nach
ihrem Tode dem Mailänder Bischof Eustorgius geschenkt hat,
ist bekannt.

Nach der Belagerung Mailands schleppten dann Soldaten Kaiser Barbarossas die heiligen Knochen der »ersten christlichen
Könige«, wie es damals hieß, als Kriegsbeute über die Alpen ins
deutsche Reichsland, wo sie der Kölner Erzbischof und Kanz-
ler Barbarossas, Rainald von Dassel, 1164 in den Kölner Dom
überführen ließ. Erst 40 Jahre später wurde die kostbare Hülle
für diese Knochen fertiggestellt, ein prachtvoller Schrein in der
Form einer Basilika – die größte Goldschmiedearbeit des europäischen Mittelalters. Der Schrein, das Prunkstück des Kölner
Doms, enthält von Stoffresten umwickelte Schädel, Oberschen-
kelknochen, Schienbeine, Rippen und andere Skelettfragmente
von drei auffällig unterschiedlich alten Männern des 1. Jahrhunderts, aber auch Knochen des Märtyrers Gregor von Spoleto.

Bei ihrer Schatzsuche am Berg Golgatha, die mit den Bau-
arbeiten für diverse Kirchen einherging, stieß Helena der Tradition zufolge auch auf die »lancea« Christi – jene »eiserne Lanze«
des römischen Legionärs Longinus, »mit der unserem Herrn die
Seite geöffnet worden war«. So formuliert es der Kreuzzugsteil-
nehmer, Ritter und Chronist Robert de Clari in seinem Bericht
über die Plünderung der kaiserlichen Reliquienkapelle von Konstantinopel 1204. In dieser Kapelle lagerte auch die legendäre
»lancea«. Neben der Dornenkrone und den Kreuzfragmenten
gehört diese Lanze zu den bedeutendsten Reliquien des Abend-
landes. Als »Heilige Lanze« soll sie einst Konstantin dem Großen
zu Diensten gewesen sein; es war, wie man lange glaubte, dieser
Speer, der über den Burgunderkönig Rudolf im 10. Jahrhundert
in den Besitz des ersten »deutschen Königs« Heinrich I. gelangte.
Heinrichs Sohn Otto I. hat behauptet, nur dem magischen Schutz

des Speers verdanke er den Sieg über die Ungarn in der Schicksalsschlacht auf dem Lechfeld anno 955.

Durch die Ottonen wurde die Lanze, in Verbindung mit der ihr aufgepfropften Kreuzreliquie, eines der wichtigsten Machtinsignien des Heiligen Römischen Reichs. Und es waren die Habsburger, die den »Schicksalsspeer«, wie die Lanze auch genannt wurde, vor dem Zugriff Napoleons in Sicherheit brachten. Das metallene Werkzeug des Fatums glänzt heute im Schatz der Wiener Hofburg. Mittlerweile steht aber fest, dass es sich bei dem Speer um eine karolingische Flügellanze aus dem 8. Jahrhundert handelt. Die Spitze der vorgeblich »echten« eisernen Lanze, mit der Longinus tatsächlich zugestochen haben könnte, befand sich nach der Eroberung von Konstantinopel 1453 im Besitz des muslimischen Sultans Mehmed II.; dessen Sohn hat sie 1492 dem römischen Papst gleichsam zurückerstattet. Sie wird noch heute im Petersdom gezeigt, unweit der Kirche Santa Croce, wo ein Teil der hölzernen Kreuzestafel, die inzwischen einige Wissenschaftler für authentisch halten, aufbewahrt wird. Den zugehörigen Lanzenschaft hatte im 13. Jahrhundert König Ludwig, der »Heilige«, aus Konstantinopel erworben. Er ging in den französischen Revolutionswirren verloren.

Die Splitter vom Heiligen Kreuz, die die Kaisermutter auf einer turbulenten Schiffsreise von Jerusalem nach Rom und später wieder nach Konstantinopel transportieren ließ, wurden Anfang des 13. Jahrhunderts vor allem durch Kreuzritter, die sich damit ein Zubrot verdienten, über etliche Länder verstreut. Es waren so viele heilende Hölzer, dass noch im 16. Jahrhundert der Gelehrte Erasmus von Rotterdam stichelte, aus den diversen Splittern des Kreuzes könne man leicht ein ganzes Schiff bauen. Auch solche Hölzer, die angeblich kurz an »Das Wahre Kreuz« herangehalten worden waren, wurden verehrt – als »Berührungsreliquien«.

Etliche Reliquien wurden auf diese Art vervielfacht oder zer-stückelt und in der Christenwelt häppchenweise verteilt. Das geschah auch mit Körperreliquien von Heiligen, eine Praxis, die im hohen und späten Mittelalter immer beliebter wurde; sie legitimierte sich durch die schon im 4. Jahrhundert kursie-rende Idee, dass dort, wo ein Teil des heiligen Leichnams sei, der Heilige selbst virtuell anwesend sei (»Ubi est aliquid ibi totum est«). So beehren zum Beispiel auch Körperteile des Evangelisten Markus, des ersten Bischofs von Alexandria, als heilige Knochen weitverstreute Kirchen in Venedig, Kairo, Rom, Paris, Cambrai, Tournai, Köln und Reichenau-Mittelzell (aus dem Schatz des ehemaligen Reichenauer Benediktinerklosters).

Über die Heilige Elisabeth von Thüringen (1207 bis 1231), deren Leichnam tagelang kein Zeichen der Verwesung gezeigt haben soll, wird berichtet, von ihrem toten Körper hätten Reli-quiensammler Nägel der Hände und Füße, ja sogar einen gan-zen Finger und »die Spitzen ihrer Brüste« getrennt, »um sie als Reliquie aufzubewahren«, wie der Chronist Caesarius von Heis-terbach schreibt. Die theologisch naheliegende Frage, wie denn am Jüngsten Tag bei der leiblichen Auferstehung die diversen Leibesstückchen zusammenfinden könnten, hat die Reliquien-Verehrer nicht weiter irritiert. Der Allmächtige, tröstete man sich, werde es schon richten.

Während die katholische Kirche den Reliquienstatus der von Helenas Helfern gefundenen Kreuzigungsnägel anerkennt, hat der Vatikan einer anderen angeblichen Hinterlassenschaft des Gekreuzigten diesen Status bis heute verweigert, obwohl sie seit 1983 dem Papst gehört: dem über vier Meter langen und 1,10 Meter breiten »Heiligen Grabtuch« Jesu, das seit 1578 im Turiner Dom aufbewahrt wird. Clemens VII., einer der Gegen-päpste in Avignon, hatte 1392 festgelegt, dieses Tuch mit dem schattenhaften Ganzkörper-Abbild eines Gekreuzigten sei nicht als Reliquie zu betrachten, da es nicht sicher sei, dass der Abgebildete wirklich Jesus darstelle. Als das Tuch im 15. Jahrhundert in den Besitz des einflussreichen Hauses Savoyen gelangt war, werteten es spätere Päpste deutlich auf und widmeten ihm sogar einen Feiertag. Dennoch gilt es bis heute als »Ikone«, nicht als »Reliquie«. Der Begriff »Ikone« schließt die Möglichkeit ein, dass die Abbildung des Schmerzensmannes kein realer Abdruck, sondern ein raffiniert komponiertes Bild ist, auf dem verblichene Temperafarben den Eindruck von Blutflecken simulieren.

Im Jahr 1988 haben Naturwissenschaftler mittels Kohlenstoffdatierung, der sogenannten C-14-Methode, anhand einer aus dem Grabtuch gelösten Stoffecke festgestellt: Das Leintuch stammt aus der Zeit zwischen 1260 und 1390, wahrscheinlich wurde es um 1325 gewebt. Demnach wäre das Tuch eine von Tausenden gefälschter Reliquien des Mittelalters. Andere Wissenschaftler zweifelten an der Exaktheit dieser Messung: was, wenn der untersuchte Fetzen später angenäht wurde? Man konnte aus dem Tuch Pollenspuren von Pflanzen isolieren, die im 1. Jahrhundert n. Chr. in Palästina wuchsen und dann von dort verschwunden sind. Was zumindest dafür spricht, dass das Tuch aus eben dieser Gegend und derselben Zeit stammen könnte.

Wirklich beweisen lässt sich hier nur die eindrucksvolle Geschichte der Verehrung. Die Rezeptionsgeschichte allein schon macht das Grabtuch zu einem ehrwürdigen Glaubensdokument der Volksfrömmigkeit. Als das Tuch zuletzt 2010 im Turiner Dom gezeigt wurde, kamen mehr als zwei Millionen Pilger.

Diese Volksfrömmigkeit missbrauchte – und missbraucht bis heute – Reliquien aber immer wieder als Zaubermittel, in der Hoffnung auf eine direkte Heilwirkung durch die Berührung des heiligen Gegenstands. Das katholische und auch das orthodoxe Verständnis des Reliquienkults ist bescheidener: Die Ehrfurcht vor den sterblichen Überresten der Heiligen und den Relikten des Auferstandenen gilt als Wert an sich; und dann hofft der Gläubige, dass die bewahrende Demut angesichts dieser Reliquien den betreffenden Heiligen oder gar Jesus selbst zu einer Fürbitte bei Gott veranlassen könnte, die dem Verehrer irgendwie zugutekommt.

Seit der Aufklärung des späten 18. Jahrhunderts gilt der tote Mensch, auch der Heilige, immer seltener als irgendwie handelnde Person. Der Tote hat keine magisch wirkende Aura mehr, er ist eher Sache als Subjekt, verwesendes, »nun wirklich totes Gebein« (Arnold Angenendt in dem umfassenden Buch »Heilige und Reliquien«, 1994). Man begegnete dem Reliquienkult jetzt mit zunehmender Verachtung und mit Spott über das abergläubische Volk, das nur Wunder suche. Der Artikel »Relique« in der Enzyklopädie von Diderot und d'Alembert beginnt mit dem Hinweis, etliche der verehrten Knochen stammten wohl nicht von Seligen, sondern von Nichtgetauften. Die meisten Reliquienhändler seien Betrüger gewesen. Das ist wohl wahr, grundsätzlich aber verdienen Reliquien, sofern ihnen keine magischen Kräfte angedichtet werden, mehr als den Spott der Aufgeklärten. Reliquien wurden zu heiligen Büchern vor allem für Gläubige, die noch nicht lesen und schreiben konnten. Ohne ihre Anschaulichkeit wäre der Glaube an einen unfassbaren, absoluten Gott kaum zur Weltreligion aufgestiegen.

# Die Jüngerinnen des Nazareners

*Zur Jesusbewegung gehörten von Anfang an
auch Frauen – unter ihnen Maria Magdalena.*

Von Sabine Bieberstein

Jesus klagte am Kreuz: »Mein Gott, mein Gott, warum hast du
mich verlassen?« Kurz bevor er starb, schrie er laut auf. So schildert es das Markusevangelium, das älteste der vier Evangelien.
Einige Frauen, so heißt es dann, sahen von weitem dem furchtbaren Geschehen zu, »darunter Maria aus Magdala, Maria, die
Mutter von Jakobus dem Kleinen und Joses, sowie Salome; sie
waren Jesus schon in Galiläa nachgefolgt und hatten ihm gedient.
Noch viele andere Frauen waren dabei, die mit ihm nach Jerusalem hinaufgezogen waren« (Mk 15,40–41). Bemerkenswert
ist, dass drei dieser Frauen namentlich benannt und zwei dazu
noch über ihre Herkunft (Magdala) oder über ihre Familien
(die Mutter von) identifiziert werden. Dies spricht dafür, dass
hier eine Erinnerung an historisch greifbare Jesusjüngerinnen
vorliegt. Es gibt auch keinen Grund, warum der Autor des Markusevangeliums die Frauen »erfunden« haben sollte. Denn wenn
er für die damalige Zeit glaubwürdige Zeugen gebraucht hätte,
wäre es klüger gewesen, an dieser Stelle einige Mitglieder der
männlichen Jüngergruppe zu wählen.

Diese sind jedoch aus dem Erzählverlauf des Markusevangeliums bereits seit den Ereignissen um die Verhaftung und den
Prozess Jesu verschwunden. Stattdessen bringt der Evangelist
an dieser Stelle eine Frauengruppe ins Spiel, die er bislang in
seinem Werk noch gar nicht erwähnt hatte. Gleichzeitig gibt er

zu erkennen, dass diese Frauen bereits die ganze Zeit dabei waren: Sie waren Jesus schon in Galiläa »nachgefolgt«. Dies ist der Spezialbegriff für die Jüngernachfolge, den Markus auch ansonsten in seinem Werk verwendet. Und auch das Verb »dienen« spielt hier eine besondere Rolle: Nachfolgerinnen und Nachfolger Jesu sollen einander »dienen« (Mk 9,35; Mk 10,42–45). Damit werden die Frauen, die beim Kreuz plötzlich sichtbar werden, also als Nachfolgerinnen und Jüngerinnen Jesu gezeichnet. Es sind nicht nur diese drei, Markus erwähnt zum Abschluss noch eine größere Gruppe von Frauen.

Wenn am Ende des Evangeliums im Rückblick der gesamte Nachfolgeweg dieser Frauen von Galiläa nach Jerusalem aufscheint, bedeutet dies, dass diese Frauen schon das gesamte Werk über mitgedacht und mitgelesen werden müssen, und dass der im Markusevangelium verwendete Begriff der »Jünger« sie einschließt. Dass zur Jesusbewegung von Anfang an Frauen gehörten, kann mittlerweile als Konsens der Forschung bezeichnet werden. Einige von ihnen teilten das heimat- und besitzlose Leben Jesu, andere wiederum wirkten als Sympathisantinnen und Unterstützerinnen für die Jesusgruppe und blieben dabei weiter in ihren Dörfern wohnen. Dies zeigen die Darstellungen der Evangelien. Und nicht nur dies: Auch die Briefe des Paulus zeugen von der großen Bedeutung von Frauen in den Anfangszeiten der Gemeinden. Auch spätere Texte als das Neue Testament deuten auf vielfältige Leitungspositionen von Frauen in der frühen Christenheit hin.

Allerdings war dieses frauenfreundliche Bild der Jesusbewegung nicht immer selbstverständlich. Erstens richtete sich das Forschungsinteresse über lange Zeit nicht auf die Geschichte von Frauen. Zweitens werfen auch die Texte selbst einige Fragen auf. Zum Beispiel wird in den Evangelien kein einziges Mal die weibliche Form »Jüngerin« (griechisch: mathetria) verwendet.

Lediglich die Apostelgeschichte bezeichnet in ihrer Darstellung der nach-jesuanischen Zeit eine Frau Namens Tabita aus Joppe als »Jüngerin« (Apg 9,36). Das scheint zu widerlegen, dass es Jüngerinnen gab. Auf den zweiten Blick zeigt sich dann aber, dass der Befund auch bei den Männern nicht viel anders ist; denn in den Evangelien wird mit Ausnahme des Lieblingsjüngers im Johannesevangelium, der eine Besonderheit darstellt, keine andere konkrete männliche Person als »Jünger« (mathetes) bezeichnet. Erst die Apostelgeschichte benennt einige wenige Männer als »Jünger«, so Hananias in Damaskus, Saulus, Timotheus in Lystra und Mnason aus Zypern. Ansonsten begegnet uns das Wort »Jünger« für konkrete Personen stets im Plural und bezeichnet die gesamte Jüngergruppe um Jesus.

Dabei funktioniert die griechische Sprache ähnlich wie die deutsche: Gruppen, die aus Männern und Frauen bestehen, werden in der Regel mit einem männlich konstruierten Wort im Plural bezeichnet. Wenn das Wort »Jünger« im Plural steht, ist es also grundsätzlich offen, ob es Frauen mit einschließt oder nicht. Dies relativiert die erste ernüchternde Bilanz doch erheblich. Und genaue Textanalyse zeigt sodann, dass sich zunächst rein maskulin konstruierte Gruppen wie »Jünger« und »Brüder« überraschenderweise als solche entpuppen, zu denen selbstverständlich auch Frauen gehörten. Als ein zweiter Einwand wird bisweilen angeführt, dass es in den Evangelien keine einzige ausführliche Berufungsgeschichte über eine Frau gibt, während dies bei einigen männlichen Nachfolgern Jesu durchaus der Fall ist. Allerdings ist es auch hier wieder so, dass nur einige wenige Berufungen exemplarisch erwähnt werden, während der Großteil der Nachfolgenden ohne sie auskommen muss. Auch dies spricht also nicht gegen die Existenz von Jüngerinnen Jesu.

Auffällig ist, dass in allen vier Evangelien Frauen namentlich aufgezählt werden und dass die Jüngerinnen stets in den Schilderungen der Passion und der Ostergeschichte auftauchen. Bei Lukas kommen die Frauen sogar schon während des öffentlichen Wirkens am See Genezareth vor. Über die Frauen wird erzählt, dass sie bei der Kreuzigung Jesu ausharrten, dass sie beobachteten, wo der Leichnam Jesu bestattet wurde, und dass sie dann, als sie nach dem Sabbat nochmals zum Grab gingen, dieses leer vorfanden. Von einem Engel erhielten sie dort den Auftrag, der übrigen Jüngergruppe die Botschaft von der Auferweckung Jesu zu verkünden. Den führen sie nach Markus nicht aus, in den Erzählvarianten des Matthäus-, Lukas- und Johannesevangeliums hingegen schon, wenngleich mit unterschiedlichem Erfolg. Matthäus lässt den Frauen auf ihrem Rückweg sogar den Auferstandenen selbst erscheinen.

Was genau man sich unter solchen »Begegnungen« mit dem Auferstandenen vorzustellen hat, wäre eine eigene Studie wert. Doch wird deutlich: Die Frauen werden in den Evangelien mit dem brüchigen und gefährdeten, aber überaus bedeutsamen Übergang von Karfreitag und Ostern in Verbindung gebracht. Auch deshalb ist es nicht wahrscheinlich, dass diese Frauen erst in späterer Zeit »erfunden« wurden. Denn gerade für die Auferstehungsbotschaft kommt es ja auf die Zeugen an. Spätere polemische Angriffe gegen das Christentum zeigen, dass unter anderem genau dies zum Problem wurde: die geringere Glaubwürdigkeit der Frauen. So zitiert Origenes einen Kritiker: »Wer hat dies gesehen? Eine wahnsinnige Frau, wie ihr sagt ...« Solche Überlegungen machen

**SABINE BIEBERSTEIN**
Die Professorin für Neues Testament und Biblische Didaktik lehrt an der Fakultät für Religionspädagogik und Kirchliche Bildungsarbeit der Katholischen Universität Eichstätt-Ingolstadt.

es aber gerade wahrscheinlich, dass die Namen der Frauen in den Passions- und Osterüberlieferungen auf alten Traditionen beruhen. Sie zeigen, dass die Frauen nach Ostern zu den Trägerinnen der Jesusbewegung gehörten, die entscheidend dazu beitrugen, dass sie nach der Kreuzigung nicht im Sande verlief.

Unter allen namentlich genannten Frauen ragt eine Figur in besonderer Weise hervor: Maria aus Magdala. Sie wird in allen vier Evangelien genannt und steht in allen Aufzählungen – mit Ausnahme von Johannes (19,25) – stets an erster Stelle. Sie gehört neben Simon Petrus zu den Figuren aus dem Umkreis Jesu, die am besten historisch zu greifen sind.

Maria – in der hebräischen Namensform Mirjam – trägt einen der häufigsten Frauennamen der Zeit. Um sie von anderen Frauen gleichen Namens unterscheiden zu können, wird sie in den Texten konsequent »die aus Magdala« genannt. So wird sie nicht über Familienangehörige identifiziert, wie dies häufig bei Frauen geschah, sondern über ihren Herkunftsort. Magdala war zur Zeit Jesu eine nicht unbedeutende Stadt am See Genezareth mit einer vorwiegend jüdischen Bevölkerung. Die günstige Lage an einer Fernstraße, die Nähe zur fruchtbaren Ebene Ginosar sowie die reichen Fischgründe samt Fischverarbeitung hatten die Siedlung prosperieren und sie zu einer blühenden und einigermaßen wohlhabenden Stadt anwachsen lassen. Quellen, die über Marias Familie oder ihren sozialen Status präziser Auskunft geben könnten, gibt es aber nicht. Ihre Identifizierung über den Herkunftsort lässt allerdings darauf schließen, dass sie nicht verheiratet war und dass sie auch als unabhängig von familiären Bindungen wahrgenommen wurde; denn sonst wäre sie gewiss einem männlichen Familienmitglied zugeordnet worden.

Aus der Beschreibung lässt sich auch folgern, dass sie ihre Heimatstadt verlassen hat. Ob sie das tat, um sich der Jesusbewegung anzuschließen, oder bereits zuvor gegangen war, lässt sich nicht mehr klären. Doch ist ihr Beispiel ein Hinweis darauf, dass auch alleinstehende Frauen zur Jesusbewegung gehörten und zur Gruppe von Wanderprophetinnen und -propheten um Jesus zählten, die heimat-, besitz- und schutzlos waren. Das Lukasevangelium fügt einen weiteren Aspekt zum Bild der Maria Magdalena hinzu: Jesus habe ihr sieben Dämonen ausgetrieben (Lk 8,2). Mehr Details darüber gibt es nicht, doch scheint dieser Hinweis schon früh die Neugier geweckt zu haben; denn schon der Schluss, der im 2. Jahrhundert an das ursprüngliche Ende des Markusevangeliums angefügt wurde, greift dies auf (Mk 16,9–20): Dort wird Maria aus Magdala ebenfalls mit den sieben ausgetriebenen Dämonen in Verbindung gebracht.

Außerdem hat man bald begonnen, dies mit der Erzählung von der stadtbekannten Sünderin zusammenzulesen, die zu Füßen Jesu weinte und ihm die Füße salbte (Lk 7,36–50). Das schien naheliegend: Die sieben Dämonen Marias wurden mit ihren Sünden gleichgesetzt – obwohl das in biblischen Texten sonst niemals der Fall ist – und mit der Sünderin zusammengebracht. Auch die Protagonistin einer anderen Salbungsgeschichte trägt den Namen Maria: Maria aus Betanien, die Jesus nach Johannes (12) die Füße salbt, ohne dass sie dort allerdings als Sünderin bezeichnet würde. Dennoch war damit das Bild von Magdalena, der Sünderin, geschaffen, das spätestens seit Papst Gregor dem Großen (540 bis 604) im kirchlichen Westen weite Verbreitung fand und bis heute das Magdalenen-Bild prägt.

Es gibt aber auch noch eine andere Spur in der christlichen Auslegungsgeschichte: das Bild der Apostelin. Dieses gründet in den Erscheinungen des Auferstandenen vor Maria. Nach Matthäus (28,9–10) tritt Jesus gemeinsam vor Maria aus Magdala und einer anderen Maria auf. Das Johannesevangelium lässt Maria aus Magdala eine eigene, ausführlich erzählte und sehr bekannt gewordene Erzählung über eine Begegnung mit dem Auferstandenen zuteilwerden, in deren Verlauf Maria Schritt für Schritt zum Verständnis der Auferstehung kommt und am Ende von Jesus selbst ausgesandt wird, um die Osterbotschaft zu verkünden. Er spricht sie sogar mit Namen an, und sie nennt ihn »Meister«. Später läuft sie zu den Jüngern und verkündet: »Ich habe den Herrn gesehen!« (Joh 20,11–18).

Die Aussendung durch den Auferstandenen selbst und die sich anschließende Verkündigung der Osterbotschaft versieht Maria Magdalena mit Zügen einer Apostelin. Diese herausragende Bedeutung ist sicher der Grund dafür, dass sich spätere christliche Gemeinden des 2. und 3. Jahrhunderts ausgerechnet auf sie als Gewährsfrau ihrer Traditionen beriefen, und dass sogar eine spätere Evangelienschrift nach ihr benannt wurde: das »Evangelium der Maria«. In diesem sowie in anderen meist gnostisch inspirierten Texten, die nicht in den christlichen Kanon aufgenommen wurden, erhält Maria aus Magdala sehr interessante und zum Teil überraschende Funktionen als Jüngerin und Gesprächspartnerin Jesu, Partnerin und Gefährtin, Offenbarungsmittlerin und Lehrerin. Eine dieser Schriften, die Pistis Sophia, macht sie gemeinsam mit anderen Frauen sogar zum Mitglied des Zwölferkreises. Explizit ausformuliert wird ihre apostolische Autorität im berühmt gewordenen Titel »Apostola Apostolorum«, der vor allem seit dem 11./12. Jahrhundert weite Verbreitung fand.

In gewissen Phasen der Forschung wurde diese Beteiligung von Frauen an der Jesusbewegung als einzigartig und Jesus entsprechend als besonders frauenfreundlich angesehen. Gewiss war es damals nicht der gesellschaftliche Normalfall, dass sich Frauen aus ihrem Familienkontext lösten, um sich Bewegungen wie der Jesusfolge anzuschließen. Der Platz von Frauen war normalerweise das Haus, ihre Aufgabe die Arbeit für die Familie.

»Maria mit dem Jesuskind«
(Gemälde nach Vorlagen Leonardo da Vincis)

Zu Bildung hatten sie weit weniger Zugang als Männer, und ihre juristischen und wirtschaftlichen Handlungsmöglichkeiten waren viel stärker beschränkt als die der Männer. Dennoch zeigen zeitgenössische jüdische wie griechisch-römische Quellen, dass die Realität zumeist vielfältiger aussah. Es gibt durchaus Beispiele von eigenständigen, wirtschaftlich unabhängigen und auch gelehrten Frauen. So ist die Beteiligung von Frauen an der Jesusbewegung im Zeitkontext zwar nicht »normal«, aber auch nicht beispiellos. Dennoch darf die gemeinsame Beteiligung von Frauen und Männern als ein wichtiges Kennzeichen der Jesusbewegung angesehen werden, die sich in vielen Gemeinden der ersten Zeit noch weiterentwickelte.

Und Maria, die Mutter Jesu? Sie hat einzigartige Bedeutung in der Christentumsgeschichte erlangt. Sie wird bereits im 2. Jahrhundert von Christen hoch geschätzt. Historisch ist es dabei kaum möglich, etwas Konkretes über diese Frau herauszufinden. Es mag plausibel sein, dass sie aus Nazareth in Galiläa stammte oder zumindest den größten Teil ihres Lebens dort verbracht hat – zu der Zeit ein kleines und unbedeutendes Dorf, die Lebensverhältnisse waren bescheiden, und die meisten Familien lebten von der Landwirtschaft oder betrieben zusätzlich ein Handwerk. Ein christlicher Text aus dem 2. Jahrhundert, das Protevangelium des Jakobus, siedelt die Eltern Marias in Jerusalem an, lässt Maria dort auf die Welt kommen und bereits ab dem dritten Lebensjahr im Tempel aufwachsen. Dies sind aber Produkte einer späteren frommen Phantasie.

Erstaunlich ist der Befund in den Evangelien: Markus überliefert nicht einmal den Namen der Mutter Jesu, sondern erzählt nur vom Unverständnis ihrer Familie gegenüber Jesus und seiner Lebensweise (Mk 3,20–21 und 31–35). Erst das Lukasevangelium rückt Maria stärker ins Zentrum der Aufmerksamkeit. Schon in den Erzählungen rund um die Geburt Jesu zeichnet es

Maria als ideale Jüngerin, und in der Apostelgeschichte gehört sie zum Kern der nachösterlichen Jüngergemeinde in Jerusalem (Apg 1,14), wenngleich ihre Rolle nicht weiter ausgefaltet wird. Das Johannesevangelium nennt zwar ihren Namen wiederum nicht, doch gesteht es der Mutter beim ersten Zeichen Jesu, dem Weinwunder zu Kana, eine wichtige Rolle zu (Joh 2,1–12): Sie ist es, die den Dienern befiehlt: »Was er euch sagt, das tut!« Auf Jesu Geheiß füllen sie die Krüge dann mit Wasser, das zu Wein wird.

Am Ende lässt Johannes sie gemeinsam mit dem Lieblingsjünger beim Kreuz stehen, Jesus empfiehlt die beiden sogar einander an: »Frau, siehe, das ist dein Sohn! Dann sagte er zu dem Jünger: Siehe, das ist deine Mutter« (Joh 19,25–27). Wahrscheinlich hat die Mutter Jesu nach der Auferstehung tatsächlich zur messiasgläubigen Gemeinde gefunden. Welche Rolle genau Maria und die anderen Frauen in der Jerusalemer Urgemeinde spielten, darüber geben die Quellen leider kaum Auskunft. Doch immerhin: In der Apostelgeschichte nennt Lukas eine Frau namens Maria, die Mutter des Johannes Markus, die der Gemeinde ihr Haus als Treffpunkt zur Verfügung stellte. Daraus lässt sich schließen, dass sie in der Gemeinde auch eine leitende Funktion innehatte. Aus den früheren Briefen des Paulus geht hervor, dass eine Frau – Phöbe – als Diakonin und Vorsteherin wirkte, dass Frauen wie eine Maria, Persis, Tryphäna und Tryphosa charismatisch waren und Leitungsämter innehatten, dass Frauen als Prophetinnen auftraten und mit Titeln wie Apostelin bedacht wurden.

# Beseelt und verfolgt

*Nach Jesu Tod bildete sich in Jerusalem
die erste christliche Gemeinde. Zunächst folgte sie
jüdischem Gesetz, doch bald konnten sich
auch Heiden taufen lassen.*

Von Michael Sontheimer

Stephanus aber, voll Gnade und Kraft«, so heißt es in der Apostelgeschichte, »tat Wunder und große Zeichen unter dem Volk.« Es ist nicht viel über ihn bekannt, doch in jedem Fall zählte er zu den ersten Christen in Jerusalem. Stephanus sorgte für die Armen und Bedürftigen der Gemeinde. Vor allem aber predigte der griechisch gebildete Mann das Evangelium, die frohe Botschaft von Jesus von Nazareth, dem Sohn Gottes, der die Menschen rettete, weil er sein Leben für sie gab. Mit seinem Werben für den neuen Glauben erregte Stephanus in mehreren Synagogen in Jerusalem den Ärger von Juden, die ihn vor den Hohen Rat brachten, die höchste jüdische religiöse Instanz in der römischen Provinz. Dort beschuldigte Stephanus die Juden, sich nicht an die Gesetze von Mose gehalten zu haben. »Ihr Halsstarrigen, mit verstockten Herzen und tauben Ohren«, rief er, »ihr widerstrebt allezeit dem Heiligen Geist.« Obwohl sich bereits Unruhe breitmachte, pries Stephanus auch Jesus: »Ich sehe den Himmel offen und den Menschensohn zur Rechten Gottes stehen.«

Seine Rede erzürnte die Zuhörer dermaßen, dass sie, so heißt es in der Apostelgeschichte, vor Wut schrien. Die Menge packte Stephanus, schleifte den angeblichen Gotteslästerer vor die

Stadt und steinigte ihn. Vor seinem Tod bat er noch: »Herr, rechne ihnen diese Sünde nicht an.« So wurde Stephanus zum ersten Märtyrer des Christentums. Er starb um das Jahr 36, nur wenige Jahre nach dem Tod von Jesus. In der Apostelgeschichte heißt es über die Folgen der Steinigung: »Es erhob sich aber an diesem Tag eine große Verfolgung über die Gemeinde in Jerusalem; da zerstreuten sich alle in die Länder Judäa und Samarien.« Die Christen, die vor willkürlicher Verhaftung aus Jerusalem flohen, begannen zu predigen und zu missionieren. Sie segelten nach Zypern und zogen nach Antiochia und Phönizien.

Noch stand das Christentum ganz am Anfang. Es war in keiner Weise abzusehen, dass diese jüdische Sekte rund 350 Jahre später die antike Welt beherrschen und zur Staatsreligion des Römischen Reichs erhoben werden würde. Lediglich im heutigen Palästina und in Jerusalem existierten christliche Gemeinden. Gleichwohl barg die monotheistische Religion, die mit ihrer Verheißung allen Erlösung versprach, eine große Anziehungskraft. Eine seriöse und präzise Geschichtsschreibung ist für die ersten Jahrzehnte des Christentums nicht zu leisten. Die einzige Quelle für die Zeit nach dem Tod Christi, die Apostelgeschichte, stammt laut Bibel aus der Feder des Evangelisten Lukas. Doch sie wurde wohl erst etwa im Jahr 90 aus verschiedenen Quellen zusammengeschrieben. Der Verfasser verzichtete auch fast vollständig auf Zeitangaben. Und manches in der Apostelgeschichte ist in sich widersprüchlich oder steht im Gegensatz zu Teilen der Evangelien.

Der Apostelgeschichte zufolge erschien Jesus nach seiner Auferstehung seinen Jüngern, die nun Apostel genannt wurden, und gebot ihnen, in Jerusalem zu bleiben. In der Hauptstadt Judäas, die damals gut 40 000 Einwohner hatte, war Petrus der wichtigste der Apostel. An Pfingsten traten die zwölf gemeinsam auf, und Petrus verlangte von allen, sich taufen zu lassen. »Und an diesem

Tage wurden hinzugefügt etwa dreitausend Menschen«, heißt es in der Apostelgeschichte. »Sie blieben aber beständig in der Lehre der Apostel und in der Gemeinschaft und im Brotbrechen und im Gebet.« Petrus und die Jünger waren die bei allen Christen anerkannten symbolischen Gründerfiguren. Sie gingen wieder auf Wanderschaft nach Galiläa, hielten aber den Kontakt zu den Christen in Jerusalem. So wie einst Jesus predigten sie das Evangelium. Dabei folgten sie dem Armutsgebot des Messias, der gesagt hatte: »Tragt keinen Geldbeutel bei euch, keine Tasche und keine Schuhe, und grüßt niemanden.«

Irdischer Besitz war unter den ersten Christen offenbar von geringer Bedeutung. In der Apostelgeschichte heißt es: »Die Menge der Gläubigen aber war ein Herz und eine Seele; auch nicht einer sagte von seinen Gütern, dass sie sein wären, sondern es war ihnen alles gemeinsam.« Weiter heißt es über die Solidarität zwischen den Brüdern und Schwestern in den ersten Gemeinden: »Es war auch keiner unter ihnen, der Mangel hatte; denn wer von ihnen Äcker oder Häuser besaß, verkaufte sie und brachte das Geld für das Verkaufte und legte es den Aposteln zu Füßen; und man gab einem jeden, was er nötig hatte.« Dieser geradezu kommunistischen Einstellung der ersten Christen kam der Glaube entgegen, dass das Ende der Welt und das Jüngste Gericht ohnehin nah seien; wer wollte da noch irdische Güter ansammeln.

Die meisten Theologen gehen allerdings davon aus, dass diese Schilderungen, nach denen die Urchristen mit kollektivem Eigentum in harmonischer Gemeinschaft lebten, idealisiert sind. Die Anfänge des Christentums werden so als Goldenes Zeitalter überhöht, dem bald im Zuge der Institutionalisierung der Kirche der Niedergang folgte. Die Berichte über die Verkäufe von Land durch Gemeindemitglieder zeigen auch, dass der neue Glaube nicht nur eine Religion der Armen und Unterdrückten, der Sklaven und Frauen war, sondern in allen Klassen und Schichten der Gesellschaft Anhänger fand. Wie sie ihre Religion praktizierten, lässt sich der Apostelgeschichte entnehmen: »Und sie waren täglich einmütig beieinander im Tempel und brachen das Brot hier und dort in den Häusern, hielten die Mahlzeiten mit Freude und lauterem Herzen und lobten Gott und fanden Wohlwollen beim ganzen Volk.«

Neben der Taufe neuer Anhänger, die vorzugsweise in einem fließenden Gewässer vollzogen wurde, zählte das Abendmahl zu den wichtigsten Riten der Christen. Wie auch bei den Juden sprach der Haushaltsvorstand ein Gebet und brach das Brot. Die Christen erhoben allerdings das gemeinsame Mahl zum Sakrament.

Ihre Riten zelebrierten die Gemeindemitglieder in den Privathäusern von Brüdern und Schwestern, wobei am Abendmahl nur Getaufte teilnehmen durften, der Gottesdienst aber allen offenstand, die sich für die neue Religion interessierten.

Es ist davon auszugehen, dass die ersten Christen Ostern als ihr nun wichtigstes Fest feierten – allerdings nach dem jüdischen Kalender in der Pessachwoche. Sie trafen sich auch häufig, wie alle Juden, die nicht an Christus glaubten, im Tempel in Jerusalem oder in einer Synagoge. Darüber hinaus hielten sie an den jüdischen Geboten der Beschneidung und am Sabbat fest.

Die »Judenchristen«, wie sie heute genannt werden, stellten eine jüdische Reformbewegung dar. Sie begriffen ihren Glauben an Jesus Christus nicht als Widerspruch zum Judentum, sondern als seine Weiterentwicklung. Dementsprechend verstanden sie sich als echte Juden, als Erwählte unter den Erwählten. Also leisteten sie zunächst auch Widerstand gegen die Verbreitung des Evangeliums über das Judentum hinaus. Unter den Judenchristen gab es die Gruppe der Hellenisten, die nicht hebräisch oder aramäisch, sondern griechisch sprachen. Sie hatten in den griechisch geprägten Städten rund um das östliche Mittelmeer gelebt und waren nach Jerusalem in die Stadt des Tempels zurückgekehrt. Weitere Hellenisten waren zum Pessachfest nach Jerusalem gepilgert, hatten die letzten Tage Jesu erlebt und die Kunde von dessen Tod und Auferstehung in ihre Heimatstädte gebracht.

Der bekannteste dieser griechisch Gebildeten war Stephanus, der erste Märtyrer. Gleichwohl berichtet Lukas in der Apostelgeschichte auch über einen Mann namens Philippus als ausgesprochen begabten Prediger. Er war, wie Stephanus, einer von sieben Diakonen, die den karitativen Dienst in der Gemeinde organisierten. Die Hellenisten übten besonders scharfe Kritik an den Autoritäten des Judentums. Vor allem aber entwickelten sie das Erfolgsrezept, mit welchem das Christentum zur Weltreligion aufsteigen konnte: die Bekehrung von Nichtjuden beziehungsweise Heiden. Von denen, die sich als Christen taufen ließen, erwarteten sie nicht mehr, dass sie sich dem von Mose empfangenen Gesetz unterstellten – vor allem keine Beschneidung, die bei erwachsenen Männern einen durchaus riskanten Eingriff darstellte. Auch die strengen jüdischen Speiseregeln mussten die neuen Christen nicht unbedingt beachten.

Mit diesem Übergang zur sogenannten Heidenmission war die Grenze der kleinen Welt des Judentums überwunden und die Zahl der potentiellen neuen Anhänger um ein Vielfaches vergrößert. Jetzt konnten auch Zeitgenossen, die an die griechischen Götter, die römischen, persischen oder andere Gottheiten glaubten, sich zu Christus bekennen, ohne die ihnen fremden Regeln und Riten des Judentums zu übernehmen. Eine besonders große Gemeinde von Heidenchristen entwickelte sich in Antiochia, wo die Anhänger des Messias erstmalig »christianoi«, Christen, genannt wurden. Auch wenn allen Christen gemeinsam war, dass sie sich als Erwählte sahen, schwelte der Konflikt um das Verhältnis zum Judentum in der jungen Religionsgemeinschaft.

Es ist nicht klar, wann genau (wahrscheinlich um das Jahr 49) sich die führenden Vertreter der Christen in Jerusalem trafen. Auf dem »Apostelkonzil« versuchten sie zu einer Übereinkunft zu gelangen, was von den Heiden zu verlangen sei, die Christen werden wollten.

Zum Apostelkonzil kamen nicht nur die Jünger Jesu, sondern auch die Gemeindeältesten und andere Interessierte; Paulus und der aus Zypern stammende Wanderprediger Barnabas, die zusammen Heiden missionierten, waren angereist. Etliche strenggläubige Pharisäer, die Christen geworden waren, beharrten jedoch auf den hergebrachten Riten des Judentums: »Man muss sie beschneiden und ihnen gebieten, das Gesetz des Mose zu halten.« Petrus hielt dagegen und sagte: Gott »gab ihnen den Heiligen Geist wie auch uns und hat keinen Unterschied gemacht zwischen uns und ihnen, nachdem er ihre Herzen gereinigt hatte durch den Glauben«. Paulus und Barnabas priesen ihrerseits die erfolgreiche Mission außerhalb des Judentums – ihre Linie setzte sich durch. Schließlich beschloss das Konzil, dass die Heiden keine weiteren Bedingungen erfüllen müssten, als sich vom Götzenopfer, von Blut und Ersticktem sowie von Unzucht fernzuhalten.

Die Bedingungen für den Siegeszug des Christentums waren geschaffen. Und alle Wege führten damals nach Rom. Es ist nicht klar, wie und wann: Auf jeden Fall fand die messianische Lehre aus Jerusalem ziemlich schnell auch Anhänger im damaligen Zentrum der Welt. Der Historiker Tacitus beschreibt in seinen Annalen das Vordringen dieses »verderblichen Aberglaubens« nach Rom, »wo alles Scheußliche und Schandbare von überall her zusammenströmt und Anhang findet«. Allerdings sind Christen in Rom bald einer brutalen Verfolgung ausgesetzt – verantwortlich dafür war der megalomane Kaiser Nero. Nachdem 10 der 14 Innenstadtbezirke Roms im Jahr 64 einer furchtbaren Feuersbrunst zum Opfer gefallen waren, versuchte Nero das Gerücht aus der Welt zu schaffen, er selbst habe den Brand legen lassen. Der Imperator setzte Sühnezeichen für die Götter und verteilte Spenden an das Volk von Rom – vergeblich. Schließlich, so Tacitus, »schob er die Schuld auf andere und verhängte die ausgesuchtesten Strafen über die wegen ihrer Verbrechen Verhassten, die das Volk ›Chrestianer‹ nannte«.

Zunächst wurden die bekannten Christen verhaftet, dann diese dazu gebracht, die Namen ihrer Brüder und Schwestern zu offenbaren, laut Tacitus »eine riesige Menge«: Sie »wurden nicht gerade der Brandstiftung, wohl aber des allgemeinen Menschenhasses überführt. Die Todgeweihten nützte man zum Schauspiel. Man steckte sie in Tierfelle und ließ sie von Hunden zerfleischen. Man schlug sie ans Kreuz oder zündete sie an. Man ließ sie nach Einbruch der Nacht als Fackeln brennen.« Nicht nur die römischen Christen erlitten den Märtyrertod, auch mehrere führende Figuren der Gründergeneration des Christentums. Um 62 starb in Jerusalem Jakobus, der Bruder Jesu, für seine Religion; er war ein einflussreiches Mitglied der Jerusalemer Gemeinde. Paulus soll im Jahr 64 oder später in Rom hingerichtet worden sein. Von Petrus ist nicht bekannt, wo und wann genau er das Eintreten für seinen Glauben mit dem Leben bezahlte. Der Tod dieser namhaften Märtyrer markiert auch das Ende der ersten Generation von Christen, von der viele Jesus noch selbst erlebt hatten.

Zu ihrer zentralen Erfahrung, aber auch der ihrer Nachfolger, zählt die Verfolgung, die Zugehörigkeit zu einer kleinen, von ihrem Glauben beseelten Gruppe, die sich in einer feindlichen Umwelt behaupten musste. Der große Druck von außen schuf dabei einen engen Zusammenhalt. Die Anhänger von Jesus aus Nazareth sahen sich im gesamten Römischen Reich diskriminiert und verfolgt. Dabei stellten sie sich gar nicht gegen die Obrigkeit, schließlich hatten sie mit den Juden schon genug

Streit. Doch mehr als unter den Maßnahmen der Regierung in Rom oder den Provinzen litten sie unter der Feindschaft der Gesellschaften, in denen sie lebten. Der Hass kam von unten, nicht von oben. Die Nichtchristen, die oft verschiedenen Kulten anhingen, lehnten den Anspruch der Christen, den einen, wahren Gott zu verehren und auserwählt zu sein, als elitär ab. Die Vertreter des römischen Kaiserreichs wurden deshalb mit Beschwerden, Anzeigen und böswilligen Denunziationen gegen die Anhänger Jesu Christi überzogen.

Trotz dieser Anfeindungen wuchsen die christlichen Gemeinden schnell. Der entscheidende Grund dafür waren die egalitären Auffassungen der Christen. In einer ausgeprägten Klassengemeinschaft wie der des Römischen Reichs mit der Sklaverei waren für die Anhänger Jesu vor Gott und seinem Sohn alle Menschen gleich. Für den Schweizer Theologen François Vouga begründete dies die »integrative Funktion der christlichen Gemeinden als sozialen Raum«. In Antiochia verwendeten Christen beispielsweise Gelder der Gemeinde, um Sklaven freizukaufen. Die Idee der Gleichheit war eine revolutionäre Botschaft, sie war das moderne Moment des Christentums und machte die Attraktivität der Religion aus. »Hier ist nicht Jude noch Grieche«, heißt es im Brief des Paulus an die Galater, »hier ist nicht Sklave noch Freier, hier ist nicht Mann noch Frau.«

## REBELL UND ÜBERLÄUFER

Als Widerstandskämpfer erlebte Josephus Flavius die Eroberung Judäas, dann aber wurde er zum Geschichtsschreiber Roms. Jesus ignorierte er fast völlig – ist seinen Berichten zu trauen?

Von Johannes Saltzwedel

So schwer hatte es die Kriegsmaschinerie der Römer selten gehabt. Volle 47 Tage waren nötig gewesen, bis der Heerführer Vespasian mit drei Legionen und Hilfstruppen, zusammen wohl über 40 000 Mann, das Bergstädtchen Jotapata erobern konnte. 160 Wurfmaschinen, ein eilig aufgeschütteter Angriffsdamm, Rammböcke zur Unterhöhlung der Mauern, riesige Panzertürme – nichts schien die gut verschanzten jüdischen Widerständler einschüchtern zu können. Mit immer neuen Störmanövern, von Brandpfeil-Attacken bis zum Ausgießen siedenden Öls, demoralisierten sie die Legionäre. Als das Aufrührernest nach vielem Blutvergießen endlich gefallen war, am 20. Juli 67, kannten die erbitterten Römer kein Pardon. Aber nur durch eine Verräterin kamen sie dem Kopf der Empörung auf die Schliche: Joseph Ben Mattitjahu war mit 40 Getreuen in eine Höhle am Grund einer tiefen Zisterne geflüchtet. Die Unentwegten wollten lieber von eigener Hand sterben, als sich zu ergeben. Nicht einmal Josephs philosophischer Einspruch konnte sie umstimmen. So schlug Joseph vor, die Todes-Reihenfolge auszulosen – und blieb dabei, laut seiner Erzählung, wie durch ein Wunder als einer der beiden Letzten lebend übrig. Vespasian ließ den erst 30-jährigen Widersacher vor sich bringen. Schon geschah das nächste Wunder: Aus dem Rebellen wurde ein Prophet. Zu Kaiser Nero wolle der Feldherr ihn schicken? »Wozu denn? Werden denn die Nachfolger Neros bis zu deinem Regierungsantritt lange an der Herrschaft bleiben? Du, Vespasian, wirst Kaiser und Alleinherrscher, sowohl du wie dieser dein Sohn.«

Das war die Wende in Josephs Leben: Seine Weissagung ging in Erfüllung, und damit war der Aufstandsführer zum Günstling des flavischen Kaiserhauses avanciert. Fortan erklärte er den Besatzern Judäa mit seinen Stämmen und Traditionen. Er musste mit ansehen, wie Kaiser Vespasians Sohn Titus im September 70 Jerusalem ein-

nahm. Bald darauf fuhr er nach Italien, wo er unter dem Namen Josephus Flavius römischer Bürger wurde. Dank einer kaiserlichen Pension samt Ländereien in Judäa fing er ein neues Leben an: als Historiker seiner Heimat und seines schon damals im Mittelmeerraum verbreiteten Volkes, der Juden. Die allerdings hatten ihren übergelaufenen Landsmann gründlich satt. So eifrig Josephus beteuerte, er habe stets zum Wohl der Juden gehandelt, so konsequent ignorierten sie seine detaillierte, oft spannend erzählte Darstellung des »Jüdischen Krieges«, in der auch der Autor selbst auftrat – analog zu Cäsars »Bellum Gallicum« in der dritten Person und im günstigsten Licht. Auch von seiner länglichen Darstellung der »Jüdischen

*Joseph verfasst die »Jüdischen Altertümer« (Buchillustration, 12. Jahrhundert)*

Altertümer«, eine Erzählung der Weltgeschichte auf Grundlage der Geschichtsbücher des alten Israel und weiterer Quellen, wollten sie nichts wissen.

Ruhm erntete Josephus erst bei Leuten, deren kommende Rolle er nicht erahnt hatte und schwerlich begrüßt hätte: den Christen. Hauptsächlich lag das an einem kleinen Abschnitt der »Jüdischen Altertümer«, der vom römischen Statthalter Pontius Pilatus handelt und dann erzählt:

*Um diese Zeit lebte Jesus, ein weiser Mensch, wenn man ihn überhaupt einen Menschen nennen darf. Er war nämlich der Vollbringer ganz unglaublicher Taten und der Lehrer aller Menschen, die mit Freuden die Wahrheit aufnahmen ... Er war der Christus. Und obgleich ihn Pilatus auf Betreiben der Vornehmsten unseres Volkes zum Kreuzestod verurteilte, wurden doch seine früheren Anhänger ihm nicht untreu. Denn er erschien ihnen am dritten Tage wieder lebend ... Und noch bis auf den heutigen Tag besteht das Volk der Christen, die sich nach ihm nennen, fort.*

So weitblickend dieses »Testimonium Flavianum« (»Flavianisches Zeugnis«) klingt: Leider fällt die Bemerkung ziemlich aus dem Rahmen des Werkes. Seit langem sind Historiker deshalb mehrheitlich überzeugt, dass der Passus so nicht von Josephus stammen kann. Offenbar hat ein wohlmeinender christlicher Abschreiber ihn schon im Altertum umgearbeitet oder komplett eingefügt. Vielleicht war er als Anlehnung gedacht an einen späteren, erheblich authentischer klingenden Halbsatz – darin ist zumindest einmal die Rede vom »Bruder des Jesus, der Christus genannt wird, mit Namen Jakobus«. Nirgendwo sonst hat Josephus, der acht verschiedene andere Männer namens Jesus kennt, den Gekreuzigten und seine Geschichte erwähnt. Aber wozu hätte er auch ausgiebig ein Sektierergrüppchen würdigen sollen, das gegen Ende des ersten Jahrhunderts auf dem Markt der Religionen wenig erfolgreich wirkte? Josephus war als Geschichtsschreiber angetreten, die Gebildeten des Flavierreiches vom ehrwürdigen Altertum der jüdischen Kultur zu überzeugen; er hatte dafür sogar, wie er zugab, sein nicht sehr elegantes Griechisch eigens von Experten aufpolieren lassen. Seiner Mission war er so sicher, dass er noch ein autobiografisches Buch nachschob, in dem er einen Konkurrenten namens Justus von Tiberias als Verleumder niedermachte.

Hier finden sich die einzigen Informationen über Josephus' Jugend: Er stamme aus vornehmer jüdischer Priesterfamilie; unter den drei großen Glaubensgruppen der Essener, Sadduzäer und Pharisäer habe er sich nach genauer Prüfung und einem dreijährigen Asketendasein in der Wüste den pragmatischeren Pharisäern zugewandt. Mit 26 Jahren sei er nach Rom gereist, wo er bei Neros Gemahlin Poppaea erfolgreich um Gnade für ein paar verurteilte jüdische Priester gebeten habe. Nach der Heimkehr habe er sich dann bald den Aufständischen angeschlossen – natürlich nur, um sie von Dummheiten abzuhalten.

Klar, dass diese wohl kurz vor Josephus' Tod um das Jahr 100 verfasste Selbstverteidigung kein böses Wort gegen Rom enthält. Klar aber auch, dass ein Mann, der ein Held des Widerstands gegen Judäas Besetzung gewesen sein will, ohne den Feind je wirklich gehasst zu haben, denkbar unglaubwürdig klingt. Kann man ihm überhaupt trauen?

Dubiose Erfolgsgeschichten wie die vom Losglück in der Zisterne und von der Weissagung für Vespasian gibt es tatsächlich einige. Anhand vieler weiterer Indizien versuchte der Philologe Richard Laqueur in einer detektivischen Studie den frühen Josephus als gerissenen Taktiker der Macht zu entlarven. Den späteren sah er als skrupellos-egomanischen Speichellecker Roms und Geschichtsfälscher. Das war 1920, und es gab die herrschende Meinung wieder. Heute allerdings sind Fachleute viel vorsichtiger. So aufdringlich Eigenlob und Rechthaberei des Josephus auch tönen: Es war ihm wohl ernst damit, der führenden Macht am Mittelmeer zu beweisen, auf welch ehrwürdige Vergangenheit das jüdische Volk zurückblicken könne. »Leidenschaftliches historisches Interesse«, wie es der dänische Spezialist Per Bilde formuliert hat, zeigt er jedenfalls auf Schritt und Tritt, oft sogar patriotische Wehmut. Und da für viele Ereignisse, von denen er berichtet, ohnehin keine anderen Zeugnisse überliefert sind, werden die Historiker weiter Josephus studieren müssen – mit oder ohne Zutrauen.

# Der Getriebene

*Paulus brachte den neuen Glauben zu Griechen
und Römern. Er war ein rastloser Kosmopolit, der sein Leben
der Verbreitung des Evangeliums widmete.*

Von Jürgen Gottschlich

Eine leichte Brise streicht über das Hochplateau in Anatolien,
mehr als 200 Kilometer südwestlich von Ankara. Die Temperatur
steigt kaum über 20 Grad, auch wenn die Sonne im Spätsommer den ganzen Tag am Himmel strahlt. Eine acht Meter breite
gepflasterte Straße, an deren Rand noch die Grundrisse ehemaliger Geschäftshäuser erkennbar sind, ein Theater und die Fundamente eines Augustus-Tempels machen sichtbar, dass hier vor
zweitausend Jahren eine Großstadt stand. Antiochia in Pisidien
hieß sie und diente den Römern als eine der Bezirkshauptstädte
ihres Imperiums. Die Nachfolger Alexanders des Großen hatten
Antiochia etwa im Jahr 250 v. Chr. in dem Landstrich gegründet,
der damals Galatien genannt wurde.

Noch einige andere Städte trugen damals den Namen Antiochia, um Antiochos zu ehren, den Vater des Begründers des
Seleukidenreiches. Um Christi Geburt gewann das pisidische
Antiochia an Bedeutung, weil die Römer hier etliche verdiente
Legionäre als Kolonisten ansiedelten und die Stadt zum Ver-
waltungszentrum der Provinz machten. Heute liegt sie im Nie-
mandsland der anatolischen Hochebene. Zwar sieht man in der
Ferne die Dächer der Kleinstadt Yalvaç, doch die Ruhe in den
von Gras überwachsenen Ruinen der antiken Stadt wird kaum
durch Einheimische und noch weniger durch ausländische Besu-

cher gestört. Obwohl der »Paulusweg«, eine 250 Kilometer lange, gekennzeichnete Wanderstrecke, in Antiochia endet, hat der Aufseher hier von einem Apostel Paulus noch nie etwas gehört: »Die Christen«, er meint die Byzantiner, »kamen erst später, nach den Römern.«

Die Ruinen von Antiochia liegen etwa 1200 Meter hoch und sind durch das Taurusgebirge von den Schwemmebenen am Mittelmeer getrennt. Die gesunde Höhenlage dürfte einer der Gründe gewesen sein, warum um das Jahr 48 herum Paulus gemeinsam mit seinem Begleiter Barnabas in mühevollen Tagesmärschen nach Antiochia in Pisidien wanderte. Paulus brauchte dringend gute Luft und Erholung. Der Apostel litt an einer schweren Krankheit, vermutlich an Malaria oder einer chronischen Augenkrankheit. Antiochia in den pisidischen Bergen war ein idealer Ort, um sich ein wenig auszuruhen. Hier lebte die Familie des römischen Statthalters von Zypern, Sergius Paulus, der den Missionar Paulus bewunderte und den Erholungsbedürftigen der Obhut seiner Verwandten anempfohlen hatte. Die nahmen Paulus und Barnabas dann auch freundlich auf.

Doch Paulus war nicht der Mann, der sich in aller Ruhe erholen konnte. Er hatte eine Mission. Durch eine Vision, in der laut Apostelgeschichte Jesus zu ihm sprach, war er von einem berüchtigten Christenverfolger zu einem überzeugten Diener des

*Denn ich bin der geringste unter den Aposteln, der ich nicht wert bin, dass ich ein Apostel heiße, weil ich die Gemeinde Gottes verfolgt habe. Aber durch Gottes Gnade bin ich, was ich bin. Und seine Gnade an mir ist nicht vergeblich gewesen, sondern ich habe viel mehr gearbeitet als sie alle; nicht aber ich, sondern Gottes Gnade, die mit mir ist.* 1 KOR 15

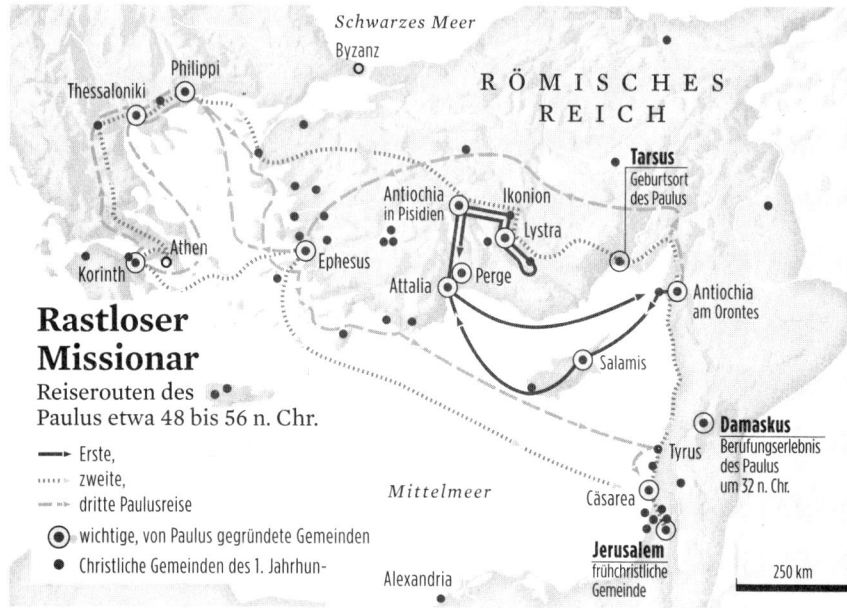

Schwarzes Meer
Byzanz

RÖMISCHES
REICH

Philippi
Thessaloniki

Tarsus
Geburtsort
des Paulus

Antiochia
in Pisidien
Ikonion
Lystra

Athen
Korinth
Ephesus
Attalia
Perge
Antiochia
am Orontes

**Rastloser
Missionar**
Reiserouten des
Paulus etwa 48 bis 56 n. Chr.

Salamis

→ Erste,
⋯⋯ zweite,
— dritte Paulusreise
⊙ wichtige, von Paulus gegründete Gemeinden
• Christliche Gemeinden des 1. Jahrhun-

Mittelmeer

Tyrus

Cäsarea

Damaskus
Berufungserlebnis
des Paulus
um 32 n. Chr.

Jerusalem
frühchristliche
Gemeinde

Alexandria

250 km

Auferstandenen geworden. Anders als die frühen Christen in Jerusalem, die zunächst ausschließlich andere Juden für die neue Glaubensbewegung zu gewinnen suchten, begann Paulus, auch unter Nichtjuden zu missionieren. Mit diesem für die Urchristen revolutionären Schritt wurde er zu einer der zentralen Figuren des frühen Christentums. Ohne ihn hätte der neue Glaube vermutlich nie die engen Grenzen einer jüdischen Erneuerungsbewegung gesprengt. Der evangelische Theologe Jürgen Becker nennt ihn in seiner Biografie »Paulus. Der Apostel der Völker« deshalb die »Symbolgestalt des Heidenchristentums schlechthin«.

Im Gegensatz zu allen anderen frühchristlichen Gemeindeführern haben wir von Paulus schriftliche Zeugnisse, die Auskunft über sein theologisches Denken geben und auch einige wenige biografische Hinweise enthalten. Die 14 Paulusbriefe (die meisten Gelehrten gehen davon aus, dass sieben Briefe von ihm und

die anderen sieben Briefe von seinen Schülern oder Mitarbei-
tern geschrieben wurden) bilden nach den Evangelien das Kernstück des Neuen Testaments und sind die ältesten schriftlichen
Zeugnisse des Christentums überhaupt. Alle anderen Schriften
des Neuen Testaments, auch die vier Evangelien, sind später
entstanden. Aus den Paulusbriefen und der Apostelgeschichte
können wir uns ein gutes Bild davon machen, wie mühsam und
gefährlich die Missionsarbeit des »Apostels der Völker« war.

Schon der Auftakt im pisidischen Antiochia, wo Paulus auf
der ersten seiner drei großen Missionsreisen die erste Gemeinde
gründete, nimmt alle späteren Konflikte exemplarisch vorweg.
Die Apostelgeschichte geht ausführlich darauf ein:

Paulus war noch nicht lange in der Stadt, da begab er sich an
einem Sabbat in die Synagoge, um dort zu sprechen. Zunächst
bedachten die versammelten Juden ihn, den Gast der Sergius-
Familie, mit Beifall. Doch die Begeisterung schlug schnell in
tiefes Missfallen um. Was Paulus vortrug, passte den meisten
frommen Juden gar nicht. Die Rede von Jesus Christus, dem
auferstandenen Messias, der die Menschheit durch seinen Tod
am Kreuz erlöst haben soll, klang in ihren Ohren ausgesprochen
ketzerisch.

Doch es fanden sich auch einige, die sich von Paulus begeis-
tern ließen. Vor allem zog der Apostel Menschen an, die mit
der monotheistischen Botschaft vom einen Gott sympathisier-
ten; sie besuchten gelegentlich die Synagoge, ohne sich jedoch
beschneiden zu lassen und dem Judentum damit formell bei-
getreten zu sein. Diese sogenannten Gottesfürchtigen, erläutert
der Theologe Gebhard Heyder in seiner 1939 erschienenen
»Paulus-Synopse«, bildeten den Übergang zu den Heiden, an
die sich Paulus oft wandte, wenn er von den Juden abgewiesen
worden war. So auch in Antiochia in Pisidien. Nachdem die
Juden seine Botschaft mehrheitlich abgelehnt hatten, traf er sich

mit seinen Anhängern nicht mehr in der Synagoge, sondern in einem größeren privaten Haus.

Für die Juden der Stadt war die Gründung der ersten paulinischen Gemeinde ein Ärgernis. Sie wollten Paulus und Barnabas loswerden und beklagten sich bei der römischen Obrigkeit über die Eindringlinge. Von den Juden bedrängt, verließen die beiden Apostel wohl nach einigen Monaten die Stadt. Zum äußeren Druck kam ein inneres Motiv: Schließlich wollten sie auch an anderen Orten das Evangelium verkünden. Doch Paulus sollte die Juden von Pisidien bald noch einmal wiedersehen.

Gemäß der Apostelgeschichte wurde Paulus in Tarsus, möglicherweise im Jahr 8 oder 9 n. Chr., geboren. Anders als Antiochia in Pisidien existiert Tarsus auch heute noch, allerdings hat es seinen Rang als wichtigste Stadt der historischen Landschaft Kilikien längst verloren. Durch Verlandung ist Tarsus vom Meer ins Landesinnere gerückt und liegt heute eingeklemmt zwischen Adana, der fünftgrößten türkischen Metropole, auf der einen und Mersin, der boomenden Hafenstadt des östlichen Mittelmeers, auf der anderen Seite.

Die kilikische Küstenebene ist heute das Zentrum des Baumwollanbaus in der Türkei. Endlos ziehen sich die Felder entlang einer vierspurigen Schnellstraße von Adana nach Mersin. Inmitten dieser Baumwollplantagen liegt die Air Base Incirlik, ein großer türkisch-amerikanischer Militärflughafen, der für die U. S. Air Force in den Irak-Kriegen eine Schlüsselrolle gespielt hat. Die katholische Kirche hat in ihrem Paulusjahr 2008/9, das Papst Benedikt XVI. anlässlich des vermuteten 2000. Geburtstags des Apostels ausrief, eine Kirche in Tarsus zur Pauluskirche erklärt und zu einer Wallfahrtsstätte gemacht. Das bescheidene Gotteshaus aus dem 19. Jahrhundert liegt etwas versteckt wenige Schritte hinter der Hauptmoschee von Tarsus und ist offiziell, wie die Hagia Sophia in Istanbul, ein Museum.

Nach einem längeren Disput mit der türkischen Regierung, an dem der deutsche Kardinal Joachim Meisner führend beteiligt war, konnte der Vatikan aber erreichen, dass die Kirche für Gottesdienste freigegeben wurde. »Das war eine sehr gute Entscheidung«, freut sich der staatliche Museumsaufseher, »jetzt kommen viel mehr Touristen als früher.« Mit der Kirche und einem angeblichen Paulus-Brunnen am Ort des vermeintlichen Geburtshauses von Paulus hat Tarsus nun zwei Orte, die für Religionstouristen zu Pflichtzielen geworden sind.

Ausführlich wird in der Apostelgeschichte berichtet, wie der Junge mit dem hebräischen Namen Schaul in einer relativ wohlhabenden jüdischen Familie in Tarsus aufwuchs, die ihm auch ein Studium in Jerusalem ermöglichte. Wie schon sein Vater besaß auch Schaul das römische Bürgerrecht. Während seines Aufenthalts in der heiligen Stadt schloss Schaul (lateinisch: Saulus) sich den strenggläubigen Pharisäern an, einer jüdischen Laienorganisation, die eifrig über die Einhaltung der Religionsgesetze wachte. Und Saulus soll bald zu den Eifrigsten gehört

*Ich bin oft in Todesnöten gewesen. Von den Juden habe ich fünfmal erhalten vierzig Geißelhiebe weniger einen; ich bin dreimal mit Stöcken geschlagen, einmal gesteinigt worden; dreimal habe ich Schiffbruch erlitten, einen Tag und eine Nacht trieb ich auf dem tiefen Meer. Ich bin oft gereist, ich bin in Gefahr gewesen durch Flüsse, in Gefahr unter Räubern, in Gefahr unter Juden, in Gefahr unter Heiden, in Gefahr in Städten, in Gefahr in Wüsten, in Gefahr auf dem Meer, in Gefahr unter falschen Brüdern; in Mühe und Arbeit, in viel Wachen, in Hunger und Durst, in viel Fasten, in Frost und Blöße; und außer all dem noch das, was täglich auf mich einstürmt, und die Sorge für alle Gemeinden.* 2 KOR 11

haben, einer von denen, die mit aller Leidenschaft gegen reli-
giöse Laxheit vorgingen und sich nicht scheuten, auch kleinste
Verstöße anzuprangern. Schon erregten die ersten Judenchristen
sein Missfallen. Er beschuldigte sie vor den obersten Gelehrten
als Abweichler und forderte ihren Ausschluss aus der Synagoge.
Angeblich hat Saulus sich in Jerusalem vom Hohepriester die
Ermächtigung geholt, auch außerhalb Judäas, in Syrien, gegen
Judenchristen vorgehen zu können.

Doch auf dem Weg zur syrischen Metropole passierte es dann.
»Unterwegs aber, als er sich bereits Damaskus näherte, geschah
es, dass ihn plötzlich ein Licht vom Himmel umstrahlte. Er
stürzte zu Boden und hörte, wie eine Stimme zu ihm sagte: Saul,
Saul, warum verfolgst du mich? Er antwortete: Wer bist du, Herr?
Dieser sagte: Ich bin Jesus, den du verfolgst. Steh auf und geh
in die Stadt; dort wird dir gesagt werden, was du tun sollst.«
So weit die Apostelgeschichte zur Vision des Saulus, der sich
anschließend nur noch mit seinem römischen Namen Paulus
anreden ließ.

Bei Paulus selbst findet der weltgeschichtlich so bedeutsame
Sinneswandel nur äußerst knappe Erwähnung. Im ersten Brief an
die Korinther spricht er von der »Gnade Gottes«, durch die »ich
bin, was ich bin« (1. Korintherbrief 15, Vers 10). Immer wieder
verweist er jedoch darauf, dass er von Jesus Christus berufen
wurde, dass er seinen Auftrag zur Verkündung des Evangeliums
von Jesus selbst bekommen habe und diesem Befehl unbedingt
folgen müsse. »Denn dass ich das Evangelium predige, dessen
darf ich mich nicht rühmen; denn ich muss es tun«, schreibt
er an die Gemeinde im griechischen Korinth. »Und wehe mir,
wenn ich das Evangelium nicht predigte!« (1 Kor 9,16). Über die
Person Paulus wissen wir wenig. Er war ein körperlich gebrech-
licher Mann, der sein Leben mit aller Kraft der Verkündung des
Evangeliums gewidmet hat. Und sicher war er ein Getriebe-

*Jedermann sei untertan der Obrigkeit, die Gewalt über ihn hat.
Denn es ist keine Obrigkeit außer von Gott; wo aber Obrigkeit ist,
die ist von Gott angeordnet ... Deshalb zahlt ihr ja auch Steuer;
denn sie sind Gottes Diener, auf diesen Dienst beständig bedacht.
So gebt nun jedem, was ihr schuldig seid: Steuer, dem die Steuer
gebührt; Zoll, dem der Zoll gebührt; Furcht, dem die Furcht gebührt;
Ehre, dem die Ehre gebührt.* RÖM 13

ner, der zunächst leidenschaftlich die Urchristen verfolgte, um
danach umso leidenschaftlicher die Botschaft von Jesus Christus zu verkünden. Gefängnisaufenthalte, Prügel und Steinwürfe
konnten ihn davon nicht abhalten.

Der Neutestamentler und Experte für frühchristliche Handschriften, David Trobisch, hat vor wenigen Monaten ein Buch
mit dem spekulativen Titel »War Paulus verheiratet?« veröffentlicht. Darin durchforstet Trobisch systematisch die Paulusbriefe
nach biografischen Angaben und kommt unter anderem zu dem
Schluss, dass Paulus wohl verheiratet war. Welche Rolle seine
Frau bei seiner Missionsarbeit gespielt haben könnte, bleibt
allerdings völlig im Dunkeln.

Paulus war, wenngleich als strenggläubiger Jude, in einer hellenistischen Umgebung sozialisiert worden, sprach neben Hebräisch auch fließend Griechisch und Latein und war, verglichen
mit den vorwiegend ländlich geprägten Jesus-Nachfolgern in
Jerusalem, ein Kosmopolit und Intellektueller.

Der Ort, an dem Paulus sich nach seinem Berufungserlebnis
für viele Jahre niederließ, war Antiochia am Orontes. Dieses
syrische Antiochia war damals, nach Rom und Alexandria, die
drittgrößte Metropole des Römischen Reichs. Hier endeten die
Handelswege aus Arabien und Zentralasien. Über Seleukia Pie-

ria, die Hafenstadt von Antiochia, wurden Kostbarkeiten wie Seide und Weihrauch nach Rom verschifft. Von dort brach Paulus zu seiner ersten Missionsreise auf. In der heutigen türkischen Stadt Antakya, unweit der syrischen Grenze gelegen, gibt es außer einer großen Sammlung römischer Mosaiken vom früheren Glanz kaum mehr etwas zu sehen. Mehrere Erdbeben haben das antike Antiochia völlig zerstört. Antakya ist eine lebhafte Provinzstadt mit starkem arabischem Einschlag, in der allerdings mehrere Kirchen daran erinnern, dass hier noch vor hundert Jahren eine große christliche Gemeinde lebte.

Obwohl sich im antiken Antiochia das erste Mal überhaupt Menschen nachweislich als Christen bezeichneten (»Christianoi«), gibt es zu den frühen Gläubigen nur noch eine einzige sichtbare Verbindung. Am Rande der Stadt befindet sich, vielleicht 200 Meter über der Ebene, in einem Berghang eine natürliche Grotte. In dieser Höhle sollen sich die ersten Christen getroffen haben, geschützt durch die abgelegene Lage und einen Felsspalt am Ende der Grotte, durch den man im Notfall flüchten konnte. Hier hat, der Überlieferung zufolge, Petrus gepredigt, und hier soll sich auch Paulus mit seiner Gemeinde versammelt haben. Heute ist die Grotte ein Wallfahrtsort der katholischen Kirche. In Antiochia kam es zur entscheidenden Weichenstellung des frühen Christentums. Hier hatte sich erstmals eine größere Gemeinde außerhalb Judäas gebildet, in der sich sowohl Juden wie Heiden zu dem neuen Glauben bekannten. Paulus unterstützte diese Entwicklung vorbehaltlos. Während die Jesusbewegung in Jerusalem ganz selbstverständlich davon ausging, dass man zunächst Jude sein musste, um Christ werden zu können, vertrat Paulus die Position, dass jeder Mann und jede Frau kraft des Heiligen Geistes dem Heiland nachfolgen könne. Nötig sei lediglich die Taufe.

Um diese Frage zu klären, reiste Paulus gemeinsam mit Barnabas von Antiochia zu einem Gipfeltreffen mit Petrus, dem

Jesusbruder Jakobus und anderen Aposteln nach Jerusalem. Was genau bei diesem historischen Apostelkonvent beschlossen wurde, ist nicht überliefert, aber Paulus interpretierte das Ergebnis so, dass es ihm weiterhin erlaubt sei, auch Nichtjuden zu missionieren. Wie Jürgen Becker in seiner Paulus-Biografie beschreibt, kam es wenig später dennoch zum Konflikt. Petrus, die Leitfigur der jungen christlichen Kirche, war nach Antiochia gereist und nahm am Leben der dortigen buntgemischten Gemeinde teil. Als aber weitere Mitglieder der Jerusalemer Jesusgefolgschaft nach Antiochia kamen und ihn dafür kritisierten, dass er das Mahl mit Nichtjuden teilte, distanzierte sich Petrus vom gemeinsamen Tisch. Für Paulus war das Verrat an den nichtjüdischen Christen, und das sagte er dem von Jesus berufenen »Felsen« deutlich ins Gesicht. Anschließend verließ Paulus Antiochia.

Zu Paulus' Lebzeiten konnte der Konflikt zwischen Judenchristen und Heidenchristen nie ganz ausgeräumt werden. Vor allem die Juden machten Paulus das Leben schwer. Orthodoxen Tora-Gläubigen war es ein Dorn im Auge, dass Jesus als Messias gepriesen wurde. Außerdem sahen sie durch die aufstrebende Konkurrenz ihre von der römischen Obrigkeit gewährten Sonderrechte gefährdet. Die Juden genossen zum Beispiel Versammlungsfreiheit und mussten nicht den römischen Gottheiten opfern. Missionsarbeit lag ihnen sowieso fern. Für viele Juden wird nun gerade Paulus, der Apostel der Unbeschnittenen, zu einer verhassten Figur. Immer wieder wird der Missionar auf Betreiben der jüdischen Gemeinden aus römischen Städten ausgewiesen oder muss fliehen, um sein Leben zu retten. Zuletzt, als er mit einer von seinen Gemeinden gesammelten Kollekte nach Jerusalem reist, um die Armen der dortigen Gemeinde zu unterstützen, wird er auf Drängen der Juden von den Römern verhaftet und in der Hafenstadt Cäsarea interniert.

Paulus beruft sich gegenüber dem römischen Statthalter auf sein Bürgerrecht, weshalb dieser ihn als »freien Gefangenen« nach Rom schickt, damit der Kaiser über ihn richte. Paulus lebte laut Apostelgeschichte in Rom zwei Jahre in einem milden Arrest. Ob er anschließend wirklich hingerichtet wurde, wissen wir nicht genau, auch nicht das genaue Todesdatum (wahrscheinlich 64 oder 67 n. Chr.). Die Berichte über sein Martyrium stammen von Kirchenvätern aus dem zweiten Jahrhundert. Schon zu Beginn seiner Missionstätigkeit, während seiner ersten Reise, war Paulus einmal nur mit knapper Not dem Furor zweier erzürnter jüdischer Gemeinden entronnen. Der Ort seines damaligen Martyriums hieß Lystra. Ungefähr 30 Kilometer südwestlich der heutigen zentralanatolischen Großstadt Konya, dem antiken Ikonion, ist auf der Karte eine archäologische Stätte namens Lystra eingezeichnet.

Im Dorf Hatunsaray, neben dem Lystra liegen soll, wiegen die alten Männer vor dem Teehaus bedächtig die Köpfe. »Kilistra« gebe es. »Dort stehen die Ruinen einer alten Kirche, ungefähr sechs Kilometer entfernt«, heißt es im Teehaus. Der Ort, an dem Paulus nur knapp seinem vorzeitigen Ende entging, soll aber eindeutig Lystra heißen – und tatsächlich findet sich auch noch ein kleines Hinweisschild, auf dem steht, Lystra sei nur zwei Kilometer entfernt. Allein, mit dem Auto ist kein Lystra zu finden, auch zu Fuß auf unwegsamen Feldwegen nicht. Erst der Imam einer kleinen Moschee am Wegesrand weiß Bescheid: »Evet Lystra orada« – ja, Lystra ist dort. Er deutet auf eine nahe Anhöhe, die sich auf den ersten Blick in nichts von den anderen Hügeln unterscheidet, die sich hier über den abgebrannten Stoppeln der Weizenfelder erheben. Erst bei näherem Hinsehen zeigt sich, dass viele von Menschenhand bearbeitete Steine über den Hügel verstreut sind. Die Besucher stehen auf einem Tumulus, dem Schutt längst untergegangener Siedlungen. Laut der

Apostelgeschichte war Lystra im 1. Jahrhundert ein überwiegend von griechischen Bauern bewohnter Ort. Als Paulus und sein Begleiter Barnabas in Lystra ankamen, waren die beiden regelrecht auf der Flucht.

Der Grund dafür war ein Zwischenfall in Ikonion. Das ungefähr 100 Kilometer von Antiochia in Pisidien entfernte Handelszentrum war nach der Vertreibung von dort für Paulus und Barnabas die nächste größere Stadt, die sie erreichten. Paulus verkündigte nun im Hause einer wohlhabenden Familie so leidenschaftlich das Evangelium, dass Thekla, eine junge Frau aus dem Nachbarhaus, sich den Nachfolgern Christi anschloss. Quelle dieser Geschichte sind vor allem die sogenannten Paulusakten, eine Sammlung frommer Erzählungen aus dem 2. Jahrhundert. Für die Familie war Theklas Bekehrung ein Schock. Die Tochter war mit einem Mann aus gutem Haus verlobt, die Hochzeit bereits arrangiert und nun das. Wutentbrannt zeigte Theklas Verlobter Paulus bei der römischen Obrigkeit als Aufrührer an. Paulus wurde aus der Stadt gejagt, Thekla zum Tode verurteilt. Doch nach der Legende wurde sie von Gott gerettet. Thekla soll sich

*Es ist gut für den Mann, keine Frau zu berühren. Aber um Unzucht zu vermeiden, soll jeder seine eigene Frau haben und jede Frau ihren eigenen Mann. Der Mann leiste der Frau, was er ihr schuldig ist, desgleichen die Frau dem Mann. Die Frau verfügt nicht über ihren Leib, sondern der Mann. Ebenso verfügt der Mann nicht über seinen Leib, sondern die Frau. Entziehe sich nicht eins dem andern, es sei denn eine Zeit lang, wenn beide es wollen, damit ihr zum Beten Ruhe habt; und dann kommt wieder zusammen, damit euch der Satan nicht versucht, weil ihr euch nicht enthalten könnt.* 1 KOR 7 in einer Grotte nahe dem heutigen Silifke niedergelassen haben und galt später als erste weibliche Heilige der jungen Kirche.

Als Paulus und Barnabas auf ihrer Flucht aus Ikonion in Lystra ankamen, empfingen die Griechen sie freundlich; man hielt sie gar für Zeus und Hermes. Doch die Harmonie war nur von kurzer Dauer. Die Juden von Ikonion bekamen bald Wind davon, wo sich die verhassten Wanderprediger nun aufhielten. Gemeinsam mit Freiwilligen der Gemeinde von Antiochia in Pisidien schickten sie eine Strafexpedition nach Lystra. »Es kamen aber von Antiochia und Ikonion Juden dorthin und überredeten das Volk und steinigten Paulus und schleiften ihn zur Stadt hinaus und meinten, er wäre gestorben«, heißt es in der Apostelgeschichte. Doch der unbeugsame Apostel überlebte und – er konnte einfach nicht anders – missionierte weiter.

# Am Tisch des Herrn

*War es wirklich hier? Wer sich auf Jesu Spuren im Heiligen Land begibt, findet eines bestimmt nicht: historische Beweise. Enttäuscht wird er dennoch nicht.*

## Von Annette Großbongardt

Die Stelle mit dem Fußabdruck ist von schmalen Marmorblöcken eingerahmt, man kann sie also nicht verfehlen. Der gelblich-braune Stein sieht speckig aus, am Rand ist er sogar ein bisschen schmutzig. Glaubt irgendeiner von uns, dass Jesus von hier in den Himmel aufgestiegen ist? Sicherheitshalber machen einige aber doch ein Foto und berühren den Stein, der sich kühl und glatt anfasst. Auf ihm sollen die Füße des Herrn gestanden haben! Man muss die Augen schon großzügig zusammenkneifen, um einen Abdruck zu erahnen. Philippinische Pilgerinnen sind hereingekommen, sie werfen sich auf die Knie, ziehen Tücher, Brustbeutel und Ketten über den Stein und schauen andächtig.

Es ist der vierte Tag einer Pilgerreise im Heiligen Land, mit einer katholischen Gruppe des Bayerischen Pilgerbüros bin ich unterwegs »auf den Spuren Jesu«, eine Woche lang reisen wir durch Galiläa, am See Genezareth entlang, nach Nazareth und zum Berg Tabor, nach Bethlehem und schließlich Jerusalem. An diesem Sonntagmorgen sind wir früh aufgebrochen zum Ölberg, wo Jesus seine letzten Stunden verbrachte und wo er auffuhr gen Himmel, mit dieser Bibelgewissheit sind wir groß geworden. Den exakten Schauplatz dieser Sensation wollen antike Christen identifiziert haben, er wurde zu einer Pilgerstätte, von der schon die spanische Nonne Egeria um das Jahr 383 ihren daheimgebliebenen Schwestern berichtete. Heute steht dort die kleine Himmelfahrtskirche, die allerdings eine Moschee ist, seit Saladin 1187 Jerusalem eroberte. Vor dem Kuppelbau beäugt ein muslimischer Türwächter die Besucher.

Im stickig-feuchten Innern findet sich der Fußabdruck, angeblich ist es der des rechten Fußes, also war Jesus Rechtsfüßer. Wo genau seit etwa Ende des 4. Jahrhunderts auf dem Ölberg die Fußspuren des Herrn gezeigt wurden, lässt sich nicht mehr rekonstruieren. Sicher ist, dass dort, wo heute die Himmelfahrtsmoschee steht, irgendwann eine reiche Römerin ein Kirchlein bauen ließ – »hier«, befand die gottesfürchtige Senatorentochter, »wo die Füße des Herrn gestanden haben«. Damals waren es nur Spuren im Sand, die sich auf unerfindliche Weise über mehr als 300 Jahre erhalten haben sollen – und das, obwohl sich Pilger heimlich Kostproben des heiligen Sandes als Souvenir in die Tasche steckten. Als die Himmelfahrtskirche um 1000 zerstört wurde, wurden auch die Fußspuren verwischt. Das hinderte die Kreuzfahrer nicht daran, die Fußabdrücke des Herrn nun ordentlich in Marmor meißeln zu lassen, als sie die Verehrungsstätte erneuerten. Es ist der Bau, der noch heute steht, ein wenig benommen treten wir aus seinem Schatten hinaus in die Sonne. Als Christ mag man fest an die Wiederauferstehung glauben, aber war es wirklich genau hier?

Immer wieder, an jedem Ort unserer Reise, stellt sich uns diese Frage, und Pfarrer Ewald Scherr, der uns begleitet, weiß, dass wir darauf Antworten hören möchten. Wir sitzen in Kapernaum auf den Steinbänken der Synagoge, in der Jesus auftrat. »Wir sehen uns immer vor diesem Problem: Ist es jetzt der Felsen, wo er stand?«, sagt Scherr, »das ist aber nicht wichtig, sondern wichtig ist, er hat in der Synagoge von Kapernaum gepredigt, auch wenn es nicht mehr diese Mauern sind, die heute stehen.« Die Mauern und Säulen, die heute stehen, sind Überreste einer Synagoge aus dem 4. Jahrhundert, zu jung, um für Jesus zu bürgen. Aber die Geschichte seines Wirkens bekommt nun einen Schauplatz, wir blinzeln in die Sonne, stellen uns vor, hier auf den Steinbänken saßen die jüdischen Bewohner des Fischerdorfs, und da steht ein Mann vor ihnen und sagt: Trinkt mein Blut! Esst mein Fleisch! »Denn mein Fleisch ist die wahre Speise, und mein Blut ist der wahre Trank« (Joh 6,51–58). Ketzerisch muss das für jüdische Ohren geklungen haben.

Kapernaum, das ist der Ort, wo Jesus »zu Hause« war, wie der Evangelist Markus schreibt. Hier fand er seine ersten Jünger, die Fischer Simon Petrus und Andreas. In dem jüdischen Grenzort am Seeufer gab es eine Zollstation und eine kleine Garnison römischer Soldaten. Große Teile des später von einem Erd-beben zerstörten Ortes wurden inzwischen ausgegraben. Unter der Synagoge fand man schwarzes Basaltpflaster, offenbar vom Boden eines älteren Kulthauses aus dem 1. Jahrhundert. Von der Synagoge kann man zum Haus des Simon Petrus schauen. Es wird von einem mächtigen Gebäude eingehüllt, das eine Kir-che ist, aber eher wie ein Parkdeck aussieht. Im Bodengeschoss fanden die Franziskaner, denen große Stücke Kapernaums seit 1894 gehören, mehrere schlichte Wohnhäuser der Römerzeit und sogar Inschriften im Putz mit den Namen von Jesus und Petrus. Von einer Balustrade schauen wir hinab auf die ausgegrabenen Fundamente und Mauerreste – hat er dort die Schwiegermutter des Petrus geheilt? »Da ergriff er ihre Hand, und das Fieber ver-ließ sie« (Mt 8,14–15).

Kommt es darauf überhaupt an? »Pilgerfahrt«, hatte mir der kluge Dominikanerpater Jerome Murphy-O'Connor, Erforscher des Heiligen Landes an der renommierten »École Biblique« in Jerusalem, einmal erklärt, »Pilgerfahrt ist, sich zum Gebet zu bestimmten Orten zu begeben, von denen man sich erhofft, dass es dort leichter ist, mit Gott in Kontakt zu kommen«. In dieser

Hoffnung pilgern Christen seit über 1600 Jahren an die biblischen Stätten der Jesusgeschichte, heute kommen jährlich mehr als eine Million christliche Wallfahrer nach Israel. Vielleicht wollen sie doch auch Beweise sehen? Die Schönheit vieler dieser Orte ergreift jedenfalls auch denjenigen, der nicht fest im Glauben ist.

Pfarrer Scherr will ehrlich sein: Moderne Bibelauslegung, erklärt er uns, bedeute auch Entmystifizierung, es gebe sogar moderne Theologen, die sagten, Kapernaum habe es nie gegeben. Dabei ist der Ort vergleichsweise gut belegt, es gibt viel wunderlichere Plätze. In der Brotvermehrungskirche in Tabgha nur ein paar hundert Meter weiter am Seeufer wird das Wunder verehrt, dass Jesus aus fünf Broten und zwei Fischen 5000 Menschen speiste. Tabgha erreichte man zur Jesuszeit auf der Via Maris, der römischen Handelsstraße, die durch Galiläa führte. Nun fahren wir auf dieser Straße vorbei an Mangobäumen und Bananenstauden zur Brotvermehrungskirche der Benediktiner. Der Felsen, auf dem Brot und Fische gelegen haben sollen, ist heute noch zu sehen: ein bisschen schwarz, als hätte man Feuer darauf gemacht; in der byzantinischen Vorläuferkirche des 5. Jahrhunderts baute man darüber den Altar. Davor prangt im Boden das berühmte Mosaik mit den zwei Fischen und dem Brotkorb.

Der Fels sieht sehr alt aus, doch der Führer »Heiliges Land«, mit dem uns das Pilgerbüro ausgerüstet hat, lässt uns keine Illusion: »Der eigentliche Ort, an dem sich das Wunder der Brotvermehrung ereignet haben soll, lag am Ostufer des Sees Genezareth; irgendwann einmal war den Pilgern der Weg zu weit und die einsame Örtlichkeit zu gefährlich, und so verlegten sie den Platz des Brot- und Fischwunders kurzerhand an das besiedelte Westufer.« Und dann steht da noch: »So viel zur Authentizität von Bibelschauplätzen im Heiligen Land.« So sagt Pfarrer Scherr denn auch vorsichtig: »Das ist der Ort, wo die Brotvermehrung gewesen sein soll.« Die Pilgerin Egeria, die Tabgha 383 besuchte, war noch frei von solcherlei Skrupeln. »Nicht weit von Kapernaum sieht man die Steinstufen, auf welchen der Herr stand«, schrieb sie in ihren Reisebericht, »es war auf diesem Feld, auf dem der Herr das Volk mit fünf Broten und zwei Fischen sättigte … Der Stein, auf den der Herr die Brote legte, ist zu einem Altar gemacht worden … Am Berg, der sich nebenan erhebt, ist eine Grotte, über die der Herr hinaufstieg, als er die Seligkeiten lehrte.«

Stufen sind jedenfalls heute noch zu sehen bei der kleinen Primatskapelle direkt am Seeufer. Sind es die Stufen? Pilger aus Sri Lanka begutachten sie gerade, auch einen großen Stein, an dem die Apostel-Fischer ihre Boote festgemacht haben sollen. In der Kirche steht wieder ein Felsen, »mensa christi«, Tisch des Herrn, heißt es auf einer Tafel. Hier soll der auferstandene Jesus mit seinen Jüngern noch einmal gefrühstückt haben. Pilger aus aller Welt sind hier, tauchen ihre Füße in den schimmernden See. Ein Schild am Weg warnt uns: »Holy Place – no shorts!« Auch wir haben längst Schuhe und Strümpfe ausgezogen, das kühle Wasser tut gut. »Gell, des is woas anders als dene Inder ihrn Ganges«, sagt eine resolute bayerische Mitpilgerin mit Blick auf die indische Gruppe, die fröhlich lachend am Ufer watet. Die herrlichste Aussicht auf den See hat man vom Berg jener Seligpreisungen, die es vermutlich so nie gab: »Selig sind, die da geistlich arm sind, denn ihrer ist das Himmelreich«, wunderschöne Verheißungen sind es, die Jesus nach Matthäus da aussprach. Wir lesen sie noch einmal, aber den See sehen wir nicht, er ist dunstverhangen wie so oft.

»Liebster Jesu, wir sind hier«, singen wir unverdrossen, zur Messe im Freien hat Pfarrer Scherr eine weiße Albe angelegt, die an das Taufgewand erinnert, er trägt ein Holztablett mit den liturgischen Utensilien, die für durchreisende Pfarrer leihweise bereitgehalten werden: Altartuch, Altarkreuz, rote Kerze, Kelch

fürs Abendmahl, ein Kännchen mit Wein, eines mit Wasser, eine
Schale für die Hostie. »Lassen Sie die Seele baumeln, spüren Sie«,
ermuntert Scherr seine kleine Pilgergemeinde, und doch kommt
er wieder auf die Beweislage zu sprechen: Matthäus hat die Bergpredigt überliefert, bei Lukas gibt es den Berg gar nicht, er verlegt
die Rede aufs Feld. »Welches nun stimmt, kann ich nicht sagen,
ob es diese Anhöhe war oder eine andere oder ein Feldweg, wir
wissen es nicht, für uns ist wichtig, dass es eine Lokalisierung
gibt: dort, wo Jesus das Wort an die Menschen gerichtet hat.«
Tatsächlich stört es die Pilger nicht: »An den Plätzen hab ich
eh meine Zweifel, wichtig ist, dass die Botschaft stimmt«, sagt
eine Mitpilgerin von der Donau, »die Worte bekommen für mich
hier mehr Bedeutung.« Pfarrer Scherr braucht keine Beweise. Er
ist ein eindrücklicher Redner, seine Predigten sind wohl gesetzt.
Die bloße Vorstellung, Jesus sei hier oder in der Nähe gewandelt,
reicht, um ihm die Folie auszulegen, auf der die Bibel lebendig
werden kann.

Mit einem einfachen Holzschiff fahren wir hinaus auf den See,
alle tun das hier. Es ist ja auch so schön in dieser Landschaft in
ihrer Mischung aus Kargheit und blühendem Garten, viele werden hinterher sagen, am See Genezareth mit seiner Stille, seinen
Farben, auch seiner Verlassenheit, konnten sie ihren Glauben
und Jesus am besten spüren. Kaum sind wir draußen, kommt
eine Windböe auf, das Boot schaukelt kräftig, einige schauen
zum Kapitän, hat er die Sache im Griff? War es nicht auch in
der Bibel so? Scherr zitiert aus dem Lukasevangelium: Da stieg
Jesus mit seinen Jüngern in ein Boot, ein Sturm brach los, aber
er schlief. Da weckten sie ihn und riefen: »Meister, Meister, wir
kommen um!« Er aber stand auf, drohte Wind und Wellen, und
sie legten sich. »Er aber sprach zu ihnen: Wo ist euer Glaube?«
Hier, mitten auf dem See, ist das nun Scherrs Thema: »Das ist
eine Anfrage auch an unseren Glauben.« So lassen sich theolo-

gische Fragen mit dem Leben verbinden: Wo ist mein Gottver-
trauen in Zeiten von Angst, Panik, Sorge?

Das Christentum, so haben es die Theologen Christoph Markschies und Hubert Wolf einmal formuliert, ist »eine große Topo-
grafie von Erinnerungsorten«. Und kein Erinnerungsort ohne
Kirche. Praktisch überall im Heiligen Land, wo der Heiland in
der Bibel den Fuß niedersetzte, bauten Christen eine Kirche: an
seiner Geburtsstätte in Bethlehem; in Nazareth, wo der Engel
Maria verkündete, dass sie schwanger werden würde; wo er die
5000 speiste; wo er Wasser in Wein verwandelte bei der Hochzeit
von Kana; wo Petrus ihn dreimal verleugnete, bevor noch der
Hahn gekräht hatte; im Garten Gethsemane, wo er vor seinem
nahen Ende verzweifelt betete; sogar beim Felsen, von dem er
den Esel bestieg, als er in Jerusalem einzog.

Dutzende Kirchen säumen seinen mutmaßlichen Weg, allein
fünf stehen auf dem Ölberg. Eine von ihnen wurde in Form
einer Träne gebaut, sie symbolisiert den Ort, wo Jesus weinte, als
er den Untergang Jerusalems prophezeite. Manchmal konnten
sich die Glaubensbrüder nicht einigen, dann mussten es zwei
Kirchen sein an einem Ort, so wie auf dem Berg Tabor, wo Jesus
verklärt worden sein soll und angeblich Gott aus einer leuch-
tenden Wolke rief: »Dies ist mein lieber Sohn.« Dort gibt es
ein katholisches und, in sicherem Abstand hinter einer stabilen
Mauer, ein griechisch-orthodoxes Gotteshaus. Die Verklärung ist
historisch ohnehin nicht zu fassen. Und obwohl kaum jemand
bezweifelt, dass Jesus in Jerusalem am Kreuz gestorben ist, ist
doch die Route seines Leidensweges, die Pilger seit Jahrhunderten nachschreiten, hoch umstritten. Auch wir gehen sie, von
Station 1 (Jesus wird zum Tode verurteilt) über die 4. Station
(Jesus begegnet seiner Mutter) und die 9. (Jesus fällt zum dritten
Mal unter dem Kreuz) bis zur 14., seiner Grablegung, und an fast
jeder Station gibt es eine Kirche oder Kapelle.

Viele Pilger sind hier unterwegs, sie singen, beten, manche schleppen Leihkreuze. Start ist die einstige Antonia-Festung an der Nordflanke des Tempelbergs, hier soll Pontius Pilatus ihn verurteilt haben. Doch nach dem Stand heutiger Forschung fand die Verurteilung eher im Palast am Davidsturm statt, am entgegengesetzten Eingang der Stadtmauer also. Für die Experten der Fachzeitschrift »Welt und Umwelt der Bibel« ist die Via Dolorosa denn auch »eine Reihung theologischer, nicht historischer Orte«. Manche Pilgerstätten, wie eben das Prätorium des Pilatus, wechselten, so der Theologe Klaus Bieberstein, im Lauf der Jahrhunderte sogar mehrmals den Standort. Müsste man die Route nicht umlegen? »Die Gewissheit des Glaubens ist viel stärker als jede Rationalität von Argumenten«, sagt Murphy-O'Connor.

Der Schauplatz des Todes Jesu ist für viele Experten dagegen gut belegt. »Zu 99 Prozent sicher«, sagt der Dominikaner, stehe die Grabeskirche »an dem Ort, wo Jesus starb und begraben wurde«. Bedauerlicherweise sei es gleichzeitig »der wohl unchristlichste Ort« des Heiligen Landes. Sechs Glaubensgemeinschaften, römische Katholiken, Armenier, Syrer, Kopten, Griechisch-Orthodoxe und Äthiopier, teilen sich das von Konstantin dem Großen gegründete Gotteshaus. Doch weil sie sich ständig streiten, legten schon im 19. Jahrhundert die osmanischen Herrscher fest, wer wann Gottesdienst halten und wer welche Lampen anzünden darf, wer wo Kehrdienst hat. Die Schlüsselgewalt wurde sicherheitshalber einem neutralen Dritten in Gestalt eines muslimischen Hausmeisters überlassen. Immer wieder kommt es sogar zu Schlägereien, mal befehden sich Franziskaner und griechisch-orthodoxe Priester darüber, wer die Kirchentür öffnen darf, mal hatte ein koptischer Mönch seinen Stuhl auf dem Dach der Kirche in den Schatten gerückt, just dorthin, wo die äthiopischen Mönche auf ihre Rechte pochen.

Schon in frühen Pilgerjahren waren die Gläubigen hier, am prominentesten Ort der Christenheit, nicht nur von edlen Motiven bewegt. Von Egeria wissen wir, dass Wallfahrer bei der Verehrung des Heiligen Kreuzes einen Splitter vom Kreuz abzubeißen versuchten, während sie sich zum Kuss darüber neigten. Wegen der komplizierten Besitzverhältnisse ist die Grabeskirche ziemlich verbaut und von Touristen meist überlaufen. »Ich wünschte, das Grab hätte ich nicht gesehen«, wird einer aus unserer Gruppe am Schluss der Reise sagen. Aus anderen Gründen gilt das wohl auch für Bethlehem, das Israel hinter einer hohen Mauer weggesperrt hat, angeblich um sich vor palästinensischer Gewalt zu schützen. Vom Zimmer unseres Hotels Paradise kann man den Wachturm mit den israelischen Soldaten sehen. »Ich werde in Zukunft eher Bauchweh haben als weihnachtliche Gefühle, wenn ich an Bethlehem denke«, sagt meine Sitznachbarin im Bus.

Wir besuchen die Geburtskirche, in der sich 2002 über 120 palästinensische Milizionäre verschanzten, weshalb sie vom israelischen Militär belagert wurde. Auch hier herrscht ein strenger Kodex, nach dem sich Griechen, Armenier und Römisch-Katholische das unter Kaiser Justinian erneuerte Gotteshaus teilen. Als wir uns in die Warteschlange vor der Geburtsgrotte stellen, sind dort gerade die Armenier mit ihrer Messe an der Reihe. Schließlich schicken sie noch ein Putzkommando mit Staubwedeln und Wischlappen in die Grotte, wie es die Regeln vorsehen. Ein Mönch schrubbt den Geburtsstein mit Schwamm und Schaber. Erst nach einer Stunde können wir hinabsteigen, »so hab ich mir das Kind in der Krippe aber nicht vorgestellt«, sagt eine Frau vor uns enttäuscht. Oft war ich hier in meiner Korrespondentenzeit und habe, trotz aller Zweifel, doch immer auch die Knie gebeugt, wie alle es tun, und den silbernen Stern berührt, der die Geburtsmulde umgibt. Wir fahren auch zu den

Hirtenfeldern, auf denen byzantinische Kirchenreste ausgegraben wurden, schauen in diese biblisch anmutende Landschaft. Die Palästinenser Bethlehems sehen hier vor allem die riesige israelische Siedlung Har Choma, die sich in ihr Land frisst.

Am Ende der Woche haben wir nicht alle Orte gesehen, nicht alle Kirchen geschafft, vieles bleibt offen. Auf dem Weg zum Flughafen machen wir noch Station in der eindrucksvollen Kreuzfahrerabtei »Heilige Maria« von Emmaus, wo zwei Jünger dem auferstandenen Jesus begegnet sein sollen. Keiner weiß, wo es war, es gibt gleich drei Orte, die beanspruchen, das biblische Emmaus zu sein. Pfarrer Scherr bleibt sich treu, als er das erzählt. »Aber das kann ich Ihnen versprechen«, sagt er, und es ist sein Schlusswort: »Sie werden jetzt ein ganz anderes Gefühl haben, wenn Sie in den Gottesdienst kommen, Sie werden etwas anderes damit verbinden, wenn Sie das Evangelium hören.« Und er spricht von der »Gnade, dass Sie nun angerührt sind«. Das bin ich, seit ich in Jerusalem gelebt habe.

# ANHANG

# GLOSSAR

## WER WAREN DIE HEILIGEN DREI KÖNIGE?
## GEGEN WEN KÄMPFTEN DIE ZELOTEN?

*Wichtige Begriffe zur Jesuszeit*

Von Viola Broecker

**APOKRYPHEN** Die »verborgenen«, nichtkanonischen Evangelien wie das Thomasevangelium, das Petrusevangelium oder
das Geheime Markusevangelium sind zunehmend Gegenstand
der Forschung, liefern aber nur wenig Material für die Rekonstruktion des historischen Jesus und haben so die Erwartungen
enttäuscht, nun die ganze Wahrheit über den Mann aus Nazareth
zu erfahren. Die gnostisch inspirierten Texte enthalten keine
zusammenhängende Erzählung vom Leben Jesu, sondern Sprüche, Dialoge oder einzelne Episoden. Die Jesusaussprüche des
Thomasevangeliums gehören indes einer sehr frühen Überliefe-
rungsschicht an. Die Quellen wurden zumeist als Fragmente auf
Papyrus im 19. Jahrhundert oder später entdeckt.

**GNOSTIKER** Anhänger einer nichteinheitlichen Religions-
bewegung mit Geheimlehre. Ihr Zentrum lag im östlichen
Mittelmeerraum, ihre Blüte im 2./3. Jahrhundert n. Chr. Die
Erlösungslehre beinhaltete ein exklusives »Wissen um göttliche
Geheimnisse«. Der geistige Kern (»pneuma«) des Menschen
galt als Teil einer göttlichen Substanz, eingebettet in ein kosmi-
sches Geschehen, einen Dualismus von finsteren Mächten und

göttlichem Lichtreich. Der Mensch sollte aus seinem doppelten Gefängnis von Leib und Welt errettet und mit seinem himmlischen Ursprung wiedervereinigt werden. Seit dem 17. Jahrhundert entdeckte man zahlreiche gnostische Schriften. Den größten Fund machte man aber erst 1945 im ägyptischen Nag Hammadi. Dort wurde eine 53 Schriften umfassende gnostische Bibliothek mit apokryphen Texten wie dem Thomasevangelium gefunden.

**HEIDENCHRISTEN** Die frühen nichtjüdischen Christen, die im Zuge der Missionierung der hellenistischen Umwelt bekehrt wurden. Anders als die Judenchristen waren sie nicht den rituellen Vorschriften der Tora verpflichtet. Ihnen war es leichter möglich, den strengen jüdischen Monotheismus aufzuweichen und Jesus als Gottes Sohn zu begreifen. Nach der Tempelzerstörung im Jahr 70 gewannen sie zunehmend an Gewicht. Doch erst ab Mitte des 2. Jahrhunderts kam es zur vollständigen Trennung des Christentums vom jüdischen Ursprung.

**HERODIANER** Als Anhänger Herodes' des Großen (um 73 bis 4 v. Chr.) unterstützen die Herodianer dessen Politik der Hellenisierung. Unter Herodes wurde der Jerusalemer Tempel grundlegend umgebaut und erweitert. Im ganzen Land entstanden außerdem prachtvolle Bauwerke, und die Stadt Cäsarea wurde zu Ehren des Augustus gegründet. Die herodäischen Klientelfürsten sorgten seit etwa 40 v. Chr. auch für die Einziehung von Steuern; damit unterstand hier kein Jude direkter römischer Herrschaft. Dies entschärfte einen Konflikt der Juden Palästinas, für die eine direkte Steuerzahlung an die Römer als Götzendienst galt. Seit den zwanziger Jahren wandten sich oppositionelle Erneuerungsbewegungen wie die Johannes' des Täufers und weiterer Propheten gegen den vom traditionellen Judentum entfremdeten Lebensstil der Herodianer.

**HOHEPRIESTER** Einst von den Königen selbst ausgeübtes Amt, das zum politischen Titel geworden war. Seit Herodes I. durfte der König als Vasall der Römer die Hohepriester ernennen und absetzen. Berühmtberüchtigt ist der Hohepriester Kaiphas, der von 18 bis 36 amtierte und laut Johannes' römerfreundlicher Passionsgeschichte Jesu Auslieferung an die Römer betrieb (siehe Prozess). Bei der Ausübung von Gewalt und der Durchsetzung von Ansprüchen waren die Hohepriester aber von den Römern abhängig, ohne die sie nicht agieren konnten. So war Kaiphas vom römischen Präfekten berufen; seine relativ lange Amtszeit von 18 Jahren deutet auf eine machtpolitisch erfolgreiche Amtsführung hin.

**JUDENCHRISTEN** Alle aus dem Judentum stammenden Christgläubigen; das heißt, eigentlich alle Christen der Anfangszeit waren Judenchristen. Anders als ihre jüdischen Glaubensgenossen bekannten sie sich zu Jesus als Messias. Im engeren Sinn diejenigen Christgläubigen, die eine jüdische Theologie und Lebensführung, also die Einhaltung der Gesetzesvorschriften wie Beschneidung, Speisevorschriften und Sabbatruhe, für unverzichtbar halten.

**LEBEN-JESU-FORSCHUNG** Als Begründer der historischen Jesusforschung gilt Hermann Samuel Reimarus (1694 bis 1768), der erkannte, dass man zwischen der zeitgenössischen Verkündigung Jesu, die nur aus dem ursprünglichen jüdischen Kontext zu verstehen ist, und dem späteren Christusglauben der Apostel unterscheiden müsse. Albert Schweitzers Fazit der »Leben-Jesu-Forschung« von 1906 lautete: Jede Epoche schafft sich den Jesus, der ihr am besten passt. David Friedrich Strauß (1808 bis 1874) sah Unhistorisches und Widersprüche der Evangelien als Produkt einer mythischen Imagination, der »absichtslos dichtenden Sage«. Er erkannte als Erster, dass das Johannesevangelium theologisch stark überformt und deshalb weniger zuverlässig ist als die übrigen Evangelien. Andere Forscher wiesen den tendenziösen Charakter auch der älteren Evangelien nach. Gemeindebedürfnisse, nicht historische Genauigkeit bestimmten deren Jesusüberlieferungen. Rudolf Bultmann sieht daher das Zentrum der Theologie des Neuen Testaments in der Verkündigung des auferstandenen Christus. Erst ab Mitte des 20. Jahrhunderts wandte man sich wieder dem historischen Jesus zu, verbunden mit starkem sozialgeschichtlichen Interesse.

**LEVITEN** In neutestamentlicher Zeit sollten sie wie die Priester das Volk in der toragemäßen Lebensführung unterweisen, was ihnen zunehmend von den Pharisäern und Sadduzäern streitig gemacht wurde. Sie waren Kultdiener am Herodianischen Tempel. Nach der Apostelgeschichte gehörte auch ein Levit zu den Judenchristen.

**MESSIAS** Ein Gesalbter, griechisch »christos« – ein Gott geweihter Mensch, ein Rang, der ursprünglich nur Königen, Hohepriestern und Propheten vorbehalten war. Allerdings gab es im Judentum zur Zeit Jesu keine einheitlichen Messiasvorstellungen, vielmehr die unterschiedlichsten endzeitlichen Erwartungen. So hofften die Pharisäer auf einen Erretter aus dem Geschlecht Davids, die Essener hingegen erwarteten die Ankunft einer priesterlichen Gestalt, den »Gesalbten Aarons«. Jesus versteht sich laut Markusevangelium als Messias, obwohl er sich selbst so nicht bezeichnet, nur die Frage danach bejaht. Auch andere Titel wie »Sohn Gottes«, »Rabbi«, »Prophet«, »Sohn Davids«, »Heiland« oder »Herr« werden Jesus zugeschrieben. Als »Menschensohn« und »Diener« bezeichnet er sich im Neuen Testament nur selbst, niemand spricht ihn so an.

**PHARISÄER** Die Bezeichnung kommt wahrscheinlich vom hebräischen »paroschim«, was »Spalter« und »genau Unterscheidende« bedeutet. Die Pharisäer standen dem Volk näher als die Sadduzäer. Der Überlieferung der Väter und der Tora folgten sie mit größter Genauigkeit, versuchten aber, sie im Alltag praktikabel zu machen. Josephus (siehe Quellen) erwähnt neben erleichternden Bestimmungen, die die Pharisäer »eingeführt« hätten, aber auch Verschärfungen. Es erscheint widersprüchlich, dass sich Jesus besonders an ihnen reibt, obwohl sie seiner toleranteren Einstellung etwa zum Ritus am nächsten kamen, so etwa in der Frage, was am Sabbat erlaubt ist. Jesus steht mit ihnen im Dialog, in der Passionsgeschichte treten sie als seine Gegner zurück.

**PROZESS JESU** Noch 1951 sah Josef Blinzler die Passionsdarstellungen des Prozesses als historisch glaubwürdige Berichte an. Jesus habe sich durch seine Tempelkritik und seinen Messiasanspruch der Blasphemie schuldig gemacht, was in jüdischen Kreisen zu Todfeindschaft und Vernichtungswillen um jeden Preis geführt habe. Mit dieser Darstellung bekräftige Blinzler den antijüdischen Gottesmordvorwurf. Mehr als umstritten ist heute, inwieweit die Darstellungen der Verurteilung durch den Hohepriester in der Passionsgeschichte historisch sein können und ob die Juden zur Zeit Jesu überhaupt Kapitalgerichtsbarkeit besaßen. Die Darstellung in den Evangelien ist tendenziös. Die Römer (Pontius Pilatus) hatten zwar kein religiöses, aber ein politisches Motiv für die Kreuzigung eines potentiellen Königsprätendenten und Unruhestifters in Palästina.

**QUELLEN** Die Briefe des Paulus aus den Jahren 50 bis 60 n. Chr. bilden die ältesten Schriftzeugnisse über Jesus. Die Evangelien als Hauptinformationsquellen entstanden später, zwischen 70 und 100. Die Evangelien nach Markus, Matthäus und Lukas heißen »synoptische Evangelien«, weil sie eng zusammenhängen, wobei nach der »Zweiquellentheorie« das Markusevangelium für die beiden anderen als Vorlage diente. Eine weitere ist die sogenannte Logienquelle oder Quelle Q, eine für das damalige Judentum typische Sammlung von Worten und Sprüchen Jesu, die auf 40 bis 50 n. Chr. datiert wird, aber nicht erhalten ist. Sie enthält keinen Bericht über sein Leiden und Sterben. Das Johannesevangelium entfernt sich weit von der Jesusdarstellung der synoptischen Evangelien, sein historischer Gehalt wird daher niedriger eingeschätzt. Auch nichtchristliche Quellen wie der jüdische Historiker Josephus Flavius und die römischen Historiker Sueton und Tacitus bekräftigen durch Berichte oder beiläufige Erwähnungen, dass Jesus gelebt hat, liefern aber vom Neuen Testament abweichende Details.

**QUMRAN** Zwischen 1947 und 1956 wurden in den Höhlen bei Khirbet Qumran nahe dem Toten Meer Schriften und archäologische Hinweise entdeckt, die die Existenz der Essener vermuten ließen. Die jüdische Sondergruppe wird zwar in antiken Berichten des Josephus und Plinius' d. Ä. wohlwollend erwähnt, nicht aber im Neuen Testament direkt genannt. Nach der Amtsenthebung eines kultisch strengen Hohepriesters spalteten sich besonders strenggläubige Juden um etwa 120 v. Chr. von der Jerusalemer Tempelpriesterschaft ab. In Fragen der Ritustreue nahmen sie eine radikale Haltung ein; darüber stritten sie mit den Pharisäern. Als dritte »Religionspartei« neben Sadduzäern und Pharisäern markieren sie einen Bruch innerhalb des Judentums. Schon wegen der Geheimhaltung ihrer Lehren lieferten sie Stoff für wilde Spekulationen – so wurde Jesus schon zum Essener und die Qumrangemeinschaft zur christlichen Urgemeinde erklärt. Tatsächlich verbindet sie zwar die Hoffnung auf den

baldigen Anbruch der Gottesherrschaft, doch den für die Essener typischen kultischen Rigorismus und eine Absonderung der
Reinen von der Masse lehnte Jesus ab.

**SADDUZÄER** Die Bezeichnung stammt vermutlich von Zadok
als Stammvater der Jerusalemer Priesteraristokratie. Sie sind laut
Josephus eine der »Religionsparteien« und die einflussreichste
Gruppe im Synhedrion, dem jüdischen Hohen Rat unter dem
Vorsitz des Hohepriesters. Die Sadduzäer sind aber keine Theologen, sondern Politiker, sie stehen mit großer Sicherheit der
herrschenden hellenistischen Kultur nahe. In Glaubensfragen
halten sie sich treu an das in der Tora Überlieferte. Mit den
Pharisäern ringen sie um das Recht, das Volk im toragemäßen
Lebenswandel zu unterweisen. Jesus sieht sich in großer Distanz zu den konservativen Sadduzäern, etwa bei der Diskussion
um die Auferstehung der Toten, eine Vorstellung, die sie strikt
ablehnen.

**SAMARITANER** Unter Alexander dem Großen hatte sich
Samarien kultisch von den anderen Juden getrennt und einen
eigenen Tempel auf dem heiligen Berg Garizim errichtet; sie
stützen sich in ihrem Glauben allein auf die fünf Bücher Mose
und lehnen religiöse Neuerungen, wie die Pharisäer sie vertraten,
ab. Im Neuen Testament begegnet Jesus mehrfach Vertretern
dieser selbständigen religiösen Gruppe, ihr entstammt auch der
barmherzige Samariter aus dem berühmten Gleichnis.

**SCHRIFTGELEHRTE** Im Judentum bezeichneten sie religiöse
Lehrer. Im Neuen Testament erscheinen sie als homogene
Gruppe, sie sind es aber tatsächlich nur im Gegensatz zu Jesus.
So kann ein Schriftgelehrter etwa ein Pharisäer sein, aber auch
keiner religiösen Richtung angehören. Auch Jesus und Johannes

der Täufer sind in ihrer Funktion als jüdische Lehrer (»Rabbi«) Schriftgelehrte im weiteren Sinn. Mit der rabbinischen Formel »Ich aber sage euch« setzt sich Jesus von anderen Schriftgelehrten ab.

**SIKARIER** Zelotische Extremisten, die in der Zeit nach Jesu Tod laut Josephus als »Dolchmänner« römische Einrichtungen überfielen und sowohl jüdische Kollaborateure des römischen Systems als auch den amtierenden Hohepriester ermordeten.

**WEISE AUS DEM MORGENLAND** Die Bibel erzählt nicht von Heiligen Drei Königen, wie es im Volksglauben verbreitet ist, sondern von Magiern (griechisch »magoi«) oder Sterndeutern. In der Weihnachtsgeschichte bei Matthäus bringen sie dem Jesuskind Gold, Weihrauch und Myrrhe. Die Namen Kaspar, Melchior und Balthasar werden erst ab dem Mittelalter geläufig. Nach dem antiken Schriftsteller und Philosophen Apuleius (2. Jh.) bezeichneten Magier zunächst persische Priester, die für die Erziehung der Prinzen zuständig waren. Sie verfügten über ein besonderes, geheimes Wissen, wohl deshalb wies man ihnen auch Zauberkräfte zu. Für die drei Weisen an Jesu Krippe gibt es keine historischen Belege.

**ZELOTEN** Die jüdischen Eiferer (von griechisch »zelotes«) bildeten eine Widerstandsbewegung gegen die Römer. Ihre politischen Rebellen verweigerten jede Herrschaft außer der Gottes. Sie sahen sich direkt von ihm gesandt, um seine Königsherrschaft im Diesseits zu errichten. Die Zeloten kämpften zunächst in kleinen Zellen gegen Rom und seine Vasallen, die Herodianer, bis zum Aufruhr und offenen Krieg gegen Rom. »Simon der Zelot« war ein Jünger Jesu. Beim Geschichtsschreiber Josephus tauchen Zeloten dagegen erst nach Jesu Tod unmittelbar vor

Ausbruch des Jüdischen Krieges ab dem Jahr 66 als »vierte Philosophenschule« und bewaffnete Widerstandskämpfer in Jerusalem auf, die in Konflikt mit der aristokratischen, romfreundlichen Priesterschaft stehen. Nach älterer Forschung wurden die Zeloten vom jüdischen Freiheitskämpfer Judas Galilaios gegründet, der schon 6 n. Chr. zur Verweigerung von Steuerzahlungen an die Römer aufrief; die neuere Forschung sieht sie loser als eine Bewegung.

# Juden, Römer, Christen

**63 v. Chr.**

Der römische Feldherr Pompeius erobert Judäa. Als abhängigen Herrscher setzt Pompeius den jüdischen Hohepriester aus dem Geschlecht der Hasmonäer ein.

**40**

Die iranischen Parther erobern Palästina. Mit ihrer Hilfe kommt der Hasmonäer Antigonos an die Macht.

**37**

Unterstützt von römischen Truppen erringt König Herodes die Herrschaft über Palästina. Der grausame Machtmensch erhält den Beinamen »der Große«.

**27**

Der römische Politiker und Feldherr Octavian, de facto bereits Alleinherrscher, erhält den Ehrennamen Augustus (»der Erhabene«). Durch seine starke Stellung an der Spitze des Staates begründet er das Kaisertum.

**um 17**

An der Mosel gründen die Römer die Stadt Augusta Treverorum, das heutige Trier. Colonia (Köln) und Mogontiacum (Mainz) wachsen in den Folgejahren zu römischen Provinzhauptstädten in Germanien heran.

**10**

Der von Herodes prachtvoll ausgebaute Tempel in Jerusalem wird geweiht.

**4**

Herodes der Große stirbt. Sein Herrschaftsgebiet wird unter seinen Söhnen aufgeteilt. In Galiläa übernimmt Herodes Antipas die Regierung, in Judäa Herodes Archelaos.

## um 4

Jesus von Nazareth wird geboren.

## 9 n. Chr.

Der germanische Fürstensohn Arminius, römischer Offizier und Truppenkommandeur, wechselt die Seiten und lockt drei Legionen des Publius Quinctilius Varus in einen Hinterhalt. Die Varusschlacht, bei der 20 000 Soldaten ihr Leben verlieren, markiert einen historischen Einschnitt: Der Vormarsch Roms in den europäischen Norden ist gestoppt.

## 14

Augustus stirbt mit 76 Jahren in der Nähe von Neapel; posthum wird er zur Gottheit verklärt. Kaiser wird sein Adoptivsohn Tiberius, ein erfolgreicher Feldherr.

## 18

Joseph Kaiphas wird jüdischer Hohepriester (bis 36).

## um 19

Am Westufer des Sees Genezareth errichtet Herodes Antipas zu Ehren des neuen Kaisers das hellenistisch-römische Tiberias. Die Neugründung macht er zu seiner Hauptstadt anstelle des eine Tagesreise entfernt gelegenen Sepphoris.

## 26

Der römische Adlige Pontius Pilatus wird Präfekt in Judäa (bis 36).

## ca. 27 bis 29

Der Bußprediger Johannes der Täufer wirkt in Galiläa. Herodes Antipas lässt ihn später hinrichten.

## um 30

Kaiphas und Pilatus machen Jesus den Prozess. Der angebliche Staatsfeind stirbt am Kreuz.

## um 35

Berufungserlebnis des Paulus. Der »Apostel der Völker« reist als Missionar durch den Nahen Osten, Kleinasien und Griechenland. Zahlreiche christliche Gemeinden entstehen.

## um 36

Steinigung des Stephanus, eines
Anführers der Jesusbewegung
in Jerusalem. Stephanus gilt als
erster christlicher Märtyrer.

## 37

Nach dem Tod des Tiberius wird
Caligula mit 24 Jahren römischer
Kaiser. Caligula macht Herodes
Agrippa I. zum König von
Judäa.

## 39

Herodes Antipas fällt in Rom in
Ungnade und wird nach Gallien
verbannt, wo er alsbald stirbt.
Sein Herrschaftsgebiet geht an
Herodes Agrippa I.

## 41

Willkürherrscher Caligula wird
von Verschwörern ermordet.
Claudius, geboren 10 v. Chr. in
Lugdunum (heute Lyon), wird
sein Nachfolger. In den nächsten beiden Jahren erobern die
Römer Britannien.

## ca. 48/49

Apostelkonzil in Jerusalem
zur Streitfrage, ob nur Juden

oder auch Heiden den Jesus-
glauben annehmen können.

## 49

Claudius weist Juden und
Judenchristen aus Rom aus.

## um 50

Paulus schreibt den 1. Thessa-
lonicherbrief, die älteste schriftliche Quelle zum Christentum,
die überliefert ist.

## 54

Tod des Claudius, möglicherweise durch einen Giftanschlag.
Sein Stiefsohn Nero wird Kaiser.

## ca. 58/59

Paulus wird in Jerusalem und
in Cäsarea gefangen gehalten
und anschließend nach Rom
überstellt.

## ca. 62

Steinigung des Jakobus in
Jerusalem. Der Leiter der Urgemeinde gilt als Bruder Jesu.

## 64

Erste angeordnete Christenverfolgung in Rom: Nachdem

eine Feuersbrunst in der Stadt gewütet hat, gibt Nero den Christen die Schuld und lässt viele von ihnen ermorden.

**64 oder später**
Die Apostel Paulus und wohl auch Petrus werden in Rom hingerichtet.

**66**
Beginn des jüdischen Aufstands gegen die römische Besatzungsmacht.

**68**
In den Wirren nach dem Sturz des Kaisers Nero (der Selbstmord begeht) setzt sich der Feldherr Flavius Vespasianus durch.

**70**
Vespasians Sohn Titus schlägt den jüdischen Aufstand endgültig nieder. Seine Truppen erobern Jerusalem und zerstören den Tempel.

**um 70**
Der Evangelist Markus schreibt seine Version der Jesus-geschichte nieder. Die drei anderen Evangelien des Neuen Testaments entstehen bis Ende des 1. Jahrhunderts.

**75**
Der jüdisch-römische Historiker Josephus Flavius beginnt mit der Niederschrift seiner Werke.

**79**
Titus wird Kaiser. Der Vulkan Vesuv begräbt Pompeji unter Asche und Schlamm.

**80**
Das 50 000 Zuschauer fassende Kolosseum wird nach achtjähriger Bauzeit in Rom eröffnet.

**81**
Auf Kaiser Titus folgt sein jüngerer Bruder Domitian, der als Gewaltherrscher in die Geschichte eingeht.

**112**
Kaiser Trajan verfügt: Christen, die ihre Religion öffentlich durch ein Götteropfer verleugnen, werden von der Hinrichtung verschont. Unter Trajan

(98 bis 117) erreicht das Imperium seine größte Ausdehnung.

## um 125

Das älteste erhaltene Dokument des Neuen Testaments wird verfertigt: Auf ägyptischem Papyrus steht eine Passage des Johannesevangeliums.

## ab dem 2. Jh.

Der bis heute gültige Kanon der vier Evangelien und anderer Schriften des Neuen Testaments bildet sich heraus.

## 132 bis 135

Unter Führung des messianischen Rebellen Simon bar Kochba erheben sich die Juden abermals gegen Rom. Die siegreichen Besatzer errichten auf den Ruinen Jerusalems die Garnisonsstadt Aelia Capitolina, zu der Juden keinen Zutritt haben.

## 257/8

Kaiser Valerian verschärft die Christenverfolgung. Bischöfe lässt er ohne Prozess hinrichten.

## 313

Kaiser Konstantin (»der Große«) gewährt überall im Reich Religionsfreiheit. Er fördert das Christentum und lässt sich 337 auf dem Sterbebett taufen.

## 325

Auf dem Konzil von Nicäa treffen die Bischöfe eine wichtige theologische Entscheidung: Jesus Christus gilt als wesensgleich mit Gottvater.

## 380

Mit dem »Dreikaiseredikt« von Thessaloniki wird das Christentum römische Staatsreligion.

# Buchhinweise

Martin Ebner: »Jesus von Nazaret. Was wir von ihm wissen können«, 2. durchgesehene Auflage, Stuttgart 2012.
Die Welt, in der Jesus gelebt hat, tritt dem Leser hier plastisch vor Augen. Ebner beschreibt die politischen und sozialen Verhältnisse in Palästina, er führt die Leser ins damalige Judentum ein und erläutert den historischen Hintergrund des biblischen Geschehens.

Friedrich Wilhelm Graf, Klaus Wiegandt (Hg.): »Die Anfänge des Christentums«, Frankfurt am Main 2009.
Von den Religionen im Zeitalter des Hellenismus bis zum christlichen Frühmittelalter reicht der Bogen, den dieser Sammelband schlägt. Übersichtliche Einführung in den aktuellen Forschungsstand und die verbleibenden Streitpunkte.

Joseph Ratzinger, Benedikt XVI.: »Jesus von Nazareth«, Freiburg 2011.
Der Papst schreibt über die zentrale Figur des Christentums, allein das ist ein Ereignis. Der erste Band des dreiteiligen Werks erschien 2007, der zweite folgte 2011, der dritte ist in Vorbereitung. Der hochgebildete Theologe Ratzinger will hier keine päpstliche Lehre verbreiten, sondern seine persönlichen Reflexionen zur Diskussion stellen. Ins Zentrum rückt er den Jesus der Evangelien, historisch-kritische Annäherungen sieht er dagegen mit Skepsis.

Christoph Markschies: »Das antike Christentum. Frömmigkeit, Lebensformen, Institutionen«, 2. Auflage, München 2012.
Wie wurde aus einer jüdischen Reformbewegung eine neue

Religion? Wann schälte sich aus den frühchristlichen Schriften der noch heute gültige Kanon heraus, der im Neuen Testament zusammengefasst ist? Was geschah auf den ersten Konzilien? Der Berliner Kirchengeschichtler beherrscht seinen Stoff und vermittelt ihn in klarer, anschaulicher Sprache.

Jürgen Roloff: »Jesus«, 4. Auflage, München 2007.
Historische Quellen, christliche Überlieferung, theologische Sichtweisen – der 2004 verstorbene Neutestamentler gibt einen kundigen und gut verständlichen Überblick zu allen wichtigen Fragen.

Gerd Theißen, Annette Merz: »Der historische Jesus. Ein Lehrbuch«, 4. Auflage, Göttingen 2011.
Mit tabellarischen Übersichten und vielen Zitaten aus Quellen und Forschung ist dieses Buch ein vorzügliches Nachschlagewerk. Auf hohem Niveau spüren die Autoren nicht nur dem historischen Geschehen nach, sondern bieten Reflexionen und Deutungen an.

Wolfgang Stegemann: »Jesus und seine Zeit«, Stuttgart 2010.
Der Ertrag eines ganzen Forscherlebens ist in diesen anspruchsvollen Band eingeflossen. Stegemann nähert sich den historischen Ereignissen aus sozialgeschichtlicher Perspektive; sorgfältig abwägend bettet er die Figuren in ihr Umfeld ein und wirft neues Licht auf das Religionsverständnis der damaligen Zeit. Jesus für Fortgeschrittene.

# Autorenverzeichnis

**Stefan Berg** ist Autor im Berliner Büro des SPIEGEL.

**Dr. Sabine Bieberstein** ist Professorin für Neues Testament an der Katholischen Universität Eichstätt-Ingolstadt.

**Sebastian Borger** ist freier Journalist in London.

**Dr. Angelika Franz** ist freie Journalistin mit den Schwerpunkten Archäologie und Geschichte.

**Angela Gatterburg** ist Redakteurin bei SPIEGEL GESCHICHTE und SPIEGEL WISSEN.

**Jürgen Gottschlich** lebt als Zeitungskorrespondent und Buchautor in Istanbul.

**Annette Großbongardt** ist stellvertretende Leiterin der Reihen SPIEGEL GESCHICHTE und SPIEGEL WISSEN.

**Claudia Keller** ist Redakteurin des »Tagesspiegel« mit Schwerpunkt Religion.

**Uwe Klußmann** ist Redakteur bei SPIEGEL GESCHICHTE und SPIEGEL WISSEN.

**Joachim Mohr** ist Redakteur bei SPIEGEL GESCHICHTE und SPIEGEL WISSEN.

**Dr. Renate Nimtz-Köster** ist freie Journalistin und war Wissenschaftsredakteurin beim SPIEGEL.

**Dietmar Pieper** ist Leiter der Reihen SPIEGEL GESCHICHTE und SPIEGEL WISSEN.

**Dr. Johannes Saltzwedel** ist Redakteur bei SPIEGEL GESCHICHTE und SPIEGEL WISSEN.

**Dr. Mathias Schreiber** war Leiter des Kulturressorts beim SPIEGEL.

**Christian Schüle** ist freier Journalist und Autor.

**Christoph Seidler** ist Wissenschaftsredakteur bei SPIEGEL ONLINE.

**Michael Sontheimer** ist Autor beim SPIEGEL in Berlin.

**Frank Thadeusz** ist Redakteur im Wissenschaftsressort des SPIEGEL.

**Dr. Rainer Traub** ist Redakteur bei SPIEGEL GESCHICHTE und SPIEGEL WISSEN.

**Prof. Dr. Christoph Türcke** ist studierter Theologe und lehrt Philosophie an der Hochschule für Grafik und Buchkunst in Leipzig.

**Gil Yaron** ist freier Nahost-Korrespondent und Autor in Tel Aviv.

# Dank

Entstehen konnte dieser Band nur, weil viele kluge und sorgsame Kollegen die Autoren unterstützt haben. Die von Dr. Hauke Janssen geleitete SPIEGEL-Dokumentation prüfte alle Beiträge gewohnt sicher und umsichtig auf sachliche Richtigkeit; beteiligt waren Jörg-Hinrich Ahrens, Dr. Anja Bednarz, Dr. Helmut Bott, Johannes Eltzschig, Johannes Erasmus, Klaus Falkenberg, Anne-Sophie Fröhlich, Silke Geister, Michael Jürgens, Renate Kemper-Gussek, Ulrich Klötzer, Rainer Lübbert, Dr. Petra Ludwig-Sidow, Sonja Maaß, Tobias Mulot, Margret Nitsche, Malte Nohrn, Thorsten Oltmer, Dr. Claudia Stodte, Stefan Storz, Rainer Szimm, Dr. Eckart Teichert, Nina Ulrich, Ursula Wamser und Anika Zeller. Besonderen Anteil hatte Viola Broecker mit ihrem Spezialgebiet Christentum, die eine zentrale Ansprechpartnerin war und auch das hilfreiche Glossar zur Jesuszeit verfasste. Schnell und findig besorgten die Bibliothekare Johanna Bartikowski und Heiko Paulsen die umfangreiche Fachliteratur.

Karten und Grafiken gestalteten Cornelia Baumermann, Cornelia Pfauter, Julia Saur und Michael Walter; Thomas Hammer bereitete sie für dieses Buch auf. Claus-Dieter Schmidt besorgte die Bildauswahl, Britta Krüger kümmerte sich um die Bildrechte.

In der Schlussredaktion prüften Tapio Sirkka, Lutz Diedrichs und Dr. Karen Ortiz den Text auf letzte Korrekturen. Angelika Kummer und Petra Schwenke im Sekretariat sorgten für einen reibungslosen Ablauf der Textproduktion.

Antje Wallasch beim SPIEGEL sowie Karen Guddas und Elke Posselt bei der DVA betreuten das gesamte Buchprojekt;

für die Herstellung war Brigitte Müller verantwortlich. Ihnen allen gilt unser herzlicher Dank für die hervorragende Zusammenarbeit.

Annette Großbongardt, Dietmar Pieper

# Personenregister